智能网联汽车技术

主　编　王艳芬　吕　猛　徐　岩

副主编　吕美丽　杨燕明　李伯阳　李海宁

参　编　刘　英　苏学园

北京理工大学出版社

BEIJING INSTITUTE OF TECHNOLOGY PRESS

内 容 简 介

本书参照智能网联汽车技术框架，将当前主流智能网联汽车技术及其应用大致分为六个项目，首先简要介绍智能网联汽车概述，然后对智能网联汽车环境感知技术、智能网联汽车导航定位与路径规划技术、智能网联汽车控制执行技术、车联网及通信技术进行介绍，最后简要介绍先进驾驶辅助系统。每个项目下设置若干子任务，子任务详细讲解独立技术点的相关知识及实训内容。每个项目后配有练习题和实训作业，以巩固学习效果，提升学生的动手能力。此外，本书提供配套的习题答案、PPT、视频等课程资源，以供教师使用。

本书为校企合作信息化教材，可作为高等职业院校智能网联汽车技术、汽车电子技术等汽车类专业课，以及应用型本科汽车类专业的智能网联汽车相关课程的教材，同时也可作为社会各类培训机构进行技术培训的参考用书。

图书在版编目（CIP）数据

智能网联汽车技术 / 王艳芬，吕猛，徐岩主编. --
北京：北京理工大学出版社，2023.3
　　ISBN 978-7-5763-2235-4

Ⅰ.①智… Ⅱ.①王… ②吕… ③徐… Ⅲ.①汽车-
智能通信网-高等职业教育-教材 Ⅳ.①U463.67

中国国家版本馆 CIP 数据核字（2023）第 055182 号

出版发行 / 北京理工大学出版社有限责任公司		
社　　址 / 北京市海淀区中关村南大街 5 号		
邮　　编 / 100081		
电　　话 / （010）68914775（总编室）		
（010）82562903（教材售后服务热线）		
（010）68944723（其他图书服务热线）		
网　　址 / http：//www.bitpress.com.cn		
经　　销 / 全国各地新华书店		
印　　刷 / 河北盛世彩捷印刷有限公司		
开　　本 / 787 毫米×1092 毫米　1/16		
印　　张 / 14.5	责任编辑 / 陈莉华
字　　数 / 350 千字	文案编辑 / 陈莉华
版　　次 / 2023 年 3 月第 1 版　2023 年 3 月第 1 次印刷	责任校对 / 刘亚男
定　　价 / 76.00 元	责任印制 / 李志强

图书出现印装质量问题，请拨打售后服务热线，本社负责调换

前 言

为贯彻党的二十大精神、统筹"三教"协同创新、推进"三融"系统改革、坚持立德树人、实现三全育人，教材团队基于智能网联汽车产业发展与促进产教融合校企"双元"育人要求，对接智能网联汽车检测与运维和测试装调 1+X 证书制度职业技能等级标准，以培养与产业需求高度吻合的复合型技术技能人才为目标，开发"任务驱动，行动导向"符合生产实际和行业职业能力要求的教材。

作为汽车领域专业的专业课，"智能网联汽车技术"是一门理论和实践一体化的课程，旨在教授学生在智能网联汽车相关岗位就业时所具备的基本知识与技能。根据智能网联汽车发展及产业链的需求，课程团队对企业人员、毕业生、专业教师和在校生开展了广泛深入的调研，将教学内容整合为智能网联汽车概述、智能网联汽车环境感知技术、智能网联汽车导航定位与路径规划技术、智能网联汽车控制执行技术、车联网及通信技术、先进驾驶辅助系统六个项目。这六个项目承上启下符合工作流程、契合岗位需求、适合学生学情。通过该课程学习，学生可以掌握环境感知、决策规划及控制执行等智能网联汽车关键技术，为从事智能网联汽车相关工作奠定良好的基础。

本书可作为高职高专院校智能网联汽车、汽车电子技术、新能源汽车技术等汽车领域内专业的学习教材，也可作为汽车售后服务企业一线技术人员及相关人员的参考用书。

★智能网联汽车技术课程介绍信息化二维码

"智能网联汽车技术"课程思政教学设计方案

　　"智能网联汽车技术"作为汽车类专业人才培育的专业课程，对学生的职业生涯规划、价值观念树立等都有着潜移默化的影响。根据"把思想政治工作贯穿教育教学全过程"的要求，专业课同样要贯彻"课程思政"理念，进一步强化思想政治教育意识和功能，发挥思想指引行动的根本作用。教材精心选取"智能网联汽车技术"相关课程的思政元素，形成了"智能网联汽车技术"课程思政设计案例，希望教师能够将其内容与教学内容进行结合，将"工匠精神、创新精神、社会主义核心价值观"等贯穿于任务教学过程中，使学生在学习专业知识提升职业能力的同时，提高学生缘事析理、明辨是非的能力，成为德才兼备、全面发展的人才。在教学实施过程中，教师通过言传身教，将以热爱劳动、劳动光荣、劳动产生价值、劳动锤炼品格及细节决定成败、精益求精、守正创新等为核心的工匠精神融于教学全过程，实现润物无声的思政育人效果。

序号	阶段	课程思政目标	实施案例建议
1	教学任务实施前与基本认知阶段	思考汽车从电控阶段发展至智能阶段，智能网联技术对汽车工业的意义，理解精益求精、专注和守正创新的工匠精神本质	在学生开展学习任务之前，集中组织学生，引用邓小平在北京景山学校所作的题词"教育要面向现代化，面向世界，面向未来"的案例，从当时提出该号召的历史背景讲起，指出"反对本本主义"，尽信书、不如无书，一切应从实际出发
2	智能网联汽车发展趋势任务实施	培养勇于挑担、甘于奉献的精神	以"中国品牌汽车发展，第一汽车集团艰辛的发展历程"案例，培养学生严谨务实、勇于挑担、甘于奉献的敬业精神
3	环境感知系统教学任务实施	坚定社会主义信念，热爱祖国，拥护中国共产党的领导	以"汽车行业发展背景，国产新能源车产销数据与案例"为载体，使学生牢记社会主义核心价值观，树立正确的世界观、人生观和价值观
4	汽车导航定位系统教学任务实施	热爱祖国，具有民族自信心和民族自豪感；明确新时代的社会主义世界观和价值观	以"北斗卫星导航系统"案例为载体，使学生坚定社会主义信念，热爱祖国，拥护中国共产党的领导
5	智能网联汽车控制执行	结合专业教学，打造工匠精神	在工作时要做到6S管理；教育他们要有吃苦耐劳的精神，在工作中出现问题时，敢于承担责任、解决问题；在完成复杂工序的时候，要培养一丝不苟的职业精神；在需要分工合作时，培养合作和沟通能力

续表

序号	阶段	课程思政目标	实施案例建议
6	车联网及通信技术	爱国、爱民族，把自己的理想与国家的命运紧密联系在一起	以"5G 通信时代的技术自强——华为公司"案例为载体让学生思考核心技术的重要作用，让其认识到"打铁还需自身硬"；企业的命运和国家民族的命运是紧密联系在一起的，以此增强他们的民族品牌自豪感，树立正确的爱国观念
7	先进驾驶辅助系统教学任务实施（1）	培养责任意识、敬业精神	以十九大、二十大"职业教育热点话题"案例为载体，使学生强化责任意识，做好自我管理
8	先进驾驶辅助系统教学任务实施（2）	树立大局意识，团结他人、善于合作	以"廉颇与蔺相如的历史典故"案例为载体，使学生具有大局意识，团结他人、善于合作
		环境保护，人人有责	庞大的汽车保有量对环境影响巨大，习总书记所说的"绿水青山就是金山银山"告诉我们，要关心爱护我们自己赖以生存的家园！因此，要让学生掌握专业知识的同时，增强环境保护意识，爱护环境从自身做起
		结合职业规划，开展立志成才教育	注重培养学生对汽车行业的热爱，制定合理的职业生涯规划，从技术水平、管理水平等多方面全面提升自己。同时通过宣传大国工匠、往届学生取得的成绩等方式，激励学生爱岗敬业，在自己的岗位上大显身手，为祖国的繁荣昌盛作出贡献
	课程结束，总复习阶段	主动承担社会责任，以实际行动促进社会进步	在同各界优秀青年代表座谈会上，谈到在实现中国梦的生动实践中放飞青春梦想时，习近平总书记说："要牢记'从善如登，从恶如崩'的道理，始终保持积极的人生态度、良好的道德品质、健康的生活情趣。主动承担社会责任，以实际行动促进社会进步

目 录

项目一

智能网联汽车概述

工业已经从机械化、电气化、机电一体化发展到了信息化的时代，在近十年内，汽车行业也发生着翻天覆地的变化。以电动化、智能化、网联化、共享化为代表的"新四化"已成为现代汽车行业的发展方向，给汽车行业带来了巨大的变革和挑战，对于消费者而言，汽车智能化带来的是更安全、更舒适、更节能的驾驶方式，对于汽车产业而言带来的是产品和技术的升级。

⚙ 学习目标

知识目标：了解智能网联汽车的概念、智能网联汽车常用术语、智能网联汽车的等级分类。

能力目标：能够形成对智能网联汽车的基本认知。

素质目标：培养学生精益求精，勇于创新的工匠精神；培养学生尊重他人的劳动成果，端正劳动态度；树立安全生产工作意识。

任务一　什么是智能网联汽车

学习内容

1. 智能网联汽车的概念；
2. 智能网联汽车的"三纵三横"架构。

能力要求

1. 能够向客户介绍或解答智能网联汽车相关知识；
2. 树立以客户为中心的服务意识与理念；
3. 具有与客户沟通的能力；
4. 具备通过互联网等途径查询资料完成信息搜集和处理的能力。

任务引入

随着汽车保有量的不断增加，汽车作为一种常见的交通工具，会带来能源短缺、环境污染、交通拥堵和事故频发等一系列社会问题，而智能网联汽车可以有效地解决这些矛盾。智能网联汽车朝着"智能化、网联化"发展，那么什么是智能网联汽车呢？通过本节内容的学习，请向购车客户介绍智能网联汽车的定义。

任务描述

智能网联汽车是近年来出现的研究热点之一，即便是汽车从业者也难以清晰地解释智能网联汽车、自动驾驶、智能车等概念的区别。请你对智能网联汽车、自动驾驶等的定义做一个列表，并做相互对比，在学习小组或班级里进行交流汇报。

智能网联汽车在各国的定义不尽相同，在我国政府部门颁布的《国家车辆网产业体系建设指南（智能网联汽车）》给出了具体定义，请通过网络进行查找。

相关知识

一、智能网联汽车的概念

（一）智能网联汽车

《国家车辆网产业体系建设指南（智能网联汽车）》中明确规定，智能网联汽车是指搭载先进的车载传感器、控制器和执行器等装置，并融合现代通信与网络技术，实现车、路、人、云智能信息交换、共享，实现替代人来操作的新一代汽车。它是汽车、电子、信

息、交通、定位导航、网络通信、互联网应用等行业领域深度融合的新型产业。中国方案智能网联汽车体系架构如图1-1所示。

图1-1　中国方案智能网联汽车体系架构

一般而言，智能是指搭载先进的车载传感器、控制器、执行器等装置和车载系统模块，具备复杂的环境感知、智能决策和控制等功能。网联主要是指信息互联共享功能，即通过多种形式的通信与网络技术，实现车内、车与车、车与路测设备、车与环境之间的信息交互。汽车是指智能网联汽车的终端载体，可以是传统的燃油汽车，也可以是多种形式的新能源汽车。智能网联汽车功能如图1-2所示。

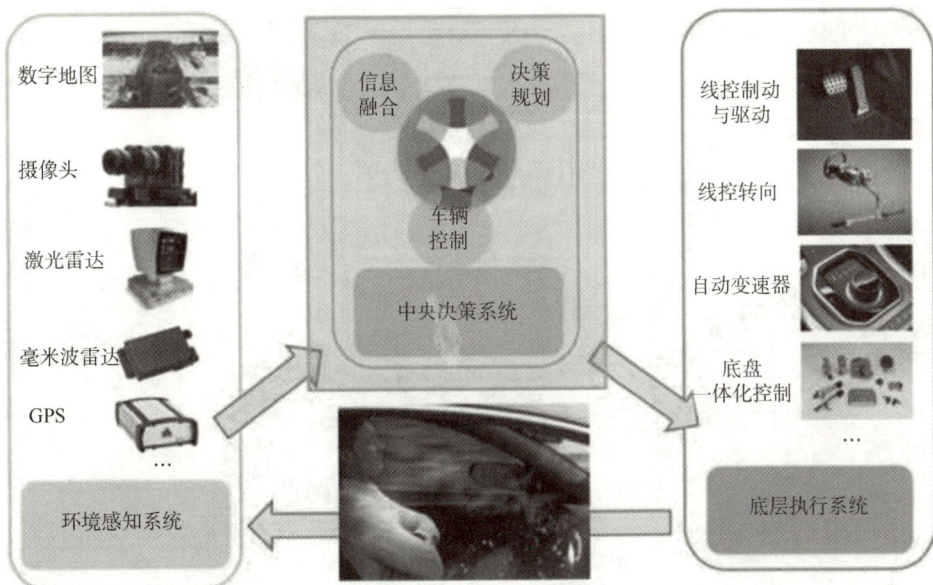

图1-2　智能网联汽车功能

可以看得出，智能网联汽车是一个跨技术、跨专业领域、跨学科并跨时代的新兴技术体系，各国都在大力发展智能网联汽车，但对其叫法也不尽相同。智能网联汽车与智能汽车、网联汽车、自动驾驶汽车、车联网、智能交通系统和无人驾驶汽车密切相关。

（二）智能汽车

智能汽车是指在一般汽车上增加雷达和摄像头等先进传感器、控制器、执行器等装置，通过车载环境感知系统和信息终端实现与车、人、路等信息交换，使车辆具备智能环境感知能力，能够自动分析车辆行驶的安全及危险状态，并使车辆按照人的意愿到达目的地，最终实现无人驾驶的车辆。目前典型的智能汽车是指具有先进驾驶辅助系统（ADAS）的车辆，如简单的车道偏离预警系统（LDW）、前撞预警（FCW）、盲点监测（BSD）等，复杂的ADAS系统有自适应巡航（ACC）、紧急自动制动（AEB）、车道保持辅助（LKA）等功能。

智能汽车的发展方向是自动驾驶汽车、网联汽车和智能网联汽车。智能网联汽车的自动化程度越高，越接近于自动驾驶汽车；智能汽车的网联化程度越高，越接近于网联汽车；智能汽车的自动化、网联化程度越高，越接近于智能网联汽车。

（三）网联汽车

网联汽车是指基于通信互联建立车与车之间的连接、车与网络中心和智能交通系统等服务中心的连接，甚至是车与住宅、办公室以及一些公共基础设施的连接，也就是可以实现车内网络与车外网络之间的信息交互，全面解决人-车-外部环境之间的信息交流问题的车辆。

网联汽车的初级阶段以车载信息技术为代表。所谓车载信息技术，它是远距通信技术与信息科学技术的合成词，意指通过内置在汽车上的计算机网络技术，借助无线通信技术、GPS卫星导航技术，实现文字、图像、语音信息交换的综合信息服务。

现阶段网联汽车的核心车载信息技术是基于全球定位系统GPS技术、地理信息系统（GIS）技术、智能交通系统（ITS）和无线通信技术，主要应用于卫星定位导航、交通信息预报、娱乐信息播放、道路救援、车辆紧急预警、车辆自检测与维护等方面，如图1-3所示。

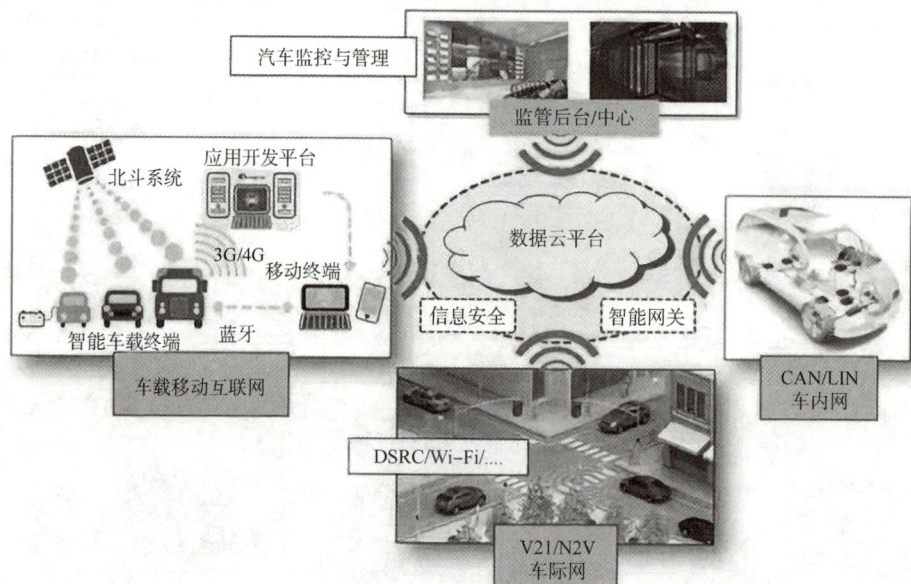

图1-3 网联汽车的应用

★智能网联汽车的内涵认知信息化二维码

(四) 智能交通系统

智能交通系统是未来交通系统发展的方向，是将先进的信息技术、计算机处理技术、数据通信技术、传感器技术、电子控制技术、运筹学、人工智能等有效地集成在整个地面交通管理系统而建立的一种在大范围内、全方位发挥作用的，实时、准确、高效的综合交通运输管理系统。

智能交通系统包括道路上的车辆、行人和各种交通设施，强调系统平台通过智能化方式对交通环境下的车辆、行人及交通设施进行智能化管理和控制，提高交通效率。

智能交通系统是随着车联网技术的发展而不断发展的，车联网的终极目标就是智能交通系统，如图1-4所示。

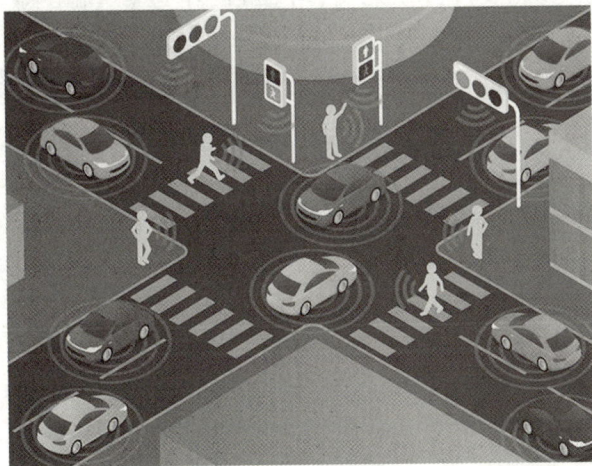

图1-4 智能交通系统

二、智能网联汽车技术架构

(一) 智能网联汽车的结构层次

智能网联汽车是以汽车为主体，利用环境感知技术实现多车辆有序安全行驶，通过无线通信网络等手段为用户提供多样化信息服务。

智能网联汽车由环境感知层、智能决策层以及控制执行层组成。

感知主要分为自主式感知和网联式感知。通过车载传感器获得的对复杂环境的感知，称为自主式感知；借助现代通信和网络技术来感知环境，称为网联式感知。

存在于互联网络中的智能网联汽车，通过密切交互，形成了一种特定的新型网络系统——车联网。车联网除了包括车车通信、车路通信和车辆内部通信外，还包括了在移动互联下能提升安全和节能等方面指标的信息服务。

1. 环境感知层

环境感知层的主要功能是通过车载环境感知技术、卫星定位技术、4G/5G 及 V2X 无线通信技术等，实现对车辆自身和外在属性（如道路、车辆和行人等）静态、动态信息的提取和收集，并向智能决策层输送信息。

感应识别元件是智能网联汽车的"眼睛"和"耳朵"，主要以摄像头和雷达为主，并辅以红外探头，达到多传感器协调合作，实现车辆周围环境全覆盖。目前常见的传感器包括摄像头、超声波雷达、激光雷达、毫米波雷达和红外探头。

2. 智能决策层

智能决策层的主要功能是接收环境感知层的信息并进行融合，对道路、车辆、行人、交通标志和交通信号等进行识别，决策分析和判断车辆驾驶模式及将要执行的操作，并向控制执行层输送指令。

智能决策层类似于人类大脑，车辆通过感知识别端从外部获取环境信息后，将信息进行集成处理，传送到决策端，车辆决策端需要依靠这些信息做出正确精准的控制决策，并将决策下达至执行端，以完成自动驾驶，自动驾驶的环境感知端会感知并识别车道线、车辆、行人、交通标志等目标，并会采集大量的图像信息，而这些信息会形成一个数据模型，然后与数据库中的模型进行对比、分析、评估并纠错；智能网联汽车在反复的路测中，会不断提高对道路信息的识别程度，并为之做出合理的决策控制。

3. 控制执行层

控制执行层的主要功能是按照智能决策层的指令，对车辆进行操作和协同控制，并为联网汽车提供道路交通信息、安全信息、娱乐信息、救援信息以及商务办公、网上消费等，保障汽车安全行驶和舒适驾驶。

执行系统类似于人的手脚，用来执行决策系统的命令，有点类似于计算机的输出端，最终实现车辆的行驶。

（二）智能网联汽车技术架构

1. 智能网联汽车的技术架构

智能网联汽车涉及汽车、信息通信、交通、地理信息、大数据等多领域技术，其技术体系较为复杂，《智能网联汽车技术路线图》中分为"三横两纵"技术架构，如表 1-1 所示。"三横"是指智能网联汽车主要涉及的车辆/设施、信息交互与基础支撑三大技术领域，它可再细分为第二层与第三层技术。

为进一步探究智能网联汽车产业化所面临的问题与实现路径，分析不同应用场景下自动驾驶功能定义、标准需求、测试需求，形成"3+N"智能网联汽车相关标准研究框架（见图 1-5），重点推动建立多场景、聚焦典型自动驾驶功能验证的标准体系。"3"即技术架构中的"三横"，是指智能网联汽车主要涉及的车辆关键技术、信息交互关键技术与基础支撑关键技术三大领域；"N"即"N 类创新应用"，是指按照智能网联汽车不同应用场景，划分为智能网联乘用车、客运车辆、货运车辆及功能型无人车等方向进行研究。

表1-1　智能网联汽车的技术体系

第一层级	第二层级	第三层级
		智能计算平台技术
信息交互关键技术	专用通信与网络技术	C-V2X 无线通信技术
		专用通信芯片与模块技术
		车载信息交互终端技术
		直连通信技术
		移动自组织组网技术
		5G 网络切片及应用技术
	大数据云控基础平台技术	多接入边缘计算技术
		边云协同技术
	车路协同技术	车路数字化信息共享技术
		车路融合感知技术
		车路融合辅助定位技术
		车路协同决策自动驾驶技术
		车路云一体化协同控制自动驾驶技术
基础支撑关键技术	人工智能技术	新一代人工智能与深度学习技术
		端到端智能控制技术
	安全技术	信息安全技术
		功能安全技术
		预期功能安全技术
	高精度地图和定位技术	高精度三维动态数字地图技术
		多层高清地图采集及更新技术
		高精度地图基础平台技术
		基于北斗卫星的车用高精度定位技术
		高精地图协作定位技术
		惯性导航与航迹推算技术
	测试评价技术	测试评价方法与技术标准
		自动驾驶训练与仿真测试
		测试场地规划与建设
		示范应用与推广
	标准法规	标准体系与关键标准构建
		标准技术试验验证
		前瞻标准技术研究
		国际标准法规协调

图 1-5 "3+N" 智能网联汽车相关标准研究框架

2. 智能网联汽车的技术逻辑结构

智能网联汽车技术逻辑的两条主线是"信息"和"控制",其发展的核心是由系统进行信息感知、决策预警和智能控制,逐渐替代驾驶员,并最终完全自主执行全部驾驶任务,如图 1-6 所示。智能网联汽车通过智能化与网联化两条技术路径协同实现"信息"和"控制"功能,可据此进行功能等级划分。

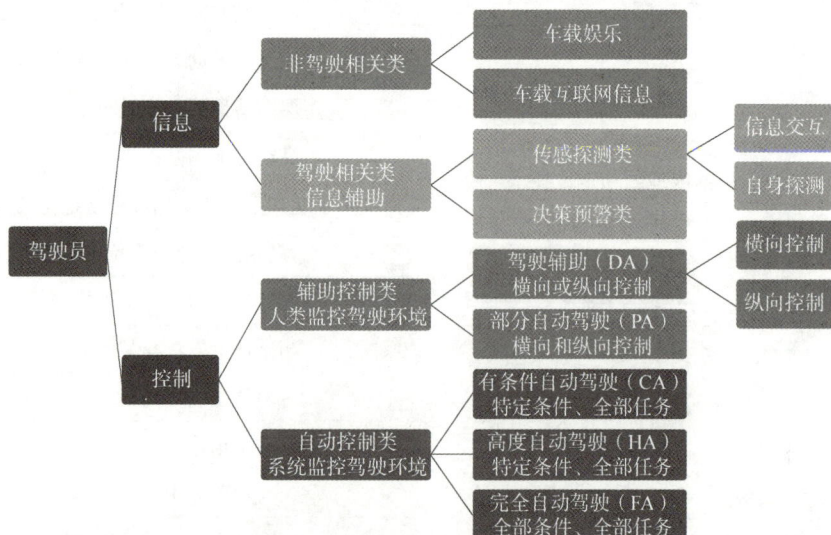

图 1-6 智能网联汽车技术逻辑结构

在信息方面,根据信息对驾驶行为的影响和相互关系分为驾驶相关类信息和非驾驶相关类信息;其中,驾驶相关类信息包括传感探测类和决策预警类,非驾驶相关类信息主要包括车载娱乐服务和车载互联网信息服务。传感探测类又可根据信息获取方式进一步细分为依靠车辆自身传感器直接探测所获取的信息（自身探测）和车辆通过车载通信装置从外部其他节点所接收的信息（信息交互）。"智能化"+"网联化"相融合可以使车辆在自身传感器直接探测的基础上，通过与外部节点的信息交互，实现更加全面的环境感知，从而更好地支持车辆决策和控制。

在控制方面，根据车辆和驾驶员在车辆控制方面的作用和职责，区分为辅助控制类和自动控制类，分别对应不同等级的智能控制。其中，辅助控制类主要指车辆利用各类电子技术辅助驾驶员进行车辆控制，如横向（方向）控制和纵向（速度）控制及其组合，可分为驾驶辅助（DA）和部分自动驾驶（PA）；自动控制类则根据车辆自主控制以及替代人进行驾驶的场景和条件进一步细分为有条件自动驾驶（CA）、高度自动驾驶（HA）和完全自动驾驶（FA）。

（三）智能网联汽车产品物理结构

智能网联汽车产品的物理结构是把技术逻辑结构所涉及的各种"信息"与"控制"功能落实到物理载体上。车辆控制系统、车载终端、交通设施、外接设备等按照不同的用途，通过不同的网络通道、软件或平台对采集或接收到的信息进行传输、处理和执行，从而实现了不同的功能或应用，如图 1-7 所示。功能/应用层根据产品形态、功能类型和应用场景，分为车载信息类、先进驾驶辅助类、自动驾驶类以及协同控制类等，涵盖与智能网联汽车相关各类产品所应具备的基本功能。软件/平台层主要涵盖大数据平台、云计算平台和操作系统等基础平台产品，以及资讯、娱乐、导航和诊断等应用软件产品，共同为智能网联汽车相关功能的实现提供平台级、系统级和应用级的服务。网络/传输层根据通信的不同应用范围，分为车内总线通信、车内局域通信、短程通信和广域通信，是信息传

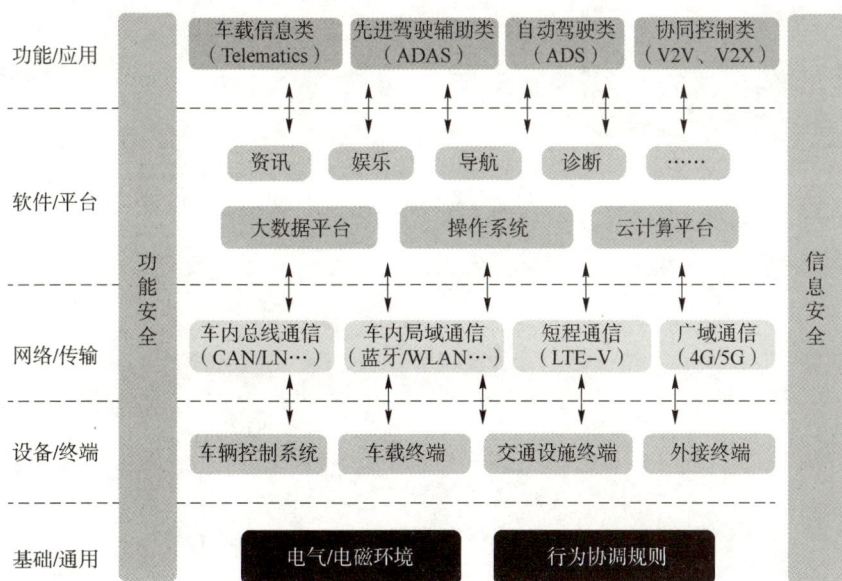

图 1-7 智能网联汽车产品物理结构

递的"管道"。设备/终端层按照不同的功能或用途，分为车辆控制系统、车载终端、交通设施终端、外接终端等，各类设备和终端是车辆与外界进行信息交互的载体，同时也作为人机交互界面，成为连接"人"和"系统"的载体。基础/通用层涵盖电气/电磁环境以及行为协调规则。安装在智能网联汽车上的设备、终端或系统需要利用汽车电源，在满足汽车特有的电气、电磁环境要求下实现其功能；设备、终端或系统间的信息交互和行为协调也应在统一的规则下进行。此外，产品物理结构中还包括功能安全和信息安全两个重要组成部分，两者作为智能网联汽车各类产品和应用需要普遍满足的基本条件，贯穿于整个产品物理结构之中，是智能网联汽车各类产品和应用实现安全、稳定、有序运行的可靠保障。

★智能网联汽车技术架构信息化二维码

⊙ 随堂测试

（1）简述智能网联汽车的定义。

（2）简述我国智能网联汽车"三纵三横"架构。

任务实施

任务工单

任务名称		获取智能网联汽车相关术语	
姓名:	班级:		学号:
任务描述	智能网联汽车是近年来出现的研究热点之一,即便是汽车从业者也难以清晰地解释智能网联汽车、自动驾驶、智能车等概念的区别。请你对智能网联汽车、自动驾驶等的定义做一个列表并做相互对比,在学习小组或班级里进行交流汇报		
能力目标	(1) 能够向客户介绍或解答智能网联汽车相关知识; (2) 树立以客户为中心的服务意识与理念; (3) 具有与客户沟通的能力; (4) 具备通过互联网等途径查询资料完成信息搜集和处理的能力		
实施准备	(1) 教学用车辆; (2) 车辆相关文件; (3) 汇报用纸、笔等		
实施步骤	自助学习	(1) 学习相关知识; (2) 获取相关信息; (3) 分组学习智能网联汽车、智能车、自动驾驶等新兴概念,并分析其异同	
	小组讨论	以学习小组形式进行讨论,形成小组汇报成果	
	小组汇报	(1) 小组成员汇报小组成果; (2) 其余小组进行补充与点评	
自我反思	在社会能力、专业能力、关键能力方面的收获与体会:		

任务二　智能网联汽车的分类

学习内容

1. 自动驾驶的五个阶段；
2. 美国汽车工程师协会和我国对智能网联汽车的分级。

能力要求

1. 能够向客户介绍或解答智能网联汽车分级的相关知识；
2. 树立以客户为中心的服务意识与理念；
3. 具有与客户沟通的能力；
4. 具备通过互联网等途径查询资料完成信息搜集和处理的能力。

任务引入

在用户购车过程中，智能网联汽车等级是容易令人迷惑的概念之一。人们在购车时会非常关注智能网联汽车是否能够实现全速巡航、自动刹车或者自动驾驶，因此请向客户介绍智能网联汽车分级的相关知识。

任务描述

人们在选择车型时，会非常关注汽车是否能够实现自动驾驶、全速巡航、自动刹车等功能。请你就某一型号车制作一个配置表，并解释不同级别的车会有哪些配置，在学习小组或班级里进行交流汇报。

相关知识

智能网联汽车分级是体现现代车辆智能特性的重要标志，不同的分级会对应不同的配置，大致可以从解放驾驶员的脚、手、眼以及行驶区域来进行分级。

有关智能网联汽车的分类方法有很多，一般从技术发展的阶段或应用领域来进行分类。从技术的发展角度看，智能网联汽车大体经历了两个阶段：第一阶段是智能化汽车的初级发展阶段，主要以辅助驾驶系统为主；第二阶段是指智能网联汽车发展的终极阶段，完全替代人的真正意义上的无人驾驶。智能网联汽车的分类如图1-8所示。从应用领域的角度来分析，智能网联汽车有军用、民用两种类型，两者从外观和路线上有较大差别。

业界一般把智能化汽车的发展过程划分为五个阶段：辅助驾驶（DA）阶段、部分自动驾驶（PA）阶段、有条件自动驾驶（CA）阶段、高度自动驾驶（HA）阶段和完全自

先进驾驶辅助（ADAS）

- 主要功能并非完全控制汽车，而是预先为驾驶者判断可能发生的危险，保证行车的安全。
- 完成监督、预警、刹车以及导向等任务。受世界各国相关法规推进的影响，其需将保持增长

可逐步实现无人驾驶 →

无人驾驶

- 强调机器驾驶，以实现舒适、节省人力成本的目的，近几年非常火爆。
- 使用人工智能的驾驶体系来完成对车的完全控制

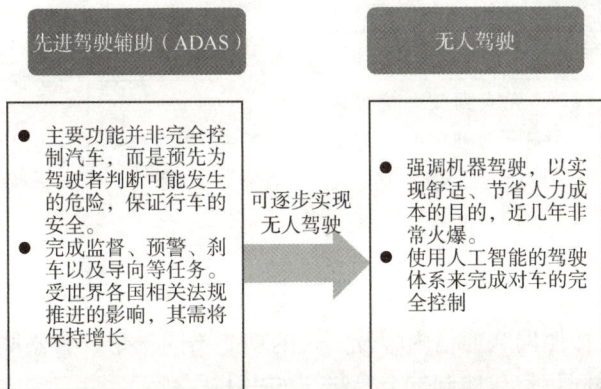

图 1-8 智能网联汽车的分类

动驾驶（FA）阶段，如表 1-2 所示。各阶段的主要区别在于运行过程中智能系统控制哪个内容、驾驶员控制哪些内容、车辆运行状态由谁监视、当系统失效后谁来进行干预四个方面。

表 1-2 智能网联汽车智能化等级

智能化等级	等级名称	等级定义	控制	监视	失效应对	典型工况
人监控驾驶环境						
1（DA）	驾驶辅助	通过环境信息对方向和加减速中的一项操作提供支援，其他驾驶操作都由人操作	人与系统	人	人	车道内正常行驶，高速公路无车道干涉路段，泊车工况
2（PA）	部分自动驾驶	通过环境信息对方向和加减速中的多项操作提供支援，其他驾驶操作都由人操作	人与系统	人	人	高速公路及市区无车道干涉路段，换跟车道、环岛绕行、拥堵跟车等工况
自动驾驶系统（"系统"）监控驾驶环境						
3（CA）	有条件自动驾驶	由无人驾驶系统完成所有驾驶操作，根据系统请求，驾驶员需要提供适当的干预	系统	系统	人	高速公路正常行驶工况，市区无车道干涉路段
4（HA）	高度自动驾驶	由无人驾驶系统完成所有驾驶操作，特定环境下系统会向驾驶员提出响应请求，驾驶员可以对系统请求不进行响应	系统	系统	系统	高速公路全部工况及市区有车道干涉路段

智能化等级	等级名称	等级定义	控制	监视	失效应对	典型工况
5（FA）	完全自动驾驶	无人驾驶系统可以完成驾驶员能够完成的所有道路环境下的操作，不需要驾驶员介入	系统	系统	系统	所有行驶工况

在网联化方面，按照网联通信内容及实现的功能不同，划分为网联辅助信息交互、网联协同感知、网联协同决策与控制三个等级，如表1-3所示。

表1-3　汽车网联化等级

网联化等级	等级名称	等级定义	控制	典型信息	传输需求
1	网联辅助信息交互	基于车-路、车-后台通信，实现导航等辅助信息的获取以及车辆行驶与驾驶员操作等数据的上传	人	地图、交通流量、交通标志、油耗、里程等信息	传输实时性、可靠性要求较低
2	网联协同感知	基于车-车、车-路、车-人、车-后台通信，实时获取车辆周边交通环境信息，与车载传感器的感知信息融合，作为自车决策与控制系统的输入	人与系统	周边车辆/行人/非机动车位置、信号灯相位、道路预警等信息	传输实时性、可靠性要求较高
3	网联协同决策与控制	基于车-车、车-路、车-人、车-后台通信，实时并可靠获取车辆周边交通环境信息及车辆决策信息，车-车、车-路等各交通参与者之间信息，并将它们进行交互融合，形成车-车、车-路等各交通参与者之间的协同决策与控制	人与系统	车-车、车-路间的协同控制信息	传输实时性、可靠性要求最高

一、自动驾驶的五个阶段

（一）辅助驾驶阶段

在辅助驾驶阶段，车辆智能化主要根据环境信息执行车辆行驶方向或加减速中的某一项操作，其他操作都由驾驶员来完成，通俗来讲，就是在特定环境可以解放驾驶员的手或脚。在这个阶段的主要特点是：驾驶员和系统共同控制车辆运行，但驾驶员要负责监视车辆，当智能控制失效时，由驾驶员来做出应对，适用于车道内正常行驶、高速公路和无车道干涉路段的行驶、无换道操作等工况。

（二）部分自动驾驶阶段

在部分自动驾驶阶段，车辆智能化系统根据环境信息对车辆的行驶方向和加减速中的多项操作同时提供支援，其他操作由驾驶员完成。这个阶段的特点主要是：驾驶员和系统共同控制车辆，驾驶员负责监视车辆，当智能控制失效时，由驾驶员来做出应对。这个阶段主要的功能有车道保持、自适应巡航、自动泊车等，适用于高速公路及市区无车道干涉路段进行换道、泊车、环岛绕行、拥堵跟车等操作。

（三）有条件自动驾驶阶段

在有条件自动驾驶阶段，所有驾驶操作由智能化系统完成，根据系统请求，驾驶员需要提供适当的干预，否则车辆将停留原地，直到环境改变允许车辆继续行驶。这个阶段的特点是：车辆由系统控制，同时系统负责监视车辆，当智能控制失效时，系统会请求驾驶员，由驾驶员做出应对。有条件自动驾驶适用于高速公路正常行驶工况，也适用于高速公路及市区无车道干涉路段进行换道、泊车、环岛绕行、拥堵跟车等操作。

（四）高度自动驾驶阶段

在高度自动驾驶阶段，驾驶员能够完成的所有的驾驶操作均由车载智能化系统完成，特定环境下系统会对驾驶员提出响应请求，驾驶员可以对系统请求做出响应，也可以不做出响应。高度自动驾驶与有条件自动驾驶的区别在于高度自动驾驶车辆提出响应的可能性大大减小，即使提出，驾驶员也可以不做出回应，系统终究会自我做出决策。高度自动驾驶适用于有车道干扰路段（交会路口、车流汇入、拥堵区域、人车混杂等市区复杂工况）进行的全部操作。

（五）完全自动驾驶阶段

在完全自动驾驶阶段，车载智能化系统可以完成驾驶员能够完成的所有道路环境下的操作，始终不需要驾驶员介入，完全自动驾驶适用于所有行驶工况的全部操作。车辆的控制、监视以及失效应对均由系统完成，驾驶员可以完全摆脱驾驶。

二、我国汽车工程学会对自动驾驶的分级

2020年3月9日，工信部发布《汽车驾驶自动化分级》推荐性国家标准报批公示，我国对智能网联汽车分为0~5级，该标准于2021年1月1日正式实施。具体要求如表1-4所示。

表1-4 我国汽车驾驶自动化分级

0级驾驶自动化（应急辅助）	要求驾驶自动化系统不能持续执行动态驾驶任务中的车辆横向或纵向运动控制，但具备持续执行动态驾驶任务中的部分目标和事件探测与响应的能力
1级驾驶自动化（部分驾驶辅助）	要求驾驶自动化系统在其设计运行条件内持续地执行动态驾驶任务中的车辆横向或纵向运动控制，且具备与所执行的车辆横向或纵向运动控制相适应的部分目标和事件探测与响应的能力

续表

2级驾驶自动化（组合驾驶辅助）	要求驾驶自动化系统在其设计运行条件内持续地执行动态驾驶任务中的车辆横向和纵向运动控制，且具备与所执行的车辆横向和纵向运动控制相适应的部分目标和事件探测与响应的能力
3级驾驶自动化（有条件自动驾驶）	要求驾驶自动化系统在其设计运行条件内持续地执行全部动态驾驶任务
4级驾驶自动化（高度自动驾驶）	要求驾驶自动化系统在其设计运行条件内持续地执行全部动态驾驶任务和执行动态驾驶任务接管
5级驾驶自动化（完全自动驾驶）	要求驾驶自动化系统在任何可行驶条件下持续地执行全部动态驾驶任务和执行动态驾驶任务接管

★我国汽车工程学会对自动驾驶的分级信息化二维码

可以看出，我国划分的这6个等级和美国 SAE 中的 L0~L5 级是基本对应的，但也有差异，主要体现在 L2 级。我国的 2 级部分自动驾驶的控制是驾驶员与系统；SAE 中的 L2 级部分自动化的驾驶操作是系统，因此 SAE 中的 L2 级要比我国的 2 级要求高。

随堂测试

（1）简述智能网联汽车的五个阶段。

（2）简述美国汽车工程师协会和我国对智能网联汽车的分级，并做出对比分析。

三、美国汽车工程学会对自动驾驶的分级

自动驾驶汽车业内普遍接受的是 SAE（美国汽车工程师学会）在 J3016—2014 文件提出的自动驾驶分级定义，它按照自动化程度将其分为六个等级，其中 L0 为没有任何辅助系统的级别。

如表 1-5 所示，在 L3 级后，机器开始接管并主导车辆的感知和控制。当前智能网联汽车技术整体处于 L2~L3 段。美国自动驾驶等级具体要求如表 1-5 所示。

表 1-5　美国汽车工程学会对自动驾驶的分级

L0：无自动驾驶	该层次汽车的驾控主体为驾驶员，不介入车辆操控，在任何道路、环境条件下，均由驾驶员进行感知、操纵、监控，包括转向盘、加速踏板和制动踏板
L1：驾驶辅助	该层次汽车的驾控主体为驾驶员和机器，在限定道路和环境条件下，汽车具有一个或多个特殊自动控制功能，例如自适应巡航控制系统、车道保持辅助系统等，但感知接管、监控干预仍需驾驶员完成

续表

L2： 部分自动驾驶	该层次汽车的驾控主体为机器，在限定道路和环境条件下，汽车具有至少两个将控制功能融合在一起的实现系统，不需要驾驶员对其进行控制，但驾驶员仍需要一直对周围环境感知，并监视系统情况，准备在紧急情况下进行人工干预
L3： 有条件自动驾驶	该层次汽车的驾控主体为机器，在限定道路和环境条件下，驾驶员完全不用控制汽车，而且系统可以自动检测环境的变化以判断是否返回驾驶员驾驶模式，驾驶员无须一直对系统进行监视，但仍需在紧急情况下进行人工干预
L4： 高度自动驾驶	该层次汽车的驾控主体为机器，在限定道路和环境条件下，汽车能够自动执行完整的动态驾驶任务和动态驾驶任务支援，特定环境下系统会向驾驶员提出响应请求，驾驶员无须对系统请求做出回应
L5： 完全自动驾驶	该层次汽车的驾控主体为机器，在任何道路和环境条件下，系统完全自动控制车辆，乘坐人员只需输入目的地，系统自动规划路线，检测道路环境，最终到达目的地

自动驾驶发展阶段与路径图如图 1-9 所示。

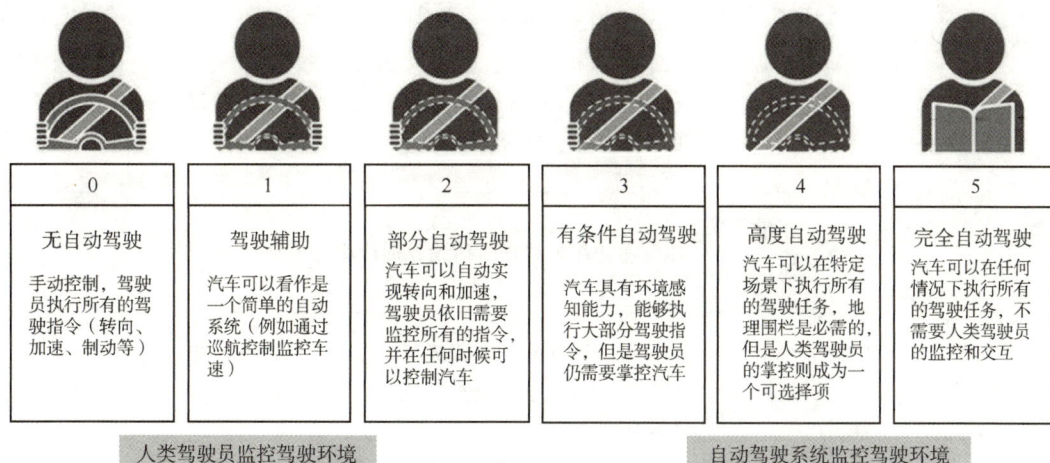

图 1-9 自动驾驶发展阶段与路径图

★美国汽车工程学会对自动驾驶的分级信息化二维码

任务实施

任务名称	介绍智能网联汽车分级		
姓名：	班级：		学号：
任务描述	人们在选择车型时，会非常关注汽车是否能够实现自动驾驶、全速巡航、自动刹车等功能，请你就某一型号车制作一个配置表，并解释不同级别的车会有哪些配置，在学习小组或班级里进行交流汇报		
能力目标	(1) 能够向客户介绍或解答智能网联汽车分级相关知识； (2) 树立以客户为中心的服务意识与理念； (3) 具有与客户沟通的能力； (4) 具备通过互联网等途径查询资料完成信息搜集和处理的能力		
实施准备	(1) 美国汽车工程师协会和我国关于智能网联汽车分级的相关文件； (2) 汇报用纸、笔等。		
实施步骤	自助学习	(1) 学习相关知识； (2) 获取相关信息； (3) 分组学习、讨论美国汽车工程师协会及我国关于智能网联汽车的分级情况，并分析其异同	
	小组讨论	以学习小组形式进行讨论，形成小组汇报成果	
	小组汇报	(1) 小组成员汇报小组成果； (2) 其余小组进行补充与点评	
自我反思	在社会能力、专业能力、关键能力方面的收获与体会：		

任务三 智能网联汽车的关键零部件和共性技术

学习内容

1. 智能网联汽车的关键零部件；
2. 智能网联汽车的关键共性技术。

能力要求

1. 能够向客户介绍或解答智能网联汽车关键零部件相关知识；
2. 树立以客户为中心的服务意识与理念；
3. 具有与客户沟通的能力；
4. 具备通过互联网等途径查询资料完成信息搜集和处理的能力。

任务引入

智能网联汽车关键零部件是实现汽车智能化、网联化的关键技术，也是保障汽车安全，提高舒适性的重要因素。然而，每一种技术都会有其优点，也会有相应的不足。尤其在汽车销售过程中，客户常会关心这些问题。请向客户介绍智能网联汽车上常用的关键零部件和共性技术。

任务描述

关键零部件及相应技术是实现汽车智能化、网联化的重要因素，请就某一型号车辆向客户介绍智能网联汽车关键零部件及技术。

相关知识

包括视觉感知传感器、超声波雷达、激光雷达、毫米波雷达，以及人、车、路、云之间的共性技术是实现汽车智能化、网联化的基础，也是提高其安全性、舒适性的重要保障。

随着汽车产业技术的革新，汽车智能化、网联化已成为我国在新一轮科技革命和产业变革中的重要发展方向。目前我国智能网联汽车呈现强劲的发展势头，全国已有 3 500 多千米的道路实现智能化升级，搭载联网终端的车辆超过 500 万辆。智能网联汽车产业规模正在迅速扩大。

一、智能网联汽车关键零部件

在智能网联汽车中的关键零部件主要包括车载光学系统、车载雷达系统、高精度定位系统、车载互联网、集成控制系统。

（一）车载光学系统

车载光学系统包含光学摄像头、夜视系统等，具备图像处理和视觉增强功能。自动驾驶将对车辆安全、行人安全、驾驶员监控等主动安全功能提出更高的要求，ADAS渗透必然加速。

各车型中的车载摄像头越来越多，基本上都会有至少一个ADAS前视摄像头、4个环视摄像头的基础配置。如果再加上近年来越来越被重视的驾驶员监控摄像头，可以预见，未来几年，车上至少需要6个摄像头，市场前景巨大。

在车载光学系统这一块，我国自主品牌的产品性能与国际品牌基本相当，并且具有成本优势，自主品牌的市场份额高达80%以上。

（二）车载雷达系统

车载雷达系统，作为驾驶员辅助系统的核心传感器，用于检测距离、速度等汽车行驶中的重要数据。车载雷达系统分为远距离雷达、中距离雷达、近距离雷达。其中远距离雷达用来实现自动巡航，中距离雷达用来实现侧向来车报警和车道变道辅助，近距离雷达则用来实现停车辅助、障碍和行人检测。车载雷达系统中，国有自主品牌有效识别精度与国际品牌相当，成本也是极具优势，自由市场份额占40%以上。

（三）车载互联网

车载互联网是采用车载专用中央处理器，基于车身总线系统和互联网服务形成的车载综合信息处理系统。其中车载信息娱乐系统就我国而言，其自主份额高达70%，远程通信模块自主份额高达60%，近距离模块自主品牌达90%。

（四）集成控制系统

集成控制系统实现对各子系统的精确控制及协调，并形成技术和成本优势，自主份额达到50%。

2022中国汽车供应链大会暨首届中国新能源智能网联汽车生态大会在湖北武汉举办，大会主题为"融合创新、绿色发展——打造中国汽车产业新生态"。大会提出了软件先行模式，这样的模式不光可以快速导入车辆设计，同时对于硬件的选择性也带来了极大的提高，软件先行模式将击破域控制器开发痛点。

（五）高精度定位系统

高精度定位系统，基于北斗系统开发，实现自主突破，目前全球范围内已经有137个国家与北斗卫星导航系统签下了合作协议，随着全球组网的成功，北斗卫星导航系统未来的国际应用空间将会不断扩展，最终建设成世界一流服务的卫星导航系统。北斗系统的车载定位可达亚米级精度，实现对GPS的逐步替代与升级。

★智能网联汽车关键零部件信息化二维码

二、智能网联汽车关键共性技术

智能网联汽车已成为带动 AI、信息通信、大数据、云计算等发展的战略制高点。汽车与相关产业加速跨界融合和深度协同，产业链重构，价值链不断扩展延伸，汽车逐渐转变为智能移动空间。智能网联汽车关键共性技术主要有多源信息融合技术、车辆协同控制技术、数据安全及平台软件、人机交互共驾技术、基础设施与技术法规等。

(一) 多源信息融合技术

多源信息融合技术，主要突破了环境感知与多传感器信息融合、V2X 通信模块集成、车载与互联信息融合技术。比如：多传感器信息融合技术的基本原理就像人的大脑综合处理信息的过程一样，将各种传感器进行多层次、多空间的信息互补和优化组合处理，最终产生对观测环境的一致性解释。

多源融合导航基于信息融合技术，将来自不同导航源的同构或者异构的导航信息按照相应的融合算法进行融合，从而得到最佳的融合结果。相对于传统的单一导航源，多源融合导航可以充分利用每一个导航源的优势，从而提供最好的定位与导航服务。

(二) 车辆协同控制技术

现代社会中，人类对日常生活的智能化决策的依赖程度越来越高，在交通控制领域，随着无线通信技术的快速发展，融合了"智能化"和"网联化"技术的网联式自主驾驶车辆"驶入"人们的视野。在此背景下，多车协同控制技术作为网联式自主驾驶车辆的核心技术，可以有效解决交通拥堵问题，突破整车集成与协同控制技术。

(三) 数据安全及平台软件

在汽车行业逐步迈入数字化、电动化、网联化、智能化时代的背后，网络安全和数据安全风险也在不断滋生：木马病毒、网络攻击、个人隐私泄露等互联网常见威胁也逐步渗透至车联网领域，安全形势复杂严峻。加快建立健全车联网网络安全和数据安全保障体系，提升车联网网络安全水平，是车联网经济快速健康发展的重要前提。

(四) 人机交互共驾技术

从长远来看，自动驾驶替代人类驾驶员是明显趋势。根据《中国消费者共享汽车使用情况调查》，近 50%的消费者对具备智能化感知交互的汽车表示具有强烈兴趣和支付意愿。现阶段处于 L3 级智能驾驶的导入期，未来随着芯片和算法性能的增加，智能驾驶功能将进一步升级。从短期来看，由于全自动驾驶的落地受制于法规、技术等方面的限制，人机共驾将是智能驾驶发展的常态。未来的交互还会加入心情、体感等感知，从而推动智能座舱产业链更加丰富和立体。而最终想要实现智能的人机交互体验，则离不开产业链上下游每一个环节的努力与合作。

(五) 基础设施与技术法规

深圳发布了《深圳经济特区智能网联汽车管理条例》，这是国内首部关于智能网联汽车管理的法规，该条例于 2022 年 8 月 1 日起，在深圳正式开始实施。该条例标志着中国智能网联汽车发展进入有法可依的时代。

如何让法规监管制度更好落地实施、如何形成中国版先进驾驶辅助、如何完善基于 V2X 通信标准体系的道路基础设施、如何探索更多示范测试道路，实现人车路协同等，都将是接下来的发展关键。

★智能网联汽车关键共性技术信息化二维码

随堂测试

简述智能网联汽车的关键零部件及其特点。

🎯 任务实施

任务工单

任务名称		介绍智能网联汽车常用关键零部件及其特点
姓名：	班级：	学号：

任务描述		关键零部件及相应技术是实现汽车智能化、网联化的重要因素，请就某一型号车辆向客户介绍智能网联汽车关键零部件及技术
能力目标		（1）能够向客户介绍或解答智能网联汽车关键技术； （2）树立以客户为中心的服务意识与理念； （3）具有与客户沟通的能力； （4）具备通过互联网等途径查询资料完成信息搜集和处理的能力
实施准备		（1）教学用车辆及智能网联汽车实训台； （2）车辆说明书相关文件； （3）汇报用纸、笔等
实施步骤	自助学习	（1）学习相关知识； （2）获取相关信息； （3）分组学习、讨论超声波雷达、激光雷达等关键零部件，并分析其特点
	小组讨论	以学习小组形式进行讨论，形成小组汇报成果
	小组汇报	（1）小组成员汇报小组成果； （2）其余小组进行补充与点评
自我反思		在社会能力、专业能力、关键能力方面的收获与体会：

任务四　智能网联汽车发展趋势认知

学习内容

1. 智能网联汽车的发展历程；
2. 智能网联汽车的发展趋势。

能力要求

1. 能够向客户介绍或解答智能网联汽车发展历程及趋势；
2. 树立以客户为中心的服务意识与理念；
3. 具有与客户沟通的能力；
4. 具备通过互联网等途径查询资料完成信息搜集和处理的能力。

任务引入

了解智能网联汽车发展历程及其发展前景是获取与客户顺利沟通的一种重要手段。假设你正在4S从事汽车销售工作，请和客户一起分享智能网联汽车的发展历史和前景。

任务描述

从完全由人驾驶的车辆发展到系统辅助人类驾驶，再到由车辆自主驾驶，各大车企在不同阶段为实现自动驾驶做出了不同的贡献。请你对国内外主流车企发展自动驾驶技术关键节点做一个列表，在学习小组或班级里进行交流汇报。

相关知识

随着造车新势力的异军突起，我国自动驾驶技术取得突飞猛进，但仍存在核心技术有待突破、法律体系有待健全和安全性急需提升等问题。

一、智能网联汽车发展历程

美国、日本、欧盟这些国家对于智能网联汽车的研究比我国早，近年来在智能网联汽车方面我国取得了较大的进步。国外智能网联汽车的发展历程大致如下：

1984年，美国国防部与陆军合作，发起了投资6亿美元的自主地面车辆战略计划；

1986年，美国研发成功全球第一台由计算机驾驶的汽车；

1998年，意大利进行了2 000 km的无人驾驶道路试验；

2004—2007 年，美国举办了三场奖金为 100 万美元的无人驾驶汽车挑战赛，以吸引更多企业投入智能车研究；

2009 年，谷歌开始了无人驾驶车项目；

2013 年，奥迪、福特、日产、宝马等传统汽车制造商也纷纷布局无人驾驶汽车；

2015 年，特斯拉推出了半自动驾驶系统；

2016 年，Uber 无人驾驶汽车正式上路测试；

2016 年，通用汽车正式进入无人驾驶领域。

我国智能网联汽车发展的主要历程如下：

1992 年，国防科技大学成功研制出中国第一辆真正意义上的无人驾驶汽车；

2011 年，一汽集团与国防科技大学共同研制红旗 HQ3 无人驾驶汽车，完成了 286 km 的高速无人驾驶试验；

2012 年，"军交猛狮Ⅲ号"汽车以无人驾驶状态行驶 114 km；

2012 年，宇通大型客车在完全开放道路环境下完成自动驾驶试验；

2015 年，百度无人驾驶车在北京进行全程自动驾驶试验；

2018 年，百度与厦门金龙合作生产的全球首款 L4 级量产自驾巴士"阿波龙"量产下线；

2019 年，百度和中国一汽联手打造的首批 L4 级的自动驾驶乘用车——红旗 EV 获得 5 张北京市自动驾驶道路测试牌照；

2019 年 9 月 22 日，国家智能网联汽车（武汉）测试示范区正式揭牌，百度、海梁科技、深兰科技等企业获得全球首张自动驾驶车辆商用牌照；

2019 年 9 月 26 日，百度在长沙宣布自动驾驶出租车队 Robo taxi 试运营正式开启。

截至 2021 年，全球大部分主流车厂已经全面投入 ADAS 和自动驾驶系统开发当中，并且已经在量产车中加入了很多的应用，表 1-6 为有代表性的国内外汽车公司在自动驾驶领域的战略规划。

表 1-6　国内外汽车公司在自动驾驶领域的战略规划

丰田	2016 年发布"环境挑战 2050"战略	2020 年推出机动车道自动驾驶车；2025—2029 年将自动驾驶技术的适用范围扩大至普通道路
大众	2016 年发布"携手共进-2025"战略	2021 年推出全自动 L5 级自动驾驶电动轿车、货车和卡车
特斯拉	—	拥有 Autopilot 自动驾驶辅助系统；2020 年在迪拜推出自动驾驶出租车项目，未来将推出更多搭载完全自动驾驶功能的原型车
沃尔沃	2015 年推出"Drive Me 自动驾驶汽车"计划	2020 年达到自动驾驶零伤亡；2021 年实现 L4 级别的汽车量产

广汽	2015 年发布"十三五"战略	辅助驾驶已实现自动泊车、驾驶提醒等功能;半自动驾驶于 2020 年前实现;预计 2025 年之前实现高度自动驾驶:自动刹车、自动换挡等;2030 年之前实现完全自动驾驶
一汽	2015 年发布"挚途"技术战略布局	2018 年完成基于高精定位的 L3 级别产品开发;2020 年完成基于 5G 驾驶网络的 L4 级别产品开发;2025 年完成 L5 级别的产品开发
上汽	2016 年发布"2025 车联网"战略	2021—2025 年推进 5G 网络、AR 技术、人工智能、柔性 OLED 显示等前沿技术开发,实现高度自动驾驶

对比国内外智能网联汽车的发展历程,不难看出我国智能网联汽车发展的优势:跨领域、跨部门的协同发展的制度优势;科技变革的外部契机与汽车产业转型升级的内部动力兼备;拥有规模超大、全球第一的汽车市场;拥有强大的信息产业。

当然,智能网联汽车也有它的挑战,当前智能网联汽车发展面临的主要挑战有以下三个方面。

(1)核心技术有待突破。我国智能网联汽车发展速度较快,尤其是近十年在智能化方面取得了重大突破,但与发达国家相比,我国在发动机、芯片等核心技术方面仍有一定的距离,进而也影响了整体智能网联汽车的发展。

(2)法律体系尚不健全。当前对于智能网联汽车的相关法律制定尚不完善,尤其是对智能网联汽车自动驾驶、自动停车等责任的划分目前尚未涉及,这也影响了消费者在购买汽车时,不敢轻易尝试智能网联汽车产品。

(3)安全性尚有待提升。总体而言,智能网联汽车应用的时间还比较短,相关产品具有明显的技术更新趋势,很多技术和理念的应用没有经过足够的实践验证,实际应用过程仍存在较多的不确定因素。

二、智能网联汽车发展前景

根据全球知名经济咨询机构 IHS 环球透视(以下简称 IHS)汽车部门预测,全球智能驾驶汽车销量将由 2025 年的 23 万辆,发展到 2035 年将超过 1 000 万辆。

我国智能网联汽车的发展已经初具规模,就比例上来说,我国汽车市场还是以传统能源汽车为主,智能网联汽车比例是非常低的,主要是受到技术等因素的影响。不过我国智能网联特征的汽车生产比例已经接近 98%。根据国家统计局相关数据显示,到 2035 我国智能网联特征的汽车接近 100%。我国智能网联汽车未来的发展趋势主要集中在以下三个方面。

(1)无人驾驶技术的应用。很多汽车研究机构和汽车生产厂商正大力研发无人驾驶技

术，无人驾驶也将成为未来人们乘车出行的主要驾驶方式之一。

（2）网络数据的深度利用。未来的智慧汽车还应进一步提高对网络和大数据的应用，一方面可以利用大数据技术指导交通，有效缓解交通压力；另一方面，利用卫星定位结合网络大数据技术，能够精准定位车辆的位置、距离、速度等，在大数据网络的监管与指导下智能调整，有效降低车辆碰撞、剐蹭等交通事故的发生率。

（3）安全性能的进一步提升。为提高智能网联汽车的驾驶安全性，汽车应从硬件和软件两个方面进行安全性的提升。

智能交通系统和智慧城市相关设施建设取得积极进展，车用无线通信网络（LTE-V2X 等）实现区域覆盖，新一代车用无线通信网络（5G-V2X）在部分城市、高速公路领域逐步开展应用，高精度时空基准服务网络实现全覆盖。国家顶层设计将智能网联汽车定义为战略发展方向，产业意义深远，其重要性将与新能源汽车相当。现有的整车厂，倾向于温和渐进的策略，他们认为只有当技术足够成熟、社会阻碍彻底清除时，全自动驾驶汽车才可能实现。在此期间，整车厂将遵从既定的方式进行市场化，首先在高端车型上配备自动驾驶模块。

随着我国智能汽车体系的逐步建立，智能网联汽车已经走进人们的日常生活，为进一步提升新型汽车产品的市场影响力，汽车研究机构和生产企业应在智能化、网络化、可靠性、安全性、人性化等多个方面继续加强汽车新产品的整体品质，使我国的智能网联汽车产品逐步赶超国际水平。

★智能网联汽车发展趋势认知信息化二维码

思考题

简述我国智能网联汽车的发展历程及前景。

项 目 二

智能网联汽车环境感知技术

智能网联汽车环境感知技术是车辆通过车载传感器获取道路、车辆位置和障碍物等信息、并将这些信息传输给车载控制中心，为车辆提供决策依据。本项目主要学习超声波雷达传感器、毫米波雷达传感器、激光雷达传感器、视觉传感器的类型、特点及应用，然后进行装配、调试等实训内容，最后对多传感器融合技术进行简要介绍。

⚙ 学习目标

知识目标：

1. 环境感知系统整体认知；
2. 超声波雷达传感器的结构、工作原理及应用；
3. 毫米波雷达传感器的结构、工作原理及应用；
4. 激光雷达传感器的结构、工作原理及应用；
5. 视觉传感器的结构、工作原理及应用；
6. 多传感器融合技术的认知。

能力目标：

1. 能够掌握超声波雷达传感器、毫米波雷达传感器、激光雷达传感器、视觉传感器的基本原理与实现方法；
2. 能够认识超声波雷达传感器、毫米波雷达传感器、激光雷达传感器、视觉传感器的相关零部件名称；
3. 能够独立拆装超声波雷达传感器、毫米波雷达传感器、激光雷达传感器、视觉传感器。

素质目标：

1. 能够自觉遵守法律、法规以及技术标准规定；
2. 能够和同学及教学人员建立良好的合作关系；
3. 能够培养学生借助教材、学习材料、学习任务书等制订学习计划的能力；
4. 能够在实际操作过程中培养动手实践能力，注重培养质量意识、安全意识、节能环保意识和规范操作等职业素养。

任务一　环境感知系统整体认知

学习内容

1. 环境感知的概念；
2. 车载环境感知传感器的特点与分类。

环境感知系统
整体认知

能力要求

1. 能够向客户介绍或解答智能网联汽车环境感知的相关知识；
2. 树立以客户为中心的服务意识与理念；
3. 具有与客户沟通的能力；
4. 具备通过互联网等途径查询资料完成信息搜集和处理的能力。

任务引入

在从车辆完全由人驾驶，到最终实现完全自动驾驶的过程中，首先需要解决的就是让车辆能够感知自身所处的周围环境。那么，汽车是通过哪些传感器，又通过哪些方式感知周边环境呢？通过下面内容的学习，请向购车客户简单介绍相关传感器。

任务描述

环境感知技术是汽车实现自动驾驶首先要解决的问题。目前，应用于智能网联汽车的环境感知传感器包括超声波雷达、毫米波雷达、激光雷达、视觉传感器等，各传感器又各具特点。请对车载环境感知传感器做一个列表并做相互对比，在学习小组或班级里进行交流汇报。

相关知识

不同的环境感知传感器采用不同的方式感知周边环境，并呈现不同的特点。请通过网络查找常见环境感知传感器的特点及使用范围。

一、环境感知系统的概念

（一）环境感知的定义

智能网联汽车环境感知系统相当于人的感官系统，利用超声波雷达、毫米波雷达、激光雷达、视觉传感器以及 V2X 通信技术等获取道路、车辆位置和障碍物等信息，并通过车载控制器处理后传输给控制单元，为智能网联汽车的安全行驶提供决策依据。环境感知在智能网联汽车上的典型应用如图 2-1 所示。

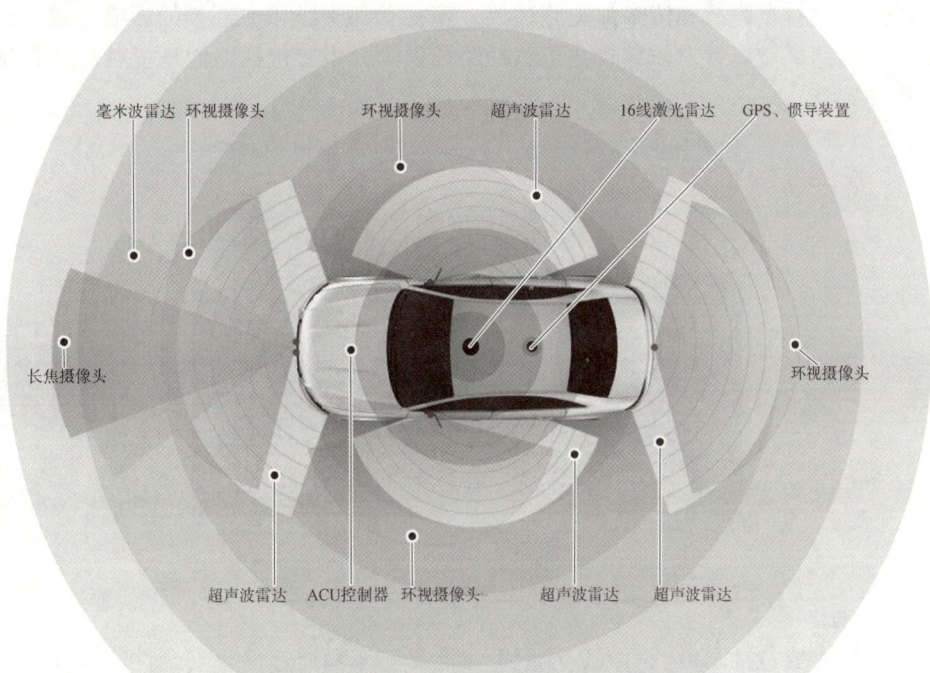

毫米波雷达　环视摄像头　　　　环视摄像头　　超声波雷达　　16线激光雷达　GPS、惯导装置

长焦摄像头　　　　　　　　　　　　　　　　　　　　　　　　　　环视摄像头

超声波雷达　ACU控制器　环视摄像头　　超声波雷达　　超声波雷达

图 2-1　环境感知在智能网联汽车上的典型应用

(二) 环境感知的对象

智能网联汽车感知的对象就是智能传感器监测的对象和 V2X 通信技术的信息，主要包括车辆的行驶路径、周边物体、驾驶状态和驾驶环境等。

1. 行车路径

行车路径指车辆可行驶的道路区域，可分为结构化路径和非结构化路径。

结构化道路一般是指高速公路、城市干道等结构化较好的公路，如图 2-2 所示。这类道路具有清晰的道路标志线，道路的背景比较单一，道路的几何特征也比较明显。针对他的路径识别，主要包括行车线、行车路边缘、道路隔离物。

图 2-2　高速公路

非结构化道路一般是城市非主干道、乡村街道等结构化程度较低的道路，如图 2-3 所

示。这类道路没有车道线和清晰的道路边界，容易受到阴影和水迹等的影响，难以区分道路区域和非道路区域，针对非结构化道路的路径识别，主要包括路面环境状况的识别和可行驶路径的确认。

图 2-3 乡村道路

2. 周边物体

周边物体主要包括车辆、行人、地面上可能影响车辆通过性、安全性的其他各种静止或移动物体、交通标志、信号灯等。

3. 驾驶状态

驾驶状态包括驾驶员自身状态、车辆自身行驶状态。

4. 驾驶环境

驾驶环境监测主要包括路面状况、道路交通拥堵情况及天气情况的识别。

二、环境感知系统的组成

环境感知系统由信息采集单元、信息处理单元及信息传输单元三大模块组成，如图 2-4 所示。在各单元下包含具体的传感器、装置或系统。具体而言，信息采集单元主要由超声波雷达、毫米波雷达、激光雷达、视觉传感器、车载自组网络、导航定位装置组成；信息处理单元通常由道路识别、车辆识别、行人识别、交通标志识别、交通信号灯识别等组成；信息传输单元常由显示系统、报警系统、传感器网络、车载自组网络等组成。

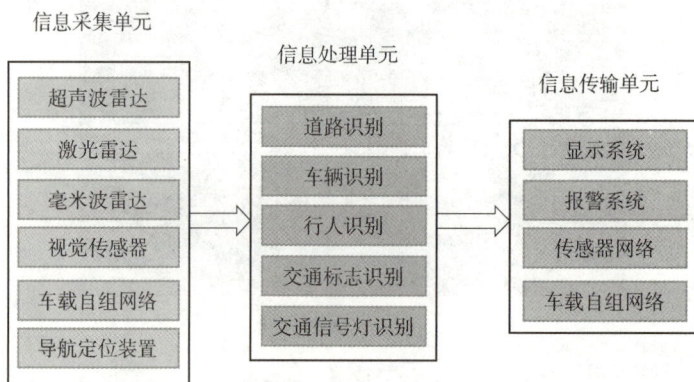

图 2-4 环境感知系统组成

三、车载环境感知传感器的分类与特点

智能网联汽车环境感知传感器主要包括超声波雷达、毫米波雷达、激光雷达、视觉传感器等。GPS、惯性元件主要用于智能网联汽车的定位，在本节不做介绍。

（一）超声波雷达传感器

超声波雷达传感器，主要用于短距离探测物体，不受光照影响，但测量精度受测量物体表面形状、材质的影响很大。由于结构简单、体积小、成本低等优点，超声波雷达传感器被广泛应用于在智能网联汽车的驾驶辅助或自动驾驶泊车等方面。

（二）毫米波雷达传感器

毫米波雷达可以准确地检测前方障碍物的距离和速度信息，抗干扰能力强，具备较强的穿透雾、烟、灰尘的能力，受天气情况和夜间的影响小，并且体积较小；因此，毫米波雷达是目前智能网联汽车应用最广泛，也是最重要的传感器之一。目前用于智能网联汽车的毫米波雷达主要有 24 GHz 和 77 GHz 频段，分别用于短程检测和中远程检测。但是，由于毫米波雷达对行人的反射波较弱，难以探测行人，常与其他传感器组合使用。

（三）激光雷达传感器

激光雷达常作为汽车实现高级无人驾驶的必备传感器，根据自动驾驶级别，可以配备不同线束的激光雷达。激光雷达分单线束和多线束激光雷达，多线束激光雷达通过点云来建立周边环境的 3D 模型，可以检测出包括车辆、行人、树木、路沿等细节。激光雷达能够直接获取物体的三维距离信息，测量精度高，对光照环境变化不敏感，抗干扰能力强，是智能网联汽车发展的最佳技术路线，但是成本较高。

（四）视觉传感器

视觉传感器能识别清晰的车道线、交通标识、障碍物、行人等，对光照、天气等条件很敏感，而且需要复杂的算法支持，对处理器的要求也比较高。视觉传感器可分为单目摄像头、双目摄像头、三目摄像头和环视摄像头，其中单目摄像头、双目摄像头和三目摄像头主要应用于中远距离场景，环视摄像头主要应用于短距离场景。

不同传感器在感知对象时具有不同的优点和局限性，仅依靠单一的传感器很难获取全面的环境信息。因此，智能网联汽车当前的趋势是通过传感器信息融合技术，弥补单个传感器的缺陷，提高整个智能驾驶系统的安全性和可靠性。

🎯 随堂测试

简述智能网联汽车环境感知传感的定义及作用。

任务实施

任务工单

任务名称	获取常见车载环境感知传感器的基本功能及特点		
姓名：	班级：		学号：
任务描述	环境感知传感器是车辆感知周围环境的最重要的一个设备，每种传感器都有各自独特的特点。请你对智能网联汽车常见环境感知传感器做一个列表并相互对比，在学习小组或班级里进行交流汇报		
能力目标	（1）能够向客户介绍或解答智能网联汽车车载环境感知传感器相关知识； （2）树立以客户为中心的服务意识与理念； （3）具备通过互联网等途径查询资料完成信息搜集和处理的能力		
实施准备	（1）教学用车辆、智能网联汽车环境感知实训台； （2）车辆相关文件； （3）汇报用纸、笔等。		
实施步骤	自助学习	（1）学习环境传感器的相关知识； （2）通过网络获取智能网联汽车环境感知传感器的相关信息； （3）分组学习、讨论环境感知传感器等车载传感器的功用，并分析其特点	
	小组讨论	以学习小组形式进行讨论，形成小组汇报成果	
	小组汇报	（1）小组成员汇报小组成果； （2）其余小组进行补充与点评	
自我反思	在社会能力、专业能力、关键能力方面的收获与体会：		

任务二 超声波雷达技术

学习内容

1. 超声波雷达传感器的结构与工作原理；
2. 超声波雷达传感器的安装与调试方法。

超声波雷达技术

能力要求

1. 能够向客户介绍或解答超声波雷达传感器的功能及工作原理；
2. 树立以客户为中心的服务意识与理念；
3. 具有与客户沟通的能力；
4. 具备通过互联网等途径查询资料完成信息搜集和处理的能力。

任务引入

在驾照考试的科目二中，有一个必考项目是倒车入库，相信每一个参加过驾照考试的朋友都记忆深刻。在现代汽车上面，已有多种驾驶辅助技术可以协助驾驶员顺利实现倒车入库。通过本次课的学习，请模拟销售场景，向客户介绍倒车辅助技术中最常见的超声波雷达技术。

任务描述

安装在车身不同位置的超声波雷达具有不同的作用，请你结合某一款在售车型制作超声波雷达布置图，并指出相应作用，在学习小组或班级里进行交流汇报。

相关知识

人类耳朵的听觉范围，一般为 20~20 kHz 之间的声波，由于超声波的频率一般高于 20 kHz，所以被称为超声波。那么，相应的低于 20 Hz 的声波被称为次声波。

一、超声波雷达传感器的定义

声音是由物体振动产生的声波，是通过介质（空气或固体、液体）传播并能被人或动物听觉器官所感知的波动现象。最初发出振动（震动）的物体叫声源。声源产生的振动在空气或其他物质中的传播叫作声波。声音以波的形式振动传播，声波传播的空间称为声场。振动的物体使其周围的空气交替地发生压缩和膨胀，这种变化由近及远，并以一定的速度传播出去。声波的常用参数有频率、周期、振幅和速度。物体在 1 s 之内振动的次数叫作频率，单位是赫兹（Hz）。

超声波具有方向性好、反射能力强、易于获取较集中的声能。超声波雷达就是利用超声波的特性研制而成的传感器，是在超声波频率范围内将交变的电信号转换成声信号或将外界声场中的声信号转换为电信号的能量转换器件，可以通过接收到反射后的超声波探知周围的障碍物情况，它可以消除驾驶员停车、泊车、倒车和起动车辆时前、后、左、右探视带来的麻烦，帮助驾驶员消除盲点和视线模糊缺陷，提高行车安全。

二、超声波雷达传感器的结构与工作原理

1. 基本结构

常用的超声波雷达传感器的核心是塑料外套或者金属外套中的一块压电晶片，它既可以发射超声波，也可以接收超声波。压电晶片能够实现电能与机械能的相互转换，即在收到压力作用时会在两端出现电压差。压电晶片如图 2-5 所示。

图 2-5　超声波压电晶片

由压电晶片组成的超声波雷达传感器是一种可逆传感器，它可以将电能转变成机械振荡，从而产生超声波；同时，当它接收到超声波时，也能将其转变成电能，所以超声波雷达传感器主要包括发送器、接收器两部分。除此之外，超声波雷达传感器还有控制单元和供电单元。利用压电晶片的压电效应可制成压电超声波雷达传感器，其中压电晶片的一个极面与膜片相连接，如图 2-6 所示。

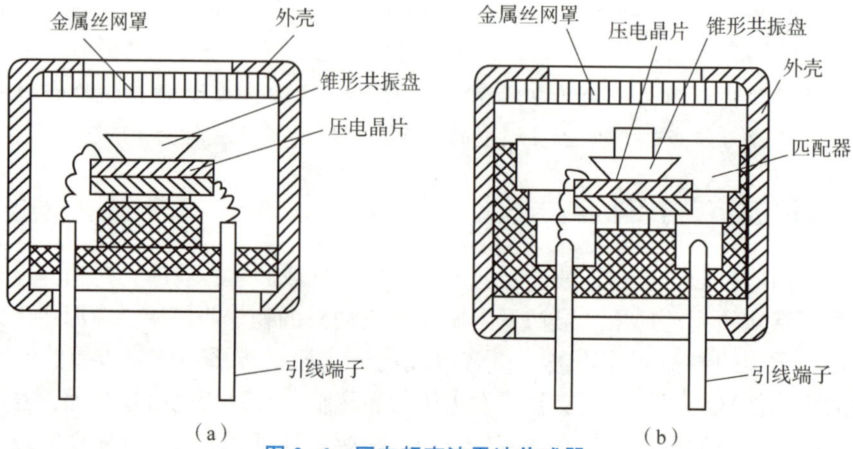

（a）　　　　　　　　　　　（b）

图 2-6　压电超声波雷达传感器

（a）发送部件；（b）接收部件

当声压作用在膜片上使其振动时，膜片带动压电晶体产生机械振动，从而产生随声压大小变化而变化的电压，完成声电的转换。

2. 工作原理

超声波测距的原理是利用超声波发射器向外发出的超声波到接收器接收到该发送过去的超声波时的时间来测算距离的，如图 2-7 所示。超声波在空气中的传播速度为 v，发射点与障碍物表面之间的距离 s 可以根据计时器记录的时间 t 进行计算，即 $s=vt/2$。

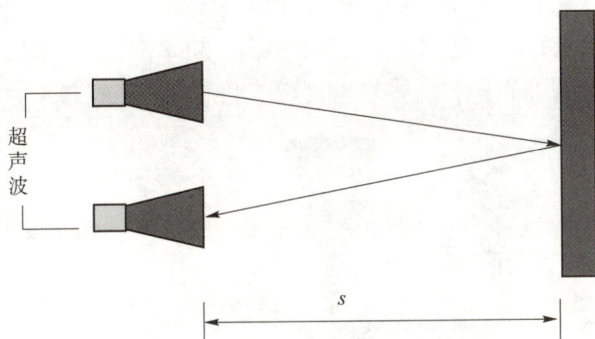

图 2-7　超声波测距原理

当前汽车上较为常用的是压电式超声波雷达传感器，其关键部件是配有塑料或金属外壳的压电晶片，用两根导线与控制器相连。在传感器内部有两个压电晶片和一个共振板，当共振板接收到超声波的回波时，引起压电晶片振动，其将机械波转换成电信号。控制器通过振荡电路向压电晶片输送一定频率的脉冲信号，压电晶片产生共振并带动共振板振动，于是便产生超声波。当超声波雷达传感器向某一方向发射超声波的同时，计数电路开始计时，超声波在空气中传播，途中遇到障碍物后立即反射回来，当超声波雷达传感器的接收器接收到反射波后立即停止计时。系统根据计时器记录的时间，经过逻辑电路的处理运算，就能够计算出超声波雷达传感器发射点与障碍物之间的距离。超声波雷达传感器工作原理如图 2-8 所示。

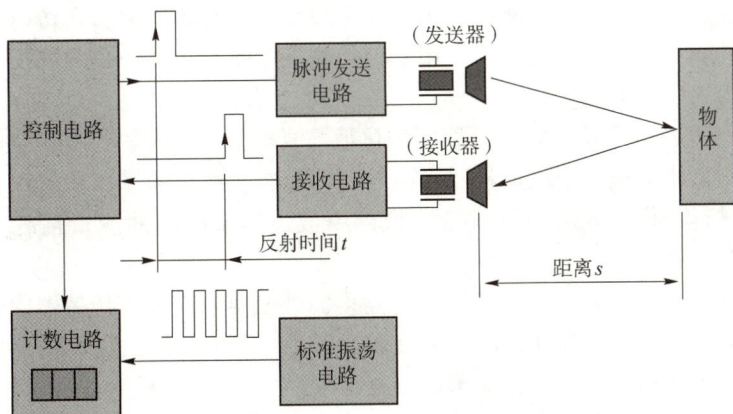

图 2-8　超声波雷达传感器工作原理

三、超声波雷达传感器的分类及主要参数

1. 分类

在智能网联汽车上，使用的超声波雷达传感器主要有 UPA 和 APA 两大类。其中，安装在车身的前部与后部保险杠上的 UPA 是一种短程超声波雷达传感器，检测范围为 15～250 cm。由于检测距离小，多普勒效应和温度干扰小，检测较为准确。APA 安装在车身侧面，是一种远程超声波雷达传感器，检测范围为 35～500 cm，可覆盖一个停车位，方向性强，探头的波传播性能优于 UPA，相比于 UPA 成本更高，功率也更大。图 2-9 所示为超声波雷达传感器在汽车上的常见布置图，前后共 8 个 UPA 传感器，左右共 4 个 APA 传感器。

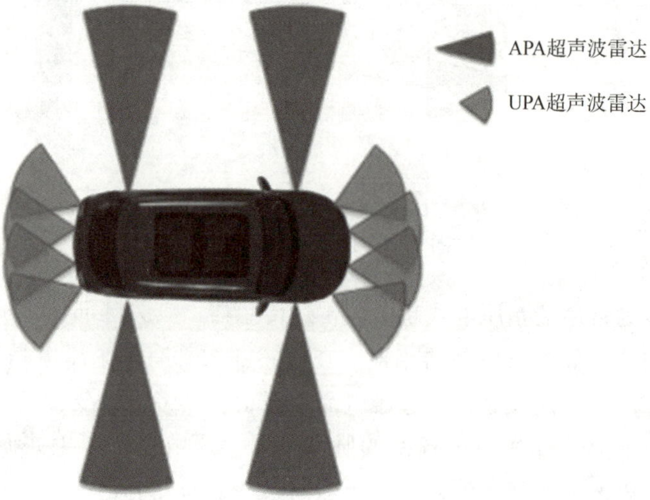

图 2-9　超声波雷达传感器在汽车上的典型布置

2. 主要参数

超声波雷达传感器主要有以下特性参数和性能。

（1）测量范围。超声波雷达传感器的测量范围取决于其使用的波长和频率；波长越长，频率越小，检测距离越大。测量汽车前后障碍物的短距超声波雷达传感器的探测距离一般为 15～250 cm；安装在汽车侧面、用于测量侧方障碍物距离的长距超声波雷达传感器探测距离一般为 30～500 cm。

（2）测量精度。测量精度是指传感器测量值与真实值的偏差。超声波雷达传感器测量精度主要受被测物体体积、表面形状、表面材料等影响。被测物体体积过小、表面形状凹凸不平、物体材料吸收声波等情况都会降低超声波雷达传感器的测量精度。测量精度越高，感知信息越可靠。

（3）波束角。传感器产生的声波以一定角度向外发出，声波沿传感器中轴线方向上的超声射线能量最大，能量向其他方向逐渐减弱。以传感器中轴线的延长线为轴线，到一侧能量强度减小一半处的角度称为波束角。波束角越小，指向性越好。一些传感器具有较窄的 6°波束角，更适合精确测量相对较小的物体。一些波束角为 12°～15°的传感器能够检测具有较大倾角的物体。

（4）工作频率。工作频率会直接影响超声波的扩散和吸收损失、障碍物反射损失、背景

· 38 ·

噪声，并直接决定传感器的尺寸。一般选择 40 kHz 左右，这样传感器方向性尖锐，且避开了噪声，提高了信噪比；虽然传播损失相对低频有所增加，但不会给发射和接收带来困难。

（5）抗干扰性能。超声波为机械波，使用环境中的噪声会干扰超声波雷达传感器接收物体反射回来的超声波，因此要求超声波雷达传感器具有一定的抗干扰能力。

四、超声波雷达传感器的应用

超声波雷达传感器在智能网联汽车中有着广泛的应用，最常见的是自动泊车辅助系统，如图 2-10 所示。自动泊车辅助系统通常使用 12 个超声波雷达传感器，车前、后部各4 个短距超声波雷达传感器，负责探测倒车时与障碍物之间的距离，两侧的长距超声波雷达传感器负责探测停车位空间。

图 2-10　超声波雷达传感器常见布置

特斯拉 Model S 就是主要靠摄像头视觉图像处理、毫米波雷达和超声波雷达传感器实现传感的，特斯拉辅助驾驶使用的硬件包括前视摄像头、前置毫米波雷达和 12 个超声波雷达传感器。

五、超声波雷达传感器的安装与调试

【实训目标】

（1）能够按照要求安装超声波雷达传感器。

（2）能够识别超声波雷达传感器连接电路图。

（3）能够完成超声波雷达传感器的调试。

【实训器材准备】

准备的实训器材见表 2-1。

表 2-1　超声波雷达安装与调试实训器材准备

序号	器材名称	数量	其他
1	超声波雷达传感器		
2	车载环境感知传感器实训台		
3	维修工具箱		

【实训注意事项】

（1）检查实训场地是否整洁，有无安全隐患。

（2）检查实训设备是否完整，工作是否正常。

（3）检查实训工具和仪器是否完整，功能是否正常。

（4）规范操作，禁止随意启动设备。

（5）完成实训项目后切断电源，整理工具设备，清洁作业场地卫生。

【超声波雷达传感器安装调试操作记录】

（1）安装超声波雷达传感器并写出安装步骤：

（2）绘制超声波雷达传感器连接电路图：

（3）在测试软件上设置超声波雷达传感器调试参数：

（4）调试结果分析：

随堂测试

（1）简述车载超声波雷达传感器的概念及特点。

（2）简述超声波雷达传感器在智能网联汽车上的应用。

任务实施

任务工单

任务名称		超声波雷达传感器的安装与调试	
姓名：	班级：		学号：
任务描述		超声波雷达是在汽车上应用最早的环境感知传感器，尤其在倒车或自动泊车方面有着广泛的应用。请你对超声波雷达传感器在智能网联汽车上的应用做一个列表并做对比，在学习小组或班级里进行交流汇报	
能力目标		（1）能够向客户介绍或解答车载超声波雷达传感器的相关知识； （2）树立以客户为中心的服务意识与理念； （3）具有与客户沟通的能力； （4）具备通过互联网等途径查询资料完成信息搜集和处理的能力	
实施准备		（1）教学用车辆、车载环境感知传感器实训台； （2）车辆相关文件； （3）汇报用纸、笔等	
实施步骤	自助学习	（1）学习智能网联汽车超声波雷达传感器的相关知识； （2）获取智能网联汽车超声波雷达传感器的相关信息； （3）分组学习、讨论超声波雷达传感器在汽车上的应用	
	小组讨论	以学习小组形式进行讨论，形成小组汇报成果	
	小组汇报	（1）小组成员汇报小组成果； （2）其余小组进行补充与点评	
自我反思		在社会能力、专业能力、关键能力方面的收获与体会：	

任务三　毫米波雷达技术

学习内容

1. 毫米波雷达传感器的结构与工作原理；
2. 毫米波雷达传感器的安装与调试方法。

毫米波雷达技术

能力要求

1. 能够向客户介绍或解答毫米波雷达传感器的工作原理及常见功能；
2. 树立以客户为中心的服务意识与理念；
3. 具有与客户沟通的能力；
4. 具备通过互联网等途径查询资料完成信息搜集和处理的能力。

任务引入

特斯拉几乎是所有电动车企业的标杆。根据最新消息，在其自动驾驶系统（FSD）新方案中重新启用了之前弃用的毫米波雷达传感器。毫米波雷达传感器具有哪些优点和缺点让电动车的头部企业放弃后又启用呢？通过本次课的学习，请模拟销售场景，向客户介绍在自动驾驶中常见的毫米波雷达技术。

任务描述

安装在车身不同位置的毫米波雷达传感器具有不同的作用，请你结合某一款在售车型制作毫米波雷达传感器布置图，并指出其相应作用，在学习小组或班级里进行交流汇报。

相关知识

毫米波是指波长在 1~10 mm 的电磁波，它对应的频率范围是 30~300 GHz。毫米波雷达传感器是指工作在毫米波波段的探测雷达传感器。毫米波雷达传感器向周边发射电磁波，通过测定和分析反射波以计算障碍物的距离、方向和大小。

一、毫米波雷达传感器的定义

毫米波雷达传感器是指工作在毫米波频段的雷达传感器。其中，毫米波是指长度为 1~10 mm 的电磁波，频率范围一般在 30~300 GHz。毫米波雷达传感器可用于测量物体距离、速度、方位等，其外观如图 2-11 所示。由于毫米波雷达传感器具有精度高、响应速度快的优点，目前已经成为智能网联汽车环境感知的核心传感器，用于自适应巡航控制系统、自动制动辅助系统、盲区监测系统等。

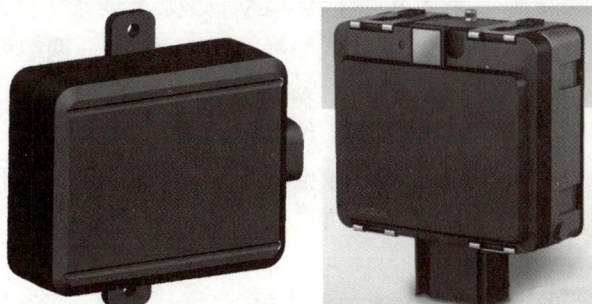

图 2-11　毫米波雷达传感器外观

二、毫米波雷达传感器的结构与工作原理

1. 基本结构

毫米波雷达传感器主要由信号发射器、信号接收器、信号处理器以及天线阵列等部件组成，如图 2-12 所示。

图 2-12　毫米波雷达传感器的结构

（1）信号发射器。毫米波雷达传感器的信号发生器用于生产射频电信号。

（2）信号接收器。毫米波雷达传感器的信号接收器将接收到的射频信号转换成低频电信号。

（3）信号处理器。毫米波雷达传感器的信号处理器负责从接收到的信号中提取出距离、角度、速度等信息。

（4）天线阵列。在车载雷达传感器中比较常见的是平面天线阵列雷达传感器，相比其他大型雷达传感器的天线，平面天线阵列雷达传感器没有旋转的机械部件，从而能实现更小的体积和更低的成本。毫米波雷达传感器天线集成在 PCB 基板上实现天线的功能，在较小的集成空间中保持天线足够的信号强度。平面天线阵列是由多个天线组成的，如图 2-13 所示，图中从左至右分

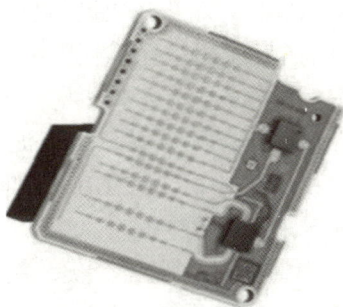

图 2-13　毫米波雷达传感器
平面天线阵列

别是 10 条发射天线 TX$_1$，然后是 2 条发射天线 TX$_2$，最后是 4 条接收天线 RX$_1$~RX$_4$。

毫米波雷达传感器的天线包括发射天线和接收天线两部分，两组发射天线分别负责探测近处和远处的目标。TX$_1$ 为横向距离探测天线，TX$_2$ 为纵向距离探测天线。由于近处的视角比较大，约为 90°，所以需要较多的天线；而远处的视角小，约为 20°，所以两根天线就够了。雷达传感器通过天线发射和接收电磁波，所发射的电磁波不是各个方向均匀的球面波，而是具有指向性的波束，且在各方向上具有不同的强度。

2. 工作原理

毫米波雷达传感器的工作过程是通过天线向外发射毫米波，接收机接收目标反射信号，经信号处理器处理后快速准确地获取汽车周围的环境信息，如汽车与其他物体之间的相对距离、相对速度、角度、行驶方向等，然后根据所探知的物体信息进行目标追踪和识别，融合车身动态信息，通过中央处理单元进行处理，经合理决策后，通过报警装置以声、光及触觉等多种方式告知或警告驾驶员，或通过控制执行装置及时对汽车做出主动干预，从而保证汽车行驶安全性和舒适性，减少事故发生率，其工作过程如图 2-14 所示。

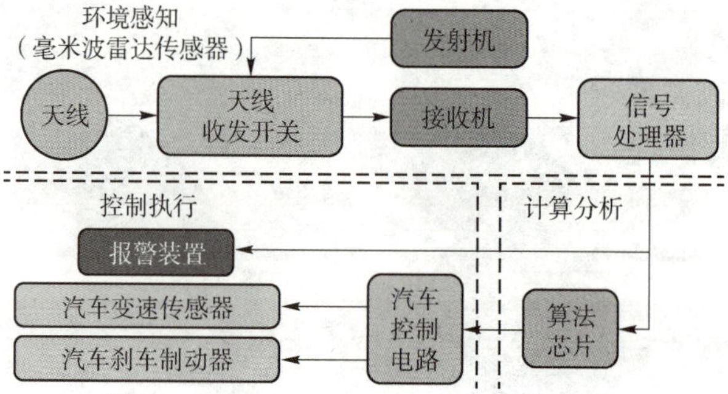

图 2-14　毫米波雷达传感器的工作过程

三、毫米波雷达传感器的分类与主要参数

1. 分类

（1）按工作原理分类。毫米波雷达传感器按工作原理的不同可以分为脉冲式毫米波雷达传感器和调频式连续毫米波雷达传感器两类。脉冲式毫米波雷达传感器通过发射脉冲信号与接收脉冲信号之间的时间差来计算目标距离；调频式连续毫米波雷达传感器是利用多普勒效应测量得出不同距离目标的速度来计算目标距离。脉冲式毫米波雷达传感器的测量原理简单，但由于受技术限制，实际应用中很难实现。目前大多数车载毫米波雷达传感器都采用调频式连续毫米波雷达传感器。

（2）按频段分类。毫米波雷达传感器按采用的毫米波频段不同，分为 24 GHz、60 GHz、77 GHz 和 79 GHz 等四个频段，主流可用频段为 24 GHz 和 77 GHz，79 GHz 有可能是未来发展的趋势。

（3）按探测距离分类。按探测距离可分为近距离（SRR，小于 60 m）、中距离（MRR，100 m 左右）和远距离（LRR，大于 200 m）三种。按工作原理可以分为脉冲式和调频式两类，目前大多数车载毫米波雷达传感器都为调频式的。

2. 主要参数

短程、中程、远程毫米波雷达传感器的技术指标如表 2-2 所示。

表 2-2 短程、中程和远程毫米波雷达传感器的技术参数

参数	短程毫米波雷达传感器	中程毫米波雷达传感器	远程毫米波雷达传感器
频带/GHz	24	76~77	77~81
带宽/GHz	4	0.6	0.6
测距范围/m	0.15~60	1~100	10~250
最大视觉/(°)	±80	±40	±15
测距精度/m	±0.02	±0.1	±0.1
方位精度/(°)	±1	±0.5	±0.1
测速精度/(m·s⁻¹)	0.1	0.1	0.1

四、毫米波雷达传感器的应用

毫米波雷达传感器广泛应用于智能网联汽车的自适应巡航控制系统、前车防撞预警系统、自动刹车辅助系统、盲区监测系统、自动泊车辅助系统、变道辅助系统、后碰撞预警系统、行人监测系统、驻车开门辅助系统等先进驾驶辅助系统（ADAS）中。毫米波雷达传感器在智能汽车上的应用及位置分布如表 2-3 所示。

表 2-3 毫米波雷达传感器在智能汽车上的应用及位置

毫米波雷达传感器的类型		近距离雷达（SRR）传感器	中距离雷达（MRR）传感器	远距离雷达（LRR）传感器
工作频段/GHz		24	77	77
探测距离/m		小于60	100左右	大于200
功能	自适应巡航控制系统		☆（前方）	☆（前方）
	前车防撞预警系统		☆（前方）	☆（前方）
	自动刹车辅助系统		☆（前方）	☆（前方）
	盲区监测系统	☆（侧方）	☆（侧方）	
	自动泊车辅助系统	☆（前方）（后方）	☆（侧方）	
	变道辅助系统	☆（后方）	☆（后方）	
	后碰撞预警系统	☆（后方）	☆（后方）	
	行人监测系统	☆（前方）	☆（前方）	
	驻车开门辅助系统	☆（侧方）		

五、毫米波雷达传感器的安装与调试

【实训目标】

（1）能够按照要求安装毫米波雷达传感器。

（2）能够识别毫米波雷达传感器连接电路图。

（3）能够完成毫米波雷达传感器的调试。

【实训器材准备】

准确的实训器材见表2-4。

表2-4　毫米波雷达传感器的安装与调试实训器材准备

序号	器材名称	数量	其他
1	毫米波雷达传感器		
2	车载环境感知传感器实训台		
3	维修工具箱		

【实训注意事项】

（1）检查实训场地是否整洁，有无安全隐患。

（2）检查实训设备是否完整，工作是否正常。

（3）检查实训工具和仪器是否完整，功能是否正常。

（4）规范操作，禁止随意启动设备。

（5）完成实训项目后切断电源，整理工具设备，清洁作业场地卫生。

【毫米波雷达传感器安装调试操作记录】

（1）安装毫米波雷达传感器并写出安装步骤：

（2）绘制毫米波雷达传感器连接电路图：

（3）在测试软件上设置毫米波雷达传感器调试参数：

（4）调试结果分析：

随堂测试

（1）简述毫米波雷达传感器的概念及特点。

（2）简述毫米波雷达传感器在智能网联汽车上的应用。

任务实施

任务工单

任务名称	毫米波雷达传感器的安装与调试		
姓名:	班级:		学号:
任务描述	毫米波雷达传感器具有体积小、质量轻和空间分辨率高的特点，穿透雾、烟、灰尘的能力强，具有全天候全天时的工作能力。请你对毫米波雷达传感器在汽车上的应用进行列表并进行相关分析，在学习小组或班级里进行交流汇报		
能力目标	(1) 能够向客户介绍或解答智能网联汽车用毫米波雷达传感器的相关知识； (2) 树立以客户为中心的服务意识与理念； (3) 具有与客户沟通的能力； (4) 具备通过互联网等途径查询资料完成信息搜集和处理的能力		
实施准备	(1) 教学用车辆及智能网联汽车环境感知传感器实训台； (2) 车辆及实训台相关文件； (3) 汇报用纸、笔等		
实施步骤	自助学习	(1) 学习相关知识； (2) 获取相关信息； (3) 分组学习、讨论毫米波雷达传感器在智能网联汽车上的应用，并进行分析	
	小组讨论	以学习小组形式进行讨论，形成小组汇报成果	
	小组汇报	(1) 小组成员汇报小组成果； (2) 其余小组进行补充与点评	
自我反思	在社会能力、专业能力、关键能力方面的收获与体会：		

任务四　激光雷达技术

学习内容

1. 激光雷达传感器的结构与工作原理；
2. 激光雷达传感器的安装与调试方法。

激光雷达技术

能力要求

1. 能够向客户介绍或解答车载激光雷达传感器的功能；
2. 能够对激光雷达传感器进行安装并调试；
3. 树立以客户为中心的服务意识与理念；
4. 具有与客户沟通的能力；
5. 具备通过互联网等途径查询资料完成信息搜集和处理的能力。

任务引入

在 2000 多年前，人类就已经开始尝试测量地球到月球之间的距离，但是直到 20 世纪 60 年代，科学家们才通过向月球发射激光，计算得出了地月之间的精确距离。那么激光在智能汽车上可以起到什么作用呢？通过本次课的学习，请模拟销售场景，向客户介绍自动驾驶中常用的激光雷达技术。

任务描述

激光雷达传感器一般安装在汽车的顶部，请你结合某一款在售车型介绍激光雷达传感器在车辆自动驾驶中的作用，在学习小组或班级里进行交流汇报。

相关知识

激光的意思是受激辐射的光，具有高度的方向性。激光雷达传感器是通过向目标物体发射激光，然后根据接收反射时间的间隔确定目标物体的实际距离，根据距离及激光发射的角度，通过几何原理推导出物体的位置。

一、激光雷达传感器的定义

激光雷达传感器是以发射激光束探测目标的位置、速度等特征量的传感器。激光雷达传感器向目标发射探测信号（激光束），然后将接收到的从目标反射回来的信号（目标回波）与发射信号进行比较，做适当处理后，就可获得目标的有关信息，如目标距离、方位、高度、速度、姿态甚至形状等参数，从而对目标进行探测、跟踪和识别。

二、激光雷达传感器的结构与工作原理

1. 结构

激光雷达传感器由发射光学系统、接收光学系统、主控及处理电路板、探测器接收电路模块、激光器及驱动模块组成。图 2-15 为单线激光雷达传感器的内部结构图。

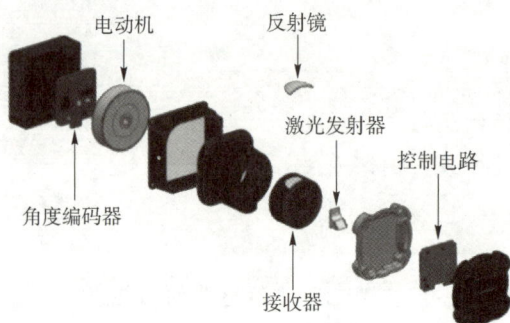

图 2-15 单线激光雷达传感器零件分解图

2. 工作原理

激光雷达传感器的工作原理与超声波雷达传感器非常相近，它是以激光作为信号源，由激光器发射出的脉冲激光，打到地面的树木、道路、桥梁和建筑物上，引起散射，一部分光波会反射到激光雷达传感器的接收器上，根据激光测距原理计算，就可得到从激光雷达传感器到目标点的距离。脉冲激光不断地扫描目标物，就可以得到目标物上全部目标点的数据，用此数据进行成像处理后，就可得到精确的三维立体图像。在激光雷达传感器前端有一个光学发射和光学接收系统，在发射系统后端有 N 组发射模块，在接收系统后端也有 N 组与发射模块对应的接收模块。当激光雷达传感器开始工作时，N 组发射模块和 N 组接收模块在系统电路的精确控制下，按照一定的时间顺序轮流工作，发射和接收激光束。光学旋转编码器是一种用于运动控制的传感器，它利用光电、电磁、电感等原理，检测物体的机械位置及其变化，并将此信息转换为电信号作为运动控制的反馈，传递给各种运动控制装置。光学旋转编码器属于编码器中较为特殊的一种，它通过光电转换，可将输出轴的角位移、角速度等机械量转换成相应的电脉冲以数字量输出，可以精确地测试电动机角位移和旋转位置。旋转电动机带动扫描镜按照一定的顺序和速度旋转，将激光器发出的激光束发射出去，然后反射回来的激光束通过光学接收系统进行处理计算，这样就可以形成光学扫描，如图 2-16 所示。

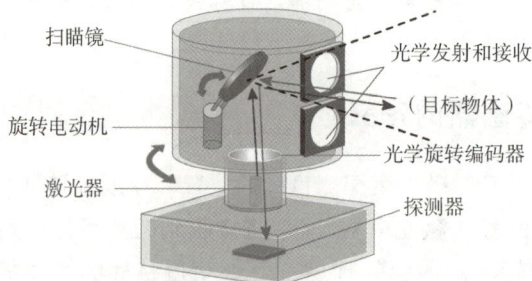

图 2-16 激光雷达传感器结构原理

三、激光雷达传感器的分类与主要参数

1. 分类

（1）按扫描方式分类。车载激光雷达传感器根据其扫描方式的不同，可分为机械激光雷达传感器和固态激光雷达传感器。机械激光雷达传感器带有控制激光发射角度的机械旋转机构，体积较大，测量精度高，一般安装在汽车顶部，如图 2-17 所示。机械激光雷达传感器存在调试、装配工艺复杂，生产周期长，成本高，并且机械部件寿命（为 1 000 ~ 3 000 h）难以满足车规级要求（至少 1 万小时以上）的缺点。

图 2-17 激光雷达传感器在汽车上的布置

固态激光雷达传感器使用电子部件控制替代了旋转机构来实现对激光发射角度的控制，因此结构简单、尺寸小，可安装于车辆内部。由于所有的激光探测视角都是通过电子方式实现的，装配调试可以实现自动化，能够量产，成本大幅降低，设备的耐用性也有效地提高了，固态激光雷达传感器是重要的技术发展方向。

（2）根据线束数量分类。根据线束数量的多少，激光雷达传感器可分为单线激光雷达传感器和多线激光雷达传感器。

单线激光雷达传感器扫描一次只能产生一条扫描线，其所获得的数据为二维数据，因此无法区别有关目标物体的三维信息。单线激光雷达传感器如图 2-18 所示。

图 2-18 单线激光雷达传感器

由于单线激光雷达传感器比多线激光雷达传感器在角频率和灵敏度方面更有优势，所

以，在测试周围障碍物的距离和精度上更加精确，数据处理量少等，多被应用于安全防护地形测绘等领域。

多线激光雷达传感器一次可产生多条扫描线，主要应用于障碍物的雷达成像，相比单线激光雷达传感器，在维度提升和场景还原上有了质的改变，可以识别物体的高度信息。目前市场上，多线激光雷达传感器产品包括 4 线束、8 线束、16 线束、32 线束、64 线束等。同时，多线激光雷达传感器可进一步分为 2.5D 激光雷达传感器及 3D 激光雷达传感器。其中 2.5D 激光雷达传感器与 3D 激光雷达传感器最大的区别在于垂直视野的范围，前者垂直视野范围一般不超过 10°，而后者可达到 30°~40°，这也就导致二者在汽车上的安装位置有所不同。

2. 主要参数

（1）距离分辨率：是指两个目标物体可区分的最小距离。

（2）最大探测距离：通常需要标注基于某一个反射率下的测得值，例如白色反射体大概 70% 反射率，黑色物体 7%~20% 反射率。

（3）测距精度：是指对同一目标进行重复测量得到的距离值之间的误差范围。

（4）测量帧频：测量帧频与摄像头的帧频概念相同，刷新率越高，响应速度越快。

（5）数据采样率：是指每秒输出的数据点数，等于帧率乘以单幅图像的点云数目。

（6）角度分辨率：是指扫描的角度分辨率，等于视场角除以该方向所采集的点云数目。

（7）视场角：又分为垂直视场角和水平视场角，是激光雷达传感器的成像范围。

（8）波长：波长会影响雷达传感器的环境适应性和对人眼的安全性。

美国威力登公司生产的激光雷达传感器 HDL-64、HDL-32、VLP-16，其主要指标如表 2-5 所示。

表 2-5　美国威力登公司生产的激光雷达传感器的主要指标

指标名称	HDL-64	HDL-32	VLP-16
激光束	64	32	16
扫描距离/m	120	100	100
精度/cm	±2	±2	±3
数据类型	距离/密度	距离/校准发射率	距离/校准发射率
垂直扫描角度/(°)	26.8	40	30
水平扫描角度/(°)	360	360	360
功率/W	60	12	8
面积/(mm×mm)	203×284	86×145	104×72
质量/kg	15	1	0.83

四、激光雷达传感器的应用

智能网联汽车通过激光雷达传感器对周边环境进行扫描识别，从而引导车辆行进。激光雷达传感器在智能网联汽车中起着类似于"眼睛"的功能，能够根据扫描到的点云数据快速绘制 3D 全景地图。主要应用场景有：障碍物分类、障碍物跟踪、路沿可行驶区域检测、车道标志线检测和高精度定位等。

五、激光雷达传感器的安装与调试

【实训目标】

（1）能够按照要求安装激光雷达传感器。

（2）能够识别激光雷达传感器连接电路图。

（3）能够完成激光雷达传感器的调试。

【实训器材准备】

准确的实训器材见表 2-6。

表 2-6　激光雷达传感器的安装与调试实训器材准备

序号	器材名称	数量	其他
1	激光雷达传感器		
2	车载环境感知传感器实训台		
3	维修工具箱		

【实训注意事项】

（1）检查实训场地是否整洁，有无安全隐患。

（2）检查实训设备是否完整，工作是否正常。

（3）检查实训工具和仪器是否完整，功能是否正常。

（4）规范操作，禁止随意启动设备。

（5）完成实训项目后切断电源，整理工具设备，清洁作业场地卫生。

【激光雷达传感器安装调试操作记录】

（1）安装激光雷达传感器并写出安装步骤：

（2）绘制激光雷达传感器连接电路图：

（3）在测试软件上设置激光雷达传感器调试参数：

（4）调试结果分析：

随堂测试

（1）简述车载激光雷达传感器的概念及特点。

（2）简述车载激光雷达传感器在智能网联汽车上的应用。

任务实施

任务工单

任务名称	激光雷达传感器的安装与调试		
姓名：	班级：		学号：
任务描述	激光雷达传感器被认为是智能网联汽车实现 L4 级别中最重要的环境感知传感器。请你对激光雷达传感器在智能网联汽车上的应用做一个列表并进行分析，在学习小组或班级里进行交流汇报		
能力目标	（1）能够向客户介绍或解答车载激光雷达传感器的相关知识； （2）树立以客户为中心的服务意识与理念； （3）具有与客户沟通的能力； （4）具备通过互联网等途径查询资料完成信息搜集和处理的能力		
实施准备	（1）教学用车辆、车载环境感知传感器实训台； （2）车辆及车载环境感知传感器实训台相关文件； （3）汇报用纸、笔等		
实施步骤	自助学习	（1）学习智能网联汽车激光雷达传感器的相关知识； （2）获取智能网联汽车激光雷达传感器的相关信息； （3）分组学习、讨论激光雷达传感器在汽车上的应用	
	小组讨论	以学习小组形式进行讨论，形成小组汇报成果	
	小组汇报	（1）小组成员汇报小组成果； （2）其余小组进行补充与点评	
自我反思	在社会能力、专业能力、关键能力方面的收获与体会：		

任务五　视觉传感器

学习内容

1. 视觉传感器的结构与工作原理；
2. 视觉传感器的安装与调试方法。

能力要求

1. 能够向客户介绍或解答视觉传感器的功能及工作原理；
2. 能够安装视觉传感器并进行调试；
3. 树立以客户为中心的服务意识与理念；
4. 具有与客户沟通的能力；
5. 具备通过互联网等途径查询资料完成信息搜集和处理的能力。

任务引入

我国战国时期思想家墨子和他的学生完成了世界上第一个小孔成像实验，指出了光沿直线传播的性质，远早于西方总结出的类似理论。通过本次课的学习，请向客户介绍车辆实现自动驾驶过程中使用最多的视觉传感器技术。

任务描述

安装在车身不同位置的视觉传感器具有不同的作用，请你结合某一款在售车型制作视觉传感器布置图，并指出相应作用，在学习小组或班级里进行交流汇报。

相关知识

视觉是一个生理学词汇，是指当光作用于视觉器官时，使其感光细胞兴奋，感受到的信息经视觉神经系统加工后便产生视觉。人和动物通过视觉才能够感知外界物体的大小、明暗、颜色、动态等，获得对其生存具有重要意义的各种信息。据统计，至少有80%以上的外界信息是经视觉获取，视觉是人和动物最重要的感觉。

一、视觉传感器的定义

视觉传感器（也叫摄像头）是指利用光学元件和成像装置获取外部环境图像信息的仪器。视觉传感器涉及多种技术，包括图像处理技术、机械工程技术、控制技术、电光源照明技术、光学成像技术、传感器技术、模拟与数字视频技术、计算机软硬件技术等。

车载视觉传感器主要用来模拟驾驶员的视觉系统，通过对采集的图片或者信息进行处理后获得相应场景信息，然后依次了解外界的环境并且控制车辆自身的运动。

目前，车载传感器的作用主要用于物体的识别、方位确认、运动轨迹判断等方面。具体来说，在驾驶过程中车载视觉传感器可以用于交通标志、道路、行人、障碍物检测，从而降低驾驶员劳动强度，提高行驶安全。

二、视觉传感器的结构与工作原理

视觉传感器主要由光源、镜头、图像传感器、模/数转换器、图像信号处理器、图像存储器等组成，如图 2-19 所示。它的主要功能是获取并处理最原始的图像。

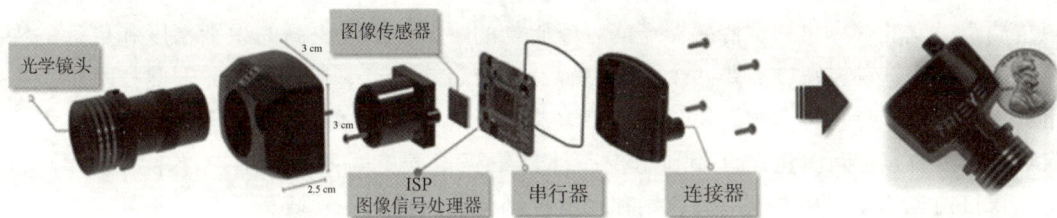

图 2-19　视觉传感器的主要结构

三、视觉传感器的分类与主要参数

（一）视觉传感器的分类

车载视觉传感器常用的分类方式是按照芯片类型和镜头数目进行分类。

1. 按芯片类型分类

（1）电耦合器件（CCD）。CCD 是一种用电荷量表示信号大小，用耦合方式传输信号的探测元件。它是一种特殊半导体器件，上面有很多一样的感光元件，每一个感光元件叫一个像素。CCD 在摄像机里类似人的眼睛，起到将光线转换成电信号的作用。其性能的好坏直接影响到摄像机的成像质量。CCD 广泛应用于数码摄影、天文学等领域，尤其是光学遥测技术、光学与频谱望远镜、高速摄影技术等。

（2）互补金属氧化物半导体（CMOS）。CMOS 是一种大规模应用于集成电路芯片制造的原材料。和 CCD 一样，在扫描仪中可记录光线的变化。半导体 CMOS 感光器件将接收到的外界光线转变成电信号，再通过片上的模/数转换器将获得的影像信号转变成数字信号输出，CMOS 的制造技术和一般的计算机芯片没什么区别。主要利用硅和锗两种元素所做成的半导体，由于互补效应时所形成的电流，即可被处理成芯片信号并且解读成影像。

2. 按镜头数目分类

根据镜头数目来进行分类，主要可以分为单目视觉传感器、双目视觉传感器、三目视觉传感器。

（1）单目视觉传感器。单目视觉传感器模块只包含一个摄像机和一个镜头，常安装在前挡风玻璃上部，用于探测车辆前方环境，识别道路、车辆、行人等。

由于先前的图像算法主要是基于单目视觉传感器开展的研究，因此与其他类型车载视觉传感器相比，单目车载视觉传感器的算法更加成熟。

但是，单目视觉传感器一般只能够获取到图像的二维信息，它的精度以及数据稳定性相对来说比较低，有时需要和超声波红外等其他类型的传感器协同工作。目前，单目视觉传感器被广泛用于智能机器人领域。

（2）双目视觉传感器。由于单目视觉传感器在测距方面的缺陷，于是人们就结合人类视觉开发出了双目视觉传感器，这种视觉传感器通过两个视觉传感器从外界采集一副或者多幅不同视角的图像，从而建立被测物体的三维坐标。双目视觉传感器是通过对两幅图像视差的计算，直接对前方景物进行距离测量，而无须判断前方出现的是什么类型的障碍物。依靠两个平行布置的视觉传感器产生的视差，找到同一个物体所有的点，根据精确的三角测距，就能够算出视觉传感器与前方障碍物的距离，实现更高的识别精度和更远的探测范围。使用这种方案，需要两个视觉传感器有较高的同步率和采样率，因此技术难点在于双目标定及双目定位。相比单目视觉传感器，双目视觉传感器没有识别率的限制，无须先识别，可直接进行测量；直接利用视差计算距离精度更高；无须维护样本数据库。目前，双目视觉传感器技术被广泛应用在视觉控制移动机器人等领域。

（3）三目视觉传感器。三目视觉传感器除了包含单目视觉传感器功能外，还加上一个长焦摄像头，负责远距离探测；一个鱼眼摄像头，负责增强近距离范围的探测能力，使视野更加广阔。但同时标定三个摄像头，工作量大。特斯拉电动车采用的三目视觉传感器模块包含一个120°的广角摄像头，用于监测车辆周围环境，探测距离为60 m左右；一个50°的中距摄像头，探测距离为150 m左右；一个35°的远距摄像头，探测距离为250 m左右。

除了单目视觉传感器、双目视觉传感器和三目视觉传感器外，常见的还有环视摄像头和红外夜视视觉传感器等。

（1）环视摄像头。环视摄像头也被称为鱼眼摄像头，安装的位置一般是朝向地面的。某些高配车上会有360°全景显示功能，用到的就是环视摄像头。环视摄像头安装于车辆前方、车辆左右后视镜和车辆后方，利用这四个摄像头采集图像。环视摄像头的探视范围并不大，主要用于车辆5~10 m内的障碍物检测，用于自主泊车时的库位识别等。

在实际工程应用过程中，鱼眼摄像头为了获取足够大的视野，其代价是图像的畸变严重，如图2-20所示。

图2-20　鱼眼摄像头采集图像

通过标定进行图像的投影变换，可将图像还原成俯视图的样子，然后对四个方向的图像进行拼接，再在四幅图像的中间放上一张车的俯视图，即可实现从车顶往下看的效果，如图 2-21 所示。

图 2-21 车载视觉传感器环视效果图

（2）红外夜视视觉传感器。夜间可见光成像的信噪比较低，从而导致视觉传感器夜间成像效果不佳。因此，摄像头还有红外摄像头和普通摄像头之分，普通摄像头只适合白天工作，不适合夜间工作；红外摄像头弥补光照不足条件下视觉传感器的缺点，既适合白天工作，也适合夜间工作。目前车辆使用的主要是红外摄像头（即红外夜视视觉传感器）。红外夜视系统可分为主动夜视和被动夜视两种类型。主动夜视系统利用近红外光作光源照明目标，如红外 LED、红外灯和近红外激光器等，用低照度摄像机或微光摄像机接收目标反射的红外光，将其转换成视频信号在监视器上显示出图像。

被动夜视系统有微观夜视和热像仪两种类型，前者利用月光、星回光、夜天光等微弱的自然光线，然后加以放大增强达到可视目的。后者利用红外热成像原理，通过能够透过红外辐射的红外光学系统，将视场内景物的红外辐射聚焦到红外探测器上，进一步将强弱不等的辐射信号转换成电信号，并经过放大和视频处理形成视频图像。如图 2-22 所示，镜头中出现了多个行人，且都被标记了出来。

图 2-22 红外夜视系统检测效果图

(二) 视觉传感器的要求

车载视觉传感器在工艺上的首要特性是快速摄像，特别是在高速行驶时，系统必须能够记录关键驾驶状况，评估这种状况并实时启动相应措施。以 140 km/h 的速度为例，汽车每秒要移动约 40 m。为避免两次图像信息获取间隔期间自动驾驶的距离过长，要求摄像机具有最慢不低于 30 帧/秒的影像捕捉率，在汽车制造商的规格中，甚至提出了 60 帧/秒和 120 帧/秒的要求。

在功能上，车载视觉传感器需要在复杂的运动路况环境下都能保证采集到稳定的数据，具体表现为以下几点。

（1）高动态。在较暗环境以及明暗差异较大的情况下仍能实现识别功能，那么要求摄像头具有高动态的特性。

（2）中低像素。为降低计算处理的负担，摄像头的像素并不需要非常高，目前 30~120 万像素已经能满足要求。

（3）角度要求。对于环视摄像头和后视摄像头，一般采用 135°以上的广角镜头；前置摄像头对视距要求更大，一般采用 55°的范围。

（4）相比工业级和生活级摄像头，车载视觉传感器在安全级别上要求更高，尤其是前置摄像头安全级别要求更高。

（5）温度要求。车载视觉传感器温度范围为 -40~80 ℃。

（6）防磁抗震。汽车启动时会产生极高的电磁场，车载视觉传感器必须具备极高的防磁抗震的可靠性。

（7）寿命长。车载视觉传感器的寿命至少要在 8~10 年才能满足要求。

(三) 视觉传感器的主要指标

视觉传感器的主要指标包括像素、帧率、感光度、信噪比和电子快门等。

（1）像素。感光单元将光线转换成电荷，形成对应于景物的电子图像。而在传感器中，每一个感光单元都对应着一个像素。因此，像素越多，代表着传感器能够感测到更多的物体细节，图像就越清晰。

（2）帧率。帧率是指单位时间所记录或播放的图片的数量，连续播放一系列图片可以产生动画效果。每秒的帧数或说帧率表示图形传感器在处理场时每秒能够更新的次数。高的帧率可以得到更流畅、更逼真的视觉体验。当播放图片的速度超过 15 幅/秒时，人眼就基本看不出来图片的跳跃；在达到 24~30 幅/秒时就已经基本觉察不到闪烁现象了。

（3）感光度。感光度表示通过 CCD 或 CMOS 以及相关的电子线路感应入射光线的强弱。感光度越高，感光面对光的敏感度就越强，快门速度就越高，这在拍摄运动车辆、夜间监控的时候尤其显得重要。

（4）信噪比。信噪比指的是信号电压对于噪声电压的比值，单位为 dB。一般摄像机给出的信噪比值均是 AGC（自动增益控制）关闭时的值。因为当 AGC 接通时，会对小信号进行提升，使得噪声电平也相应提高。信噪比的典型值为 45~55 dB，若为 50 dB，则图像有少量噪声，但图像质量良好；若为 60 dB，则图像质量优良，不出现噪声，信噪比越

大说明对噪声的控制越好。

（5）电子快门。电子快门用来控制图像传感器的感光时间，由于图像传感器的感光值就是信号电荷的积累，感光越长，信号电荷积累时间也越长，输出信号电流的幅值也越大。电子快门越快，感光度越低，因此适合在强光下拍摄。

四、视觉传感器的应用

视觉传感器在智能网联汽车上主要用于车道线识别、障碍物检测、交通标志和地面标志识别、交通信号灯识别、可通行空间检测等方面，是众多预警、识别类 ADAS 功能的基础。

视觉传感器在智能网联汽车上的应用如表 2-7 所示。

表 2-7　视觉传感器在智能网联汽车上的应用

ADAS	摄像头位置	功能介绍
车道偏离预警系统	前视	当前视摄像头监测到车辆即将偏离车道线时发出警报
盲区监测系统	侧视	利用侧视摄像头将后视镜盲区的影像显示在后视镜或驾驶舱内
自动泊车辅助系统	后视	利用后视摄像头将车尾影像显示在驾驶舱内
全景泊车系统	前视、侧视、后视	利用图像拼接技术将摄像头采集的影像组成周边的全景图
驾驶员疲劳预警系统	内置	利用内置摄像头监测驾驶员是否疲劳、闭眼等
行人碰撞预警系统	前视	当前视摄像头检测到车辆前方的行人可能与车辆发生碰撞时发出警报
车道保持辅助系统	前视	当前视摄像头检测到车辆即将偏离车道线时通知控制中心发出指示，纠正行驶方向
交通标志识别系统	前视、侧视	利用前视、侧视摄像头识别前方和两侧的交通标志
前向碰撞预警系统	前视	当前视摄像头检测到前车距离小于安全车距时发出警报

五、视觉传感器的安装与调试

【实训目标】

（1）能够按照要求安装视觉传感器。

（2）能够识别视觉传感器连接电路图。

（3）能够完成视觉传感器的调试。

【实训器材准备】

准备的实训器材见表 2-8。

表 2-8　视觉传感器实训器材准备

序号	器材名称	数量	其他
1	视觉传感器		
2	车载环境感知传感器实训台		
3	维修工具箱		

【实训注意事项】

（1）检查实训场地是否整洁，有无安全隐患。

（2）检查实训设备是否完整，工作是否正常。

（3）检查实训工具和仪器是否完整，功能是否正常。

（4）规范操作，禁止随意启动设备。

（5）完成实训项目后切断电源，整理工具设备，清洁作业场地卫生。

【视觉传感器安装调试操作记录】

（1）安装视觉传感器并写出安装步骤：

（2）绘制视觉传感器连接电路图：

（3）在测试软件上设置视觉传感器调试参数：

（4）调试结果分析：

随堂测试

（1）简述车载视觉传感器的分类及特点。

（2）简述视觉传感器在智能网联汽车上的应用。

任务实施

任务工单

任务名称	视觉传感器的安装与调试		
姓名：	班级：		学号：
任务描述	视觉传感器是智能网联汽车上应用最广泛的环境感知传感器。请你对视觉传感器在智能网联汽车上的分类制作成表并对其应用进行分析，在学习小组或班级里进行交流汇报		
能力目标	(1) 能够向客户介绍或解答车载视觉传感器的相关知识； (2) 树立以客户为中心的服务意识与理念； (3) 具有与客户沟通的能力； (4) 具备通过互联网等途径查询资料完成信息搜集和处理的能力		
实施准备	(1) 教学用车辆、车载环境感知传感器实训台； (2) 车辆及车载环境感知传感器实训台相关文件； (3) 汇报用纸、笔等		
实施步骤	自助学习	(1) 学习智能网联汽车视觉传感器的相关知识； (2) 获取智能网联汽车视觉传感器的相关信息； (3) 分组学习、讨论视觉传感器在汽车上的应用	
	小组讨论	以学习小组形式进行讨论，形成小组汇报成果	
	小组汇报	(1) 小组成员汇报小组成果； (2) 其余小组进行补充与点评	
自我反思	在社会能力、专业能力、关键能力方面的收获与体会：		

任务六　多传感器融合技术

学习内容

1. 多传感器融合的概念；
2. 多传感器融合应用方案。

多传感器融合
技术认知

能力要求

1. 能够向客户介绍或解答多传感器融合应用方案；
2. 树立以客户为中心的服务意识与理念；
3. 具有与客户沟通的能力；
4. 具备通过互联网等途径查询资料完成信息搜集和处理的能力。

任务引入

人类利用眼睛、鼻子、嘴、耳朵等感官获取信息，然后通过大脑进行处理。多传感器融合技术是从多信息的视角进行处理及综合得到各种信息的内在联系和规律，进而剔除无用和错误的信息，保留正确和有用的成分，最终实现信息的优化。通过本次课的学习，请你向客户介绍常用的智能网联汽车环境感知传感器技术融合方案。

任务描述

在复杂的路况交通环境下，使用单一的传感器没有办法完全感知全部的环境信息，所以有必要对各种传感器传来的信号进行整合，也就是采用传感器融合技术，为智能网联汽车提供更加真实可靠的路况环境信息。在不同的智能网联汽车上可能采用不同技术路线，请结合多款在售车型常见多传感器融合技术路线，在学习小组或班级里进行交流汇报。

相关知识

多传感器融合又称为多传感器信息融合，也称作多传感器数据融合，这个概念在1973年美国国防部资助开发的声呐信号处理系统中被首次提出。它是对多种信息的获取、表示及其内在的联系进行综合处理和优化的技术。

一、多传感器融合的概念

多传感器融合是多元信息综合处理的一项新技术。其本质是数据融合，是通过对源自多个或多种传感器信息的获取方式、表现形式及其内在联系进行综合处理的技术。即多传感器融合技术是从多信息的视角进行处理并综合得到各种信息的内在联系和规律，剔除无用和错误的信息，保留正确和有用的成分，最终实现信息的优化。

具体而言，多传感器融合过程与人类大脑对环境信息的处理过程相似。人类通过眼睛、耳朵、鼻子等感官获取信息，然后在大脑中将这些信息与先验知识进行综合，以便对周围环境和正在发生的事件做出快速、准确的评估。人类的感官相当于各种传感器，大脑相当于信息融合中心，人类的先验知识相当于数据库。

二、多传感器融合的方法

根据抽象程度的不同，可以将多传感器信息融合技术划分为像素级融合、特征级融合和决策级融合三个层次，具体应用方案根据系统特点进行合理选择。

（1）像素级融合。像素级融合又称为集中式或数据级融合，如图 2-23 所示。

图 2-23　像素级融合

将各传感器采集的原始数据直接发送至信息处理中心进行信息融合。由于融合在数据的最底层进行，计算量大且对处理器的要求较高，导致不稳定性增加，可靠性较低。

（2）特征级融合。特征级融合也称为分布式融合，如图 2-24 所示。首先对各传感器获取的原始数据信息进行初步分类、汇集和综合处理，提取出具有充分表示量和统计量的属性特征，然后将结果送入信息中心进行智能优化组合获取最终结果。特征级融合对通信带宽要求需求低。计算速度快，可靠性和延续性好，但是跟踪的精度却没有集中式高。

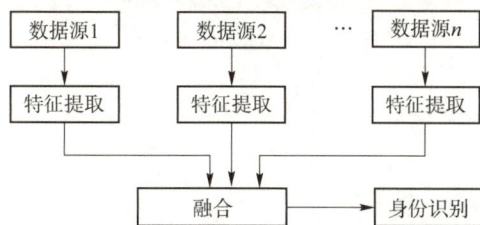

图 2-24　特征级融合

（3）决策级融合。决策级融合的特点是高层次融合，需要处理不同类型的传感器对同一观测目标的原始数据，并完成特征提取、分类判别，生成初步结论，然后根据决策对象的具体需求，进行相关处理和高级决策，获得简明的综合推断结果，如图 2-25 所示。决策级融合具有实时性好、容错性高的优点，面对一个或者部分传感器失效时，仍能给出合理决策。

智能网联汽车上用于环境感知的传感器各有优劣，难以互相替代，未来要实现自动驾驶，是一定需要多种（个）传感器相互配合共同构成汽车感知系统的。

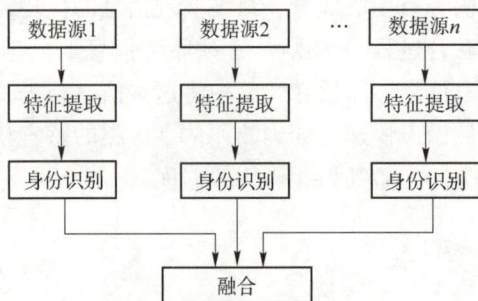

图2-25　决策级融合

三、多传感器融合技术的应用

智能网联汽车搭载的传感器中，视觉传感器和激光雷达传感器互补性很强。激光雷达传感器获取的深度数据精度高，不容易受外界环境、光照情况影响。视觉传感器采集的图像分辨率高，更擅长辨别色彩，因此很多智能网联汽车采用了"激光雷达传感器+视觉传感器"的融合方案，比如Waymo智能车即采用了多个低线束激光雷达传感器融合视觉传感器的技术方案，如图2-26所示。

图2-26　Waymo 智能车

随堂测试

（1）简述传感器融合技术的概念。

（2）简述常用的多传感器融合的方法。

任务实施

任务工单

任务名称	获取多传感器融合技术在智能网联汽车上的应用		
姓名:	班级:		学号:
任务描述	单一种类传感器的特点限制了难以全面获取车辆周边的环境信息,因此,多传感器融合技术是近年智能网联汽车环境感知方向的研究热点。请你对智能网联汽车常用的多传感器融合技术做一个列表并进行分析,在学习小组或班级里进行交流汇报		
能力目标	(1)能够向客户介绍或解答智能网联汽车多传感器融合技术的相关知识; (2)树立以客户为中心的服务意识与理念; (3)具有与客户沟通的能力; (4)具备通过互联网等途径查询资料完成信息搜集和处理的能力		
实施准备	(1)教学用车辆及车载环境感知传感器实训台; (2)车辆及车载环境感知传感器实训台相关文件; (3)汇报用纸、笔等		
实施步骤	自助学习	(1)学习相关知识; (2)获取相关信息; (3)分组学习、讨论多传感器融合技术在智能网联汽车上的应用	
	小组讨论	以学习小组形式进行讨论,形成小组汇报成果	
	小组汇报	(1)小组成员汇报小组成果; (2)其余小组进行补充与点评	
自我反思	在社会能力、专业能力、关键能力方面的收获与体会:		

项 目 三

智能网联汽车导航定位
与路径规划技术

　　智能汽车定位导航系统是集成了自动车辆定位技术、地理信息系统与数据库技术、计算机技术、多媒体技术和现代通信技术的高科技综合系统。本项目主要学习导航定位的含义、全球导航卫星系统的类型、全球定位系统、惯性导航系统、通信基站定位等知识，并与决策规划等内容相结合。

🔧 学习目标

　　知识目标：掌握智能网联汽车中导航定位的含义；了解全球导航卫星系统的类型；了解智能网联汽车决策规划的概念。

　　能力目标：掌握智能网联汽车对定位系统的基本要求。

　　素质目标：培养学生精益求精，勇于创新的工匠精神；培养学生尊重他人的劳动成果，端正劳动态度；树立安全生产工作意识。

任务一 高精度定位技术整体认知

学习内容

1. 定位系统的作用和要求；
2. 高精度定位系统的组成；
3. 常见的定位方法。

能力要求

1. 掌握智能网联汽车对定位系统的基本要求；
2. 掌握智能网联汽车常见的定位方法。

任务引入

高精度定位技术是智能网联汽车的核心技术，能解决在哪里（初始位置）和要去哪里（目标位置）的问题，通过 5G 网络连接形成卫星地面基准站网络，实现厘米级精度定位，助力智能网联汽车的发展。

任务描述

通过对定位系统的作用和要求、高精度定位系统的组成、常见的定位方法等知识的学习，增强对高精度定位技术的整体认知，并在学习小组或班级里进行交流汇报。

相关知识

智能网联汽车高精度定位是一种高精度定位技术，它的关键技术包括环境感知技术、无线通信技术、智能互联技术，请通过网络进行查找。

一、定位系统的作用和要求

定位系统的作用是提供车辆的位置和姿态等信息。对于智能网联汽车而言，定位的重要作用不言而喻，可以帮助车辆了解自己相对外界环境的精准位置，从而做出正确的决策，同时辅助感知系统，得到准确的检测和跟踪结果。智能网联汽车对定位系统的基本要求有以下四种。

（1）精度高。达到厘米级。

（2）高可用性。智能网联汽车测试已经从封闭的场景转移到更开放的场景，这要求定位系统能更好地处理更多更复杂的情况。

（3）高可靠性。定位输出是感知、规划与控制的输入，如果定位出现偏差将会导致自动驾驶的严重后果。

（4）自主完好性检测。由于系统的可靠性能只能做到非常接近100%，但是难以达到真正的100%，这要求系统在无法提供准确输出的时候，能及时地警告用户采取措施避免发生事故，因此，要求定位系统保证较低的虚警率和漏警率。

高精度定位在自动驾驶中起着决定性作用，是实现无人驾驶或者远程驾驶的基本前提，因此对特定性能的要求也非常苛刻，其中L4/L5级自动驾驶对于定位的需求非常高，如：位置精度误差均值<10 cm；位置鲁棒性最大误差<30 cm；姿态精度误差均值<0.5°；姿态鲁棒性最大误差<2.0°；场景覆盖是全天候的。

车辆高精度定位示意图如图3-1所示。

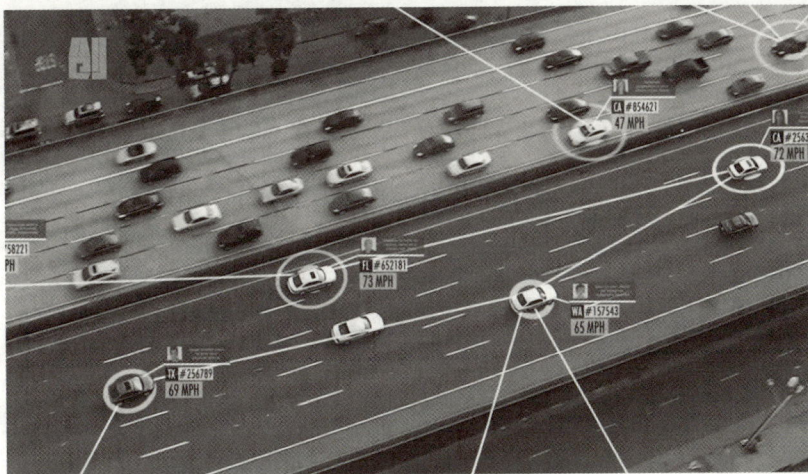

图3-1 车辆高精度定位示意图

二、高精度定位系统的组成

高精度定位系统主要包括终端层、网络层、平台层和应用层四个部分。其中，终端层实现多源数据融合算法，保障不同应用场景、不同业务的定位需求；网络层包括5G基站、RTK基站和路测单元，为定位终端实现数据可定位引擎，并实现定位能力开放；应用层基于高精度定位系统能够为用户提供车道级导航、线路规划和自动驾驶等应用。车辆高精度定位系统如图3-2所示。

（一）终端层

为满足车辆在不同环境下的高精度定位需求，需要在终端采用多源数据融合的定位方案，包括基于差分数据的GNSS定位数据、惯性导航系统数据、传感器数据、高精度地图数据以及蜂窝数据等。

（二）网络层

系统网络层主要实现信号测量和信息传输，包括5G基站、PTK基站和RSU的部署。5G作为新一代的通信技术，可以保证较高的数据传输速率，满足高精度地图实时传输的需求，5G基站也可以完成与终端的信号测量，上报平台，在平台侧完成基于5G信号的定位计算，为车辆高精度定位提供辅助。基于5G边缘计算，可实现高精度地图信息的实施更新，提升高精度地图的实时性和准确性。

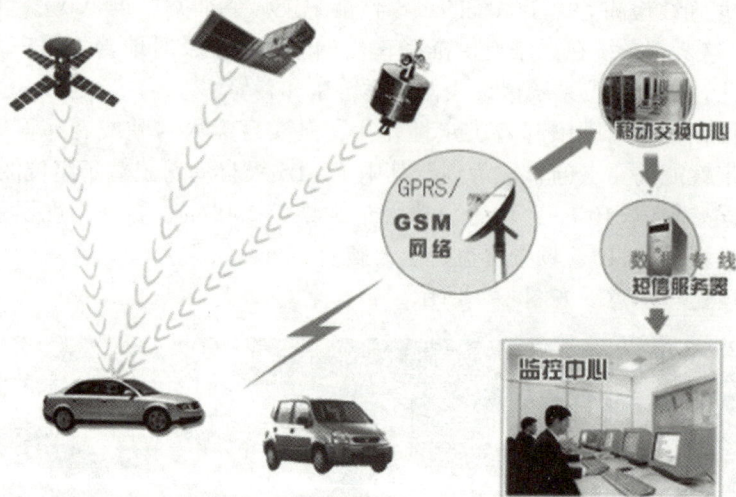

图 3-2　车辆高精度定位系统

（三）平台层

平台层可实现功能模块化，主要包括：①高精度地图；②交通动态信息；③差分解算；④数据管理；⑤数据计算。

（四）应用层

在应用层为用户提供地图浏览、规划线路显示、数据监控和管理功能，以及基于位置的其他车联网业务，例如辅助驾驶和自动驾驶。

三、常见的定位方法

根据场景以及定位性能的需求不同，车辆定位是多种多样的。常用的定位技术有全球导航技术、惯性导航技术、航迹推算技术、路标定位技术、高精度地图定位技术、无线电定位技术、视觉定位技术、同时定位技术与地图创建技术等。由于任何单一技术都有自己的无法克服的弱点，智能网联汽车通常需要组合定位技术来实现精准定位。组合定位技术融合了两种或两种以上的不同类型的定位传感器信息，实现优势互补，以获得更高的定位性能。

★高精度定位技术整体认知信息化二维码

随堂测试

（1）简述高精度定位系统的组成。

（2）简述智能网联汽车对定位系统的基本要求。

任务实施

任务工单

任务名称	高精度定位的常见方法		
姓名:	班级:		学号:
任务描述	采用的定位技术有全球导航技术、惯性导航技术、航迹推算技术、路标定位技术、高精度地图定位技术、无线电定位技术、视觉定位技术、同时定位技术与地图创建技术等，在学习小组或班级里对这些技术进行学习、交流		
能力目标	(1) 能够向客户介绍高精度定位的相关知识； (2) 树立以客户为中心的服务意识与理念； (3) 具有与客户沟通的能力； (4) 具备通过互联网等途径查询资料完成信息搜集和处理的能力		
实施准备	(1) 高精度定位的相关文件； (2) 汇报用纸、笔等		
实施步骤	自助学习	(1) 学习相关知识； (2) 获取相关信息； (3) 分组讨论高精度定位的方法及优缺点	
	小组讨论	以学习小组形式进行讨论，形成小组汇报成果	
	小组汇报	(1) 小组成员汇报小组成果； (2) 其余小组进行补充与点评	
自我反思	在社会能力、专业能力、关键能力方面的收获与体会：		

任务二　高精度定位关键技术认知

学习内容

1. 全球导航卫星系统;
2. 惯性导航系统;
3. SLAM 自主导航系统;
4. 蜂窝网定位。

能力要求

1. 掌握全球卫星系统的分类、组成和定位原理;
2. 了解惯性导航系统的组成和基本定位原理;
3. 掌握 SLAM 技术的分类和基本定位原理;
4. 了解蜂窝网定位的基本原理。

任务引入

目前全球范围内已经有137个国家与北斗卫星导航系统签下了合作协议,随着全球组网的成功,北斗卫星导航系统未来的国际应用空间将会不断扩展,最终建设成世界一流的卫星导航系统,满足国家安全与经济社会发展需求。

任务描述

请查阅相关资料,了解北斗卫星导航定位系统的定位原理和优缺点。在学习小组或班级里进行交流汇报。

相关知识

北斗卫星导航为全球用户提供连续、稳定、可靠的服务,发展北斗产业,服务经济社会发展和民生改善,深化国际合作,提高全球卫星导航系统的综合应用效益。

一、全球导航卫星系统

(一)　分类

全球导航卫星系统(GNSS)包括美国的 GPS、俄罗斯的格洛纳斯卫星导航系统、欧洲的伽利略系统和我国的北斗系统。

(二)　组成

以 GPS 为例,全球导航卫星系统由空间星座部分、地面监控部分和用户设备部分这三

部分组成。最少只需要 4 颗卫星，就能迅速确定用户端在地球上所处的位置及海拔，所能连接到的卫星数越多，解码出来的位置就越精确，如图 3-3 所示。

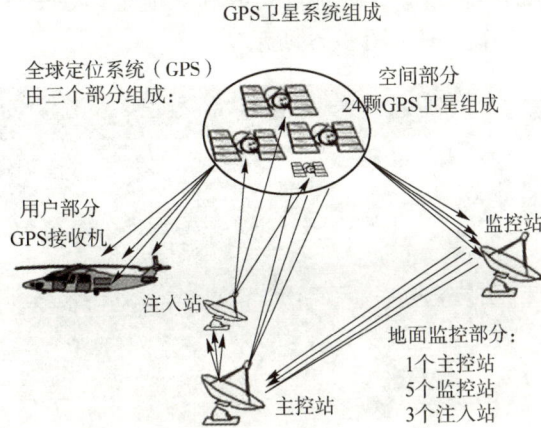

图 3-3　GPS 示意图

（三）全球导航卫星系统的定位原理

全球导航卫星系统的定位原理其实就是三角定位法，如图 3-4 所示。简单来说，就是通过在不同的位置测量卫星和接收器之间的距离，从而确定接收器的位置。通常来说，一个接收器需要随时至少能够和 4 颗 GPS 卫星直接联系，才能精确判断自己所处的位置；如果只有 3 颗卫星，那么就无法判断海拔高度；如果只有 2 颗，那就无法计算精确位置了。

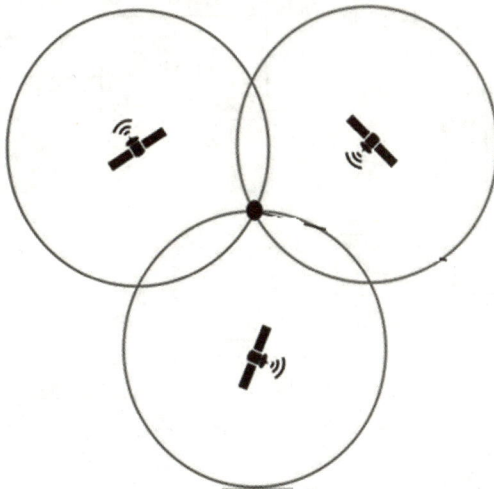

图 3-4　三角定位原理

二、惯性导航系统

惯性导航系统是一种不依赖于外部信息、也不向外部辐射能量的自主式导航系统，如图 3-5 所示。其工作环境不仅包括空中、地面，还可以在水下。惯性导航系统的基本工作原理是以牛顿力学定律为基础，通过测量载体在惯性参考系的加速度，将它对时间进行积分，求得运动载体的速度、角速度，之后进行二次积分求得运动载体的位置信息，然后把它变换到导航坐标系中，就能够得到在导航坐标系中的速度、偏航角和位置等信息。惯性导航系统工作原理如图 3-6 所示。

图 3-5　惯性导航系统

惯性导航系统具有以下优点：

（1）能提供位置、速度、航向和姿态角数据，所产生的导航信息连续性好且噪声小。

（2）数据更新高，短期精度和稳定性好。

（3）可全天候工作于空中、地面及水下。

（4）隐蔽性好，且不受外界电磁干扰的影响。

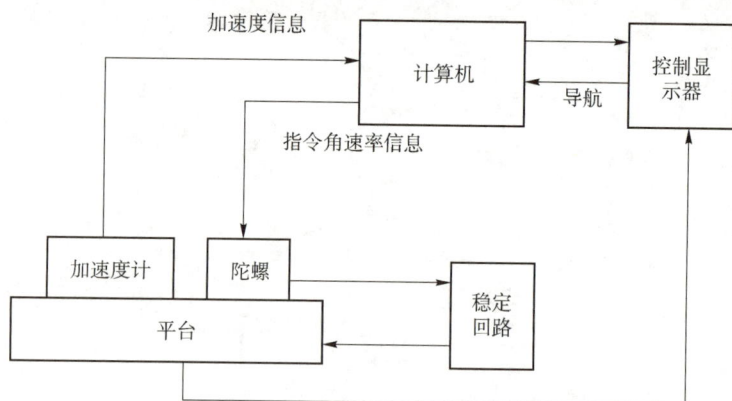

图 3-6　惯性导航系统工作原理图

三、SLAM 自主导航系统

我们先来了解 SLAM 系统。SLAM 是 Simultaneous Localization And Mapping 的缩写，即同时定位与地图构建系统，通常是指在机器人或者其他载体上，通过对各种传感器数据分析采集和计算，生成对其自身位置姿态的定位和场景地图信息的系统。SLAM 起源于机器人领域，其问题可以描述为：将一个机器人放入未知环境中的未知位置，是否有办法让机器人一边移动一边逐步描绘出此环境完整的地图，最终实现全局机器人的自主定位和导航。

一般来讲，SLAM 系统包含多种传感器和多种功能模块。按照核心的功能模块来区分，目前常见的智能网联汽车 SLAM 系统一般具有两种形式：基于激光雷达和基于视觉的 SLAM。

激光 SLAM 通过对不同时刻两片点云的匹配与对比，计算激光雷达相对运动的距离和姿态的改变，也就完成了对机器人自身的定位。视觉 SLAM 可以从环境中获取海量的、冗余的纹理信息，拥有超强的场景辨识能力。视觉 SLAM 导航示意图如图 3-7 所示。

图 3-7　视觉 SLAM 导航示意图

四、蜂窝网定位

其定位基本过程是，由定位客户端发起定位请求给定位服务器，定位服务器通过配置无线接入网络节点进行定位目标的测量，或者通过其他手段从定位目标处获得位置相关信息，最终计算得出位置信息并和坐标匹配。需要指出的是，定位客户端和定位目标可以合设，即定位目标本身可以发起针对自己的定位请求，也可以是外部发起针对某个定位目标的请求；最终定位目标位置的计算可以由定位目标自身完成，也可以由定位服务器计算得出。

五、高精度定位在智能网联汽车上的应用

以百度 Apollo2.0 为例，介绍高精度定位在智能网联汽车上的应用。Apollo2.0 的多传感器融合定位模块的框架如图 3-8 所示；左边列出了定位模块依赖的硬件以及数据，包括 IMU、车端天线、基站、激光雷达，以及定位地图；中间是 GNSS 定位以及激光点云定位模块，GNSS 定位输出位置及速度信息，点云定位输出位置及航向角信息；右边是融合框架，融合框架包括两部分：惯性导航解算、卡尔曼滤波；融合定位的结果会反过来用于 GNSS 定位和点云定位的预测；融合定位的输出是一个 6 自由度的位置和姿态，以及协方差矩阵。

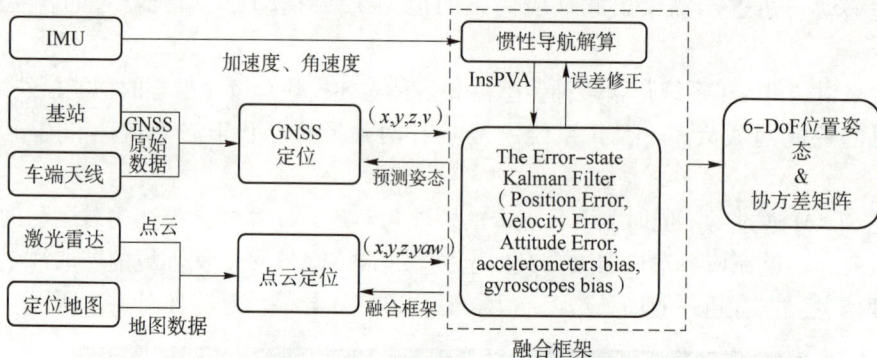

图 3-8　Apollo2.0 的多传感器融合定位模块的框架

★高精度定位关键技术认知信息化二维码

随堂测试

（1）简述全球导航系统的分类。

（2）简述惯性导航系统的优点。

任务实施

任务工单

任务名称	高精度定位在智能网联汽车上的应用	
姓名：	班级：	学号：
任务描述	采用多传感器融合定位，使用多线束的激光雷达和高精度 GPS/IMU，做到优势互补，提高稳定性	
能力目标	（1）能够向客户介绍全球导航系统及定位原理； （2）树立以客户为中心的服务意识与理念； （3）具有与客户沟通的能力； （4）具备通过互联网等途径查询资料完成信息搜集和处理的能力	
实施准备	（1）高精度定位在智能网联汽车上应用的相关文件； （2）汇报用纸、笔等	
实施步骤	自助学习	（1）学习相关知识； （2）获取相关信息； （3）分组学习高精度定位方案
	小组讨论	以学习小组形式进行讨论，形成小组汇报成果
	小组汇报	（1）小组成员汇报小组成果； （2）其余小组进行补充与点评
自我反思	在社会能力、专业能力、关键能力方面的收获与体会：	

任务三　决策规划整体认知

学习内容

1. 决策规划的概念；
2. 决策规划的分类；
3. 决策规划的要求。

能力要求

1. 掌握现有计算平台的解决方案；
2. 获得分析问题和解决问题的一些基本方法；
3. 养成定期反思与总结的习惯，改进不足，提高工作效率。

任务引入

查阅相关资料，了解智能网联汽车智能决策技术，并判断收集分析数据、转向制动、定义规划路线、预测周边环境等选项是不是智能决策技术的功能？

任务描述

智能决策技术的功能类似于给智能网联汽车下达相应的任务：一方面要进行预测，例如在车道保持、车道偏离预警、车距保持、障碍物警告等系统中，需要预测本车及相遇的其他车辆、车道、行人等在未来一段时间内的状态；另一方面要进行规划。对于周围的车辆或其他障碍物，智能网联汽车需要在给定的约束条件下，规划出一条可以走的路线。

相关知识

智能网联汽车是集感知、决策和控制等功能于一体的自主交通工具，其中，智能决策依据感知信息来进行决策判断，确定适当工作模型，制定相应控制策略，替代人类驾驶员做出驾驶决策。

一、决策规划的概念

决策规划是智能网联汽车自动驾驶的关键部分之一，它首先融合多传感器信息，对周围可能存在障碍物的目标状态进行预测，然后根据驾驶需求进行决策，规划出两点间多条可选择的安全路径，并在这些路径中规划选取一条最优的路径作为车辆行驶轨迹。

和人类驾驶员一样，机器在做驾驶决定时需要回答几个问题：我在哪儿？周围的环境怎么样？接下来会发生什么？我该做什么？这是一个基于信息感知进行决策的过程，具体

如何决定需要自动驾驶的决策层完成。决策层包括环境认知和决策规划两部分，主要完成工作具体来说可以分为两个步骤：第一步，认知理解。即依据感知层不同传感器采集的信息，通过高精度地图对智能网联汽车自身的位置进行精确定位，同时对周围的环境信息和目标状态进行精确感知；第二步，决策规划。包含目标状态预测、行为决策和路径规划，依据对智能网联汽车周围的目标状态精确感知，准确预测未来可能发生的情况，对下一步行为进行正确判断和决策，规划并选择适宜的路径达到目标。决策实施步骤如图3-9所示。

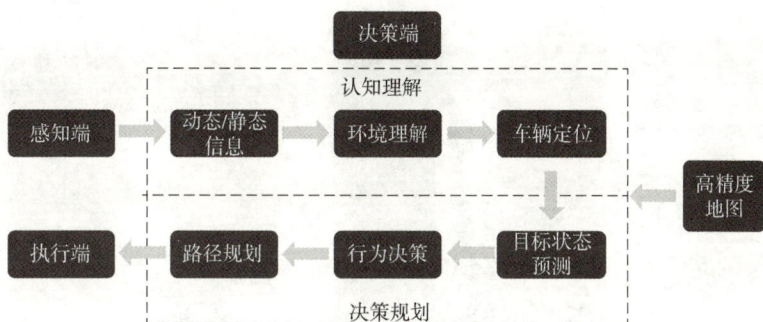

图 3-9　决策实施步骤

二、决策规划的分类

从轨迹决策的角度考虑，根据事先对环境信息的已知程度，可把路径规划分为以下两类。

（一）全局路径规划

全局路径规划是全局环境已知，按照一定的算法搜寻一条最优或者近似最优的无碰撞路径。例如，从上海到北京有很多条路，规划出一条最优行驶路线，即全局规划，如图3-10所示。

（二）局部路径规划

局部路径规划是对环境局部未知或完全未知，随着自主车辆的运动，通过传感器为自主车辆提供有用的信息，从而能够确定出障碍物和目标点的位置，进而规划出一条由起始点到目标点的路径。例如，在全局规划好的上海到北京的那条路线上会有其他车辆或者障碍物，想要避过障碍物或者车辆，需要转向调整车道，这就是局部路径规划，如图3-11所示。

从获取障碍物信息是静态还是动态的角度看，全局路径规划属于静态规划（又称为离线规划），局部路径规划属于动态规划（又称为在线规划）。全局路径规划需要掌握所有的环境信息，是高精度地图下的车道及寻径问题，解决的是起点到终点的最佳道路行驶序列；局部路径规划只需要有传感器实时采集环境信息，了解环境地图信息，然后确定出所在地图的位置及局部的障碍物分布情况，从而选择出从当前节点到某一子目标节点的最优路径。

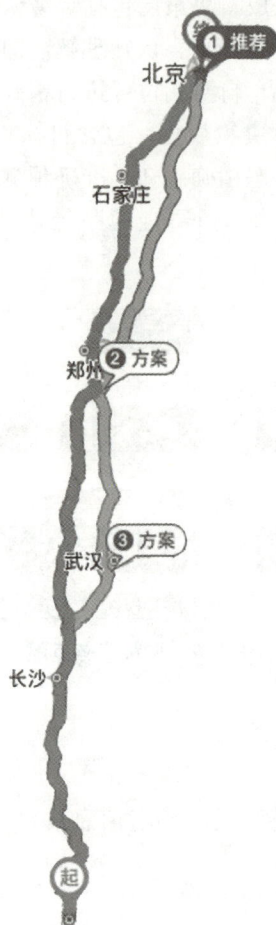

图 3-10 全局路径规划

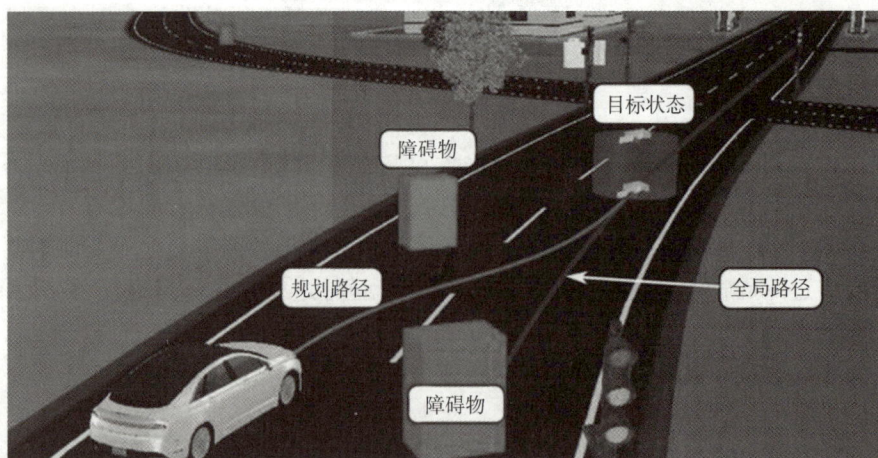

图 3-11 局部路径规划

根据所研究环境的信息特点，路径规划还可以分为离散域范围内的路径规划问题和连续域范围内的路径规划问题。离散域范围内的路径规划问题属于一维静态优化问题，相当

于环境信息简化后的路线优化问题；而连续域范围内的路径规划问题是连续性多维动态环境问题。

三、决策规划的要求

决策规划是自动驾驶进行行为决策和路径规划过程，该过程要完全符合人类对于驾驶性能的预期，并且满足安全、舒适、高效等性能和品质的要求。具体表现在以下几个方面：

（1）车辆应该在自动避开所有障碍物的前提下，到达指定的目的地。

（2）车辆安全到达目的地所用的时间最短，路程最短。

（3）采用的路径简单可靠，以便简单实现对无人车的控制。

（4）车辆行驶的路径尽量不重复或者少重复。

（5）车辆选用合适的行驶策略，以减少车辆的能量消耗。

★决策规划整体认知信息化二维码

随堂测试

（1）简述决策规划的要求。

（2）简述决策规划的分类。

任务实施

任务工单

任务名称	局部路径规划方案制订		
姓名：	班级：	学号：	
任务描述	通过对局部未知或完全未知，随着车辆自主运动，利用传感器提供的有用信息，确定出障碍物和目标点位置，进而规划出一条由起点到终点的路径		
能力目标	(1) 能够向客户介绍或解答决策规划的概念； (2) 树立以客户为中心的服务意识与理念； (3) 具有与客户沟通的能力； (4) 具备通过互联网等途径查询资料完成信息搜集和处理的能力		
实施准备	(1) 教学用车辆及智能网联汽车实训台； (2) 车辆说明书相关文件； (3) 汇报用纸、笔等		
实施步骤	自助学习	(1) 学习相关知识； (2) 获取相关信息； (3) 进行局部路径规划，制订方案	
	小组讨论	以学习小组形式进行讨论，形成小组汇报成果	
	小组汇报	(1) 小组成员汇报小组成果； (2) 其余小组进行补充与点评	
自我反思	在社会能力、专业能力、关键能力方面的收获与体会：		

任务四　决策规划方法认知

学习内容

1. 目标状态预测；
2. 行为决策；
3. 路径规划；
4. 路径规划的一般步骤。

能力要求

1. 掌握现有计算平台的解决方案；
2. 获得分析问题和解决问题的一些基本方法；
3. 养成定期反思与总结的习惯，改进不足，提高工作效率。

任务引入

智能汽车自动驾驶车辆控制中，对于道路状况的信息识别与处理是非常重要的。自动驾驶系统能够识别道路、行人、障碍物、红绿灯等，其中的环境感知系统负责车辆定位、静态/移动障碍物检测与跟踪、车道线检测与识别、交通信号检测与识别等任务。

任务描述

路径规划模块需要根据局部环境感知、可用的全局车道级路径、相关交通规则，提供能够将车辆引向目的地（或目的点）的路径。路径规划可分为全局路径规划、局部路径规划。

相关知识

路径规划技术是汽车自动控制技术的重要组成部分，根据环境信息的已知程度，全局路径规划是对全局环境已知，并根据算法搜索出最优或接近最优的路径。而局部路径规划则对环境局部未知或完全未知，通过传感器为自动驾驶提供有用的信息确定障碍物和目标点的位置，并规划起始点到目标点的最优路径。

一、目标状态预测

当前主流的目标状态预测方法主要有以下三种。

（一）基于运动模型的卡尔曼滤波方法

基于运动模型的卡尔曼滤波方法主要考虑了目标运动状态的不确定性变化，在恒速模型中实现了目标的运动轨迹预测。

（二）基于马尔可夫链的预测方法

基于马尔可夫链的预测方法是指 $t+k$ 时刻的状态与 t 时刻的状态有关，而与 t 时刻以前的状态无关，该方法实现了对目标状态的高效预测。

（三）基于数据的神经网络方法

基于数据的神经网络方法主要基于对大数据的收集和分析，根据道路采集的环境信息和跟踪目标的运动信息，预测周围人、车以及物的运动位置。

二、行为决策

行为决策指的是通过传感器感知得到环境信息，考虑周边环境、动/静态障碍物、车辆汇入等，与智能驾驶库中的经验知识等进行匹配，进而选择适合当前交通环境下的驾驶策略。这种驾驶策略一般指的是在某个特定状态下，是变道、跟随还是超车等宏观意义上的驾驶行为。

智能网联汽车的行为决策方法包括以下两种。

（一）基于规则的行为决策方法

基于规则的行为决策方法主要是将无人驾驶车辆的运动行为进行划分，根据当前任务路线、交通环境、交通法规以及驾驶规则知识库等行为规则库，对不同的环境状态进行行为决策逻辑推理，输出驾驶行为，同时接受并根据运动规划层对当前行为执行情况的反馈情况，进行实时动态调整。

（二）基于强化学习的行为决策方法

基于强化学习的行为决策方法主要是利用各种学习算法来进行决策，利用智能网联汽车配备的各种传感器，来感知周边的环境信息，传递给强化学习决策系统，此时强化学习决策系统的作用就相当于人脑，来对各种信息进行分析和处理，并结合经验来对无人驾驶汽车做出行为决策。

三、路径规划

路径规划是智能网联汽车实现自主驾驶的基础，其作用是在当前工作环境中按照某种性能指标搜索出一条从起点到终点的最优或次优路径。从严格意义上讲，路径规划是将行为决策的宏观指令解释成一条带有时间信息的轨迹曲线，包括轨迹规划和速度规划。根据车辆导航系统的研究历程，智能网联汽车路径规划算法可以分为静态路径规划算法和动态路径规划算法。静态路径规划是以物理地理信息和交通规则等条件为约束来寻求最短路径，静态路径规划算法已日趋成熟，相对比较简单，但对于实际的交通状况来说，其应用意义不大。动态路径规划是在静态路径规划基础上，结合实时的交通信息对预先规划好的最优行车路线进行适时的调整，直至到达目的地，最终得到最优路径。

下面介绍几种常见的车辆路径规划方法。

（一）A＊算法

A＊算法是一种启发式搜索算法，算法通过引入估价损失函数，加快算法收敛速度，

提高了局部搜索算法的搜索精度，进而得到广泛的应用，是当今较为流行的最短路径算法，如图 3-12 所示。

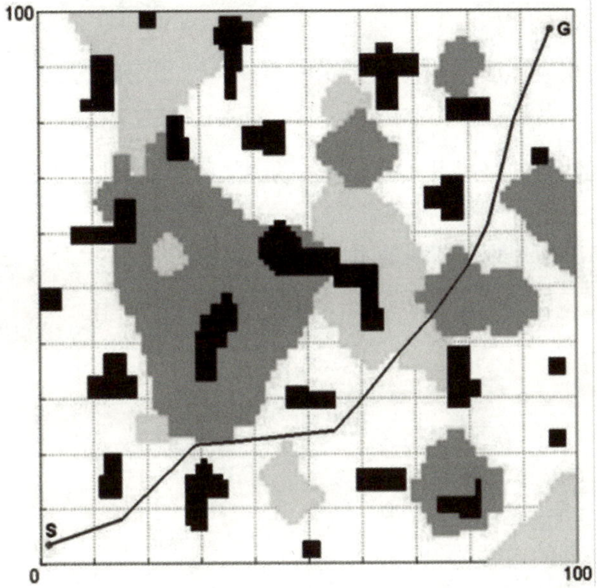

图 3-12 A * 最短路径算法

（二）Dijkstra 算法

Dijkstra（迪杰斯特拉）算法是经典的最短路径算法之一，该算法适用于计算道路权值均为非负的最短路径问题，能够给出栅格图中某一节点到其他所有节点的最短路径，以搜索精准、思路清晰见长，如图 3-13 所示。

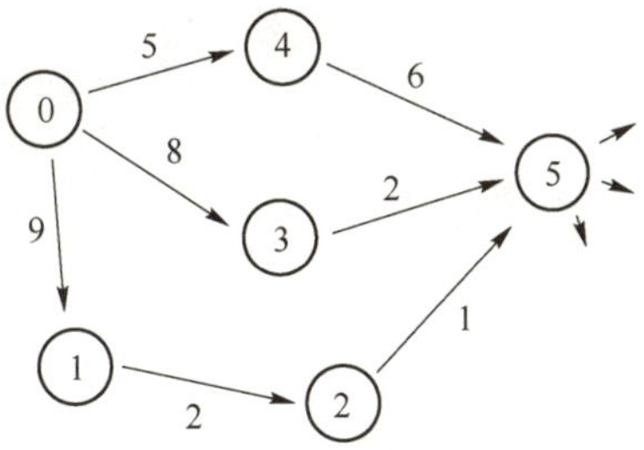

图 3-13 Dijkstra 最小路径算法

四、路径规划的一般步骤

在目标状态预测之后，需要对智能网联汽车路径进行规划。其基本思路是把需要解决的最短时间、最短距离、最少花费等问题转变成求解最短路径问题，因为只有找到最短路径，以上问题都将得到解决。其一般步骤主要包括环境建模、路径搜索、路径平滑三个环节。

（一）环境建模

环境建模即将实际的物理空间抽象成算法能够处理的抽象空间，实现相互间的映射。

（二）路径搜索

路径搜索即应用相应算法寻找一条行走的路径，使预定的性能函数获得最优值。

（三）路径平滑

通过相应算法搜索出的路径并不一定是一条可以行走的可行路径，需要做进一步处理与平滑才能使其成为一条实际可行的路径。

★智能网联汽车决策规划认知信息化二维码

 随堂测试

（1）简述路径规划的内容。

（2）简述路径规划的一般步骤。

任务实施

任务工单

任务名称		基于规则的超车行为决策的训练	
姓名：	班级：		学号：
任务描述		以基于规则的超车行为决策为例，对超车过程中不同驾驶阶段下的转换进行逻辑建模，在学习小组或班级里进行交流汇报	
能力目标		(1) 能够理解决策规划的概念及意义； (2) 了解行为决策的常用方法； (3) 了解路径规划的常用算法和一般步骤； (4) 具备通过互联网等途径查询资料完成信息搜集和处理的能力	
实施准备		(1) 决策规划相关文件； (2) 汇报用纸、笔等	
实施步骤	自助学习	(1) 学习相关知识； (2) 获取相关信息； (3) 分组讨论超车行为决策规划	
	小组讨论	以学习小组形式进行讨论，形成小组汇报成果	
	小组汇报	(1) 小组成员汇报小组成果； (2) 其余小组进行补充与点评	
自我反思		在社会能力、专业能力、关键能力方面的收获与体会：	

项 目 四

智能网联汽车控制执行技术

学习目标

知识目标：

1. 控制执行的概念及分类；
2. 控制执行的方法；
3. 线控转向系统的功能与分类；
4. 线控转向系统的结构、工作原理与特点；
5. 线控驱动系统的结构、工作原理与特点；
6. 线控制动系统的结构、工作原理与特点；
7. 线控换挡系统的结构、工作原理与特点；
8. 线控悬架系统的分类、结构与工作原理。

能力目标：

1. 能够掌握纵向运动控制与横向运动控制的基本原理与实现方法；
2. 能够认识线控转向系统、线控制动系统、线控驱动系统、线控换挡系统，以及线控悬架系统的相关零部件名称；
3. 能够独立拆装线控转向系统；
4. 能够独立拆装线控驱动系统；
5. 能够独立拆装线控制动系统。

素质目标：

1. 能够自觉遵守法律、法规以及技术标准规定；
2. 能够和同学及教学人员建立良好的合作关系；
3. 能够培养学生借助教材、学材、学习任务书等制订学习计划的能力；
4. 能够在实际操作过程中，培养动手实践能力，注重培养质量意识、安全意识、节能环保意识和规范操作等职业素养。

任务一　控制执行整体认知

学习内容

1. 智能网联汽车控制执行的概念；
2. 智能网联汽车控制执行的类型；
3. 智能网联汽车控制执行的方法。

控制执行整体认知

能力要求

1. 能够向客户介绍或解答智能网联汽车控制执行的相关知识；
2. 能够独立制订工作计划并按计划实施；
3. 具有与客户沟通的能力；
4. 树立以客户为中心的服务意识与理念；
5. 具备通过互联网等途径查询资料完成信息搜集和处理的能力；
6. 能根据环保的要求，正确处理对环境和人体有害的废料和损坏的零部件。

任务引入

如果说环境感知系统相当于驾驶员的眼睛、决策规划系统相当于驾驶员的大脑，那么执行控制系统就相当于驾驶员的手脚。如果把规划决策和执行控制剥离开来，决策就会无从做起，不能脱离手脚谈大脑。做好规划决策，就必须懂得控制执行。那么目前是通过什么方法来进行车辆的控制执行呢？通过下面内容的学习，相信你就能清楚。

任务描述

控制执行是指系统做出决策规划以后，替代驾驶员对车辆进行控制，反馈到底层模块执行任务。请就某一型号车辆向客户介绍汽车控制执行的方法。

相关知识

执行控制系统是自动驾驶汽车行驶的基础，车辆的各个操控系统需要通过总线与决策系统相连接，并能够按照决策系统发出的总线指令精确地控制加速程度、制动程度、转向幅度、灯光控制等驾驶动作，以实现车辆的自主驾驶。

一、控制执行的概念

控制执行是整个自动驾驶系统的最后一环，是将行为决策的宏观指令解释为带有时间信息的轨迹曲线，从而控制车辆的速度与行驶方向，使其跟踪规划速度曲线与路径。具体而言，控制执行技术是解决在一定的约束条件下优化某个范围内的时空路径问题，包括：

（1）车辆在一定时间段的行驶轨迹（位置信息）；

（2）整条轨迹的时间信息和车辆姿态（到达每个位置的时间、速度、加速度等）。

二、控制执行的类型

智能网联汽车的控制执行是智能系统最终完成自动驾驶和协同驾驶的落地部分，主要包括两个类型：一是面向驱动/制动的纵向运动控制，如图 4-1 所示；二是面向转向的横向运动控制，如图 4-2 所示。

图 4-1　纵向运动控制

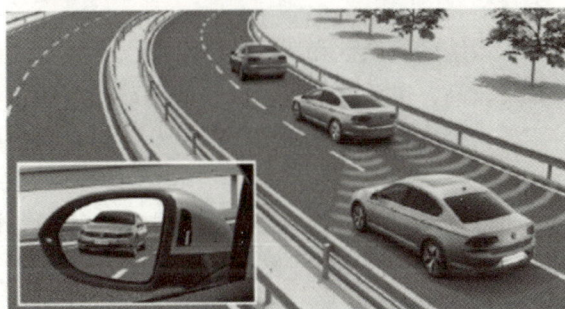

图 4-2　横向运动控制

（一）纵向运动控制

纵向运动控制是指通过对油门和制动的协调，实现对期望车速的精准跟随。采用油门和制动综合控制方法实现对预定速度的跟踪，其控制原理框图如图 4-3 所示。纵向运动控制的基本原理是根据预定速度和无人驾驶汽车实测速度的偏差，通过油门控制器和制动控制器根据各自的算法分别得到油门控制量和制动控制量。切换规则根据油门控制量、速度控制量和速度偏差选择油门控制还是制动控制。

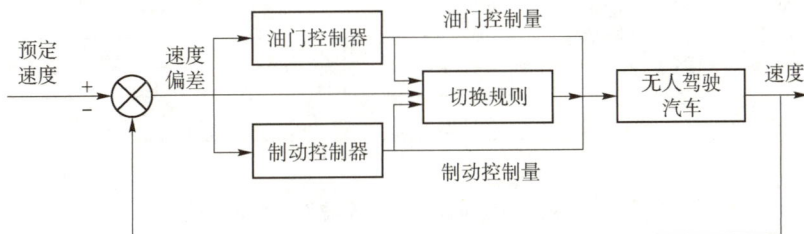

图 4-3　纵向控制系统控制框图

纵向运动控制按照实现方式可分为直接式和分层式两种。直接式纵向控制器的输入为期望距离或速度，输出为期望制动压力和油门开度。该方法能够使汽车实际纵向速度迅速达到期望值，响应速度快，其具体控制结构如图4-4所示。

图 4-4　直接式运动控制结构图

分层式纵向控制器的输入为期望距离或速度，通过上位控制器转化为期望速度或加速度，继而通过下位控制器得出期望制动压力和油门开度，以实现对速度和制动的分层控制，如图4-5所示。

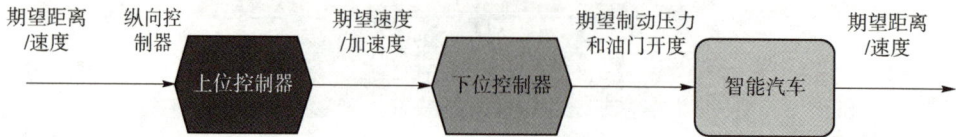

图 4-5　分层式运动控制结构图

直接式运动控制考虑了系统的复杂性和非线性等特点，具有集成程度高、模型准确性强的特点。但是其开发难度较高，灵活性较差。分层式运动控制通过协调油门和制动分层控制，开发相对来说易实现，但由于会忽略参数误差以及外界干扰的因素，建模的准确性存在一定误差。

受行驶经济性影响，车辆纵向速度控制还需考虑节能性。近期，福特公司推出的 Ford EcoMode 系统可根据挡位、车速、油门和刹车踏板位置、发动机转速等车辆状态信息评价司机驾驶行为，并对司机操作做出提示。东风本田思域系列车型均配置 ECON 智能化绿色节能辅助系统，功能开启后，变速箱挡位自动调节为低油耗状态，空调能耗也会自动进行节能调整。在行驶过程中，电脑会自动修正油门幅度，避免驾驶者深踩油门带来的高能耗，以达到降低油耗的目的。

(二) 横向运动控制

横向运动控制是指智能车辆通过车载传感器感知周围环境，结合全球定位系统 GPS 提取车辆相对于期望行驶路径的位置信息，并按照设定的控制逻辑控制车辆方向盘转角，使其沿期望路径自主行驶，其控制框图如图4-6所示。

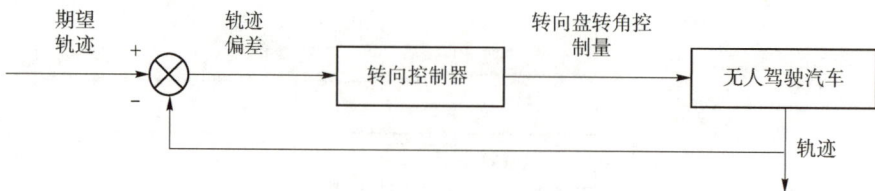

图 4-6　横向运动控制系统控制框图

　　横向运动控制的基本原理是根据期望轨迹和无人驾驶汽车实测轨迹的偏差,转向控制器根据算法得到转向盘转角控制量,最终实现车辆沿期望轨迹行驶。

　　考虑车辆系统的非线性和不确定性设计控制策略,横向运动控制通常有两种基本设计方法,一种是模仿驾驶员,比如通过简易动力学模型和驾驶员操纵规则设计控制器,或者通过驾驶员操纵数据训练驾驶员模型;另一种是借助精确的横向动力学模型实现控制。一般来说,智能网联汽车的横向控制系统包括输入、处理、控制和输出四个部分。感知系统感知外部环境信息,利用相关的轨迹规划算法设计出合理的行驶路径,结合获取的车辆动力学参数等车身状态信息,得到当前车辆行驶状况,作为转向控制系统的输入;汽车轨迹跟踪横向控制器结合输入的预期轨迹和车辆本身的状态信息,计算得出相应转向盘转角控制量;主动转向执行控制系统接收上层横向控制器输出的转向盘转角控制信号,控制汽车做转向运动。通常智能网联汽车横向运动控制系统的基本结构图如图4-7所示。

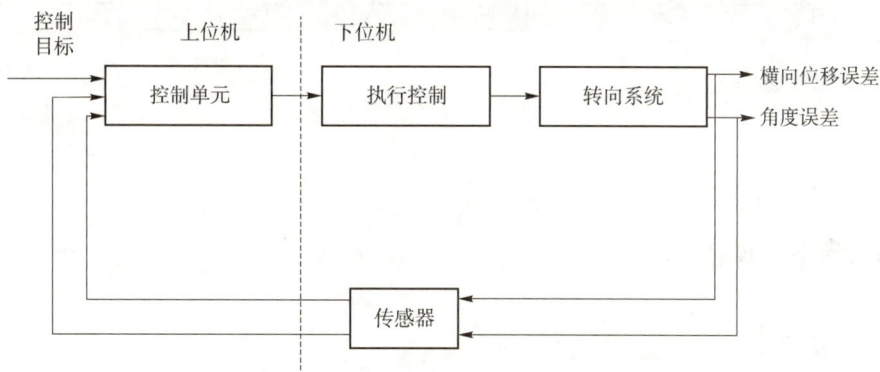

图4-7　横向运动控制系统基本结构图

　　横向运动控制通过设计相应的控制算法来实现智能网联汽车的自动转向功能,主要包括如何获得理想的自主转向的方向盘转角值,以及执行所获得的方向盘转角命令控制汽车沿着预期轨迹行驶,实现汽车的自主转向功能。

(三) 横纵向运动协同控制

　　智能车辆横纵向动力学存在耦合关联特性,控制器的设计可综合考虑横纵向协同控制。现有的横纵向协同控制多为先解耦分别设计横纵向控制规律,再设计协调横纵向运动的控制规律。百度Apollo分离横向控制和纵向控制,将复杂问题简单化,再通过模型预测控制考虑横向和纵向之间的耦合关系,更能适应复杂路况。

三、控制执行的方法

　　现有自动驾驶汽车多数针对常规工况,因而较多采用传统控制方法。目前控制执行主流的控制算法主要有PID控制、模型预测控制和滑模控制等。

(一) PDI 控制

　　在工程实际中,应用最为广泛的调节器控制规律为比例、积分、微分控制,简称PID控制。当被控对象的结构和参数不能完全掌握,或得不到精确的数学模型,而且控制理论的其他技术难以采用时，系统控制器的结构和参数必须依靠经验和现场调试来确定，这时应用 PID 控制技术最为方便。即当我们不完全了解一个系统和被控对象，或不能通过有效的测量手段来获得系统参数时，最适合用 PID 控制技术。本质上，PID 控制器就是根据系统的误差，利用比例、积分、微分计算出控制量进行控制的。

图 4-8 所示是 PID 控制原理图，系统首先对输入误差 e 进行比例、积分、微分运算，运算后的叠加结果 u 作为输出量用以控制被控对象，同时被控对象融合当时状态输出反馈信号 y，再次与期望值 r 进行比较，得到的误差 e 再次进行比例、积分、微分调节，如此循环进行，直到达到控制效果。

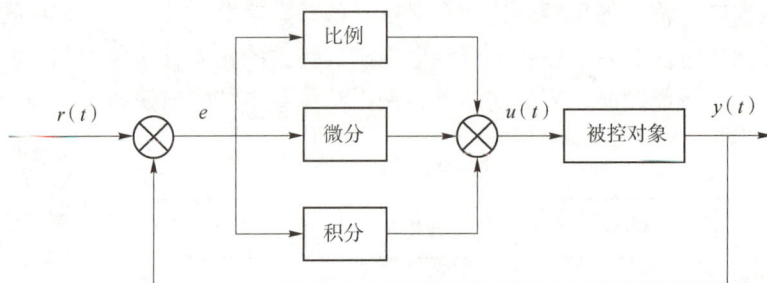

图 4-8　PID 控制原理图

PID 控制通过调节比例、积分、微分实现系统的性能优化，各调节参数的作用表现如下。

1. 比例调节

比例控制是一种最简单的控制方式。其控制器的输出与输入误差信号成比例关系。当仅有比例控制时系统输出存在稳态误差（Steady-state error）。

2. 积分调节

在积分控制中，控制器的输出与输入误差信号的积分成正比关系。对一个自动控制系统，如果在进入稳态后存在稳态误差，则称这个控制系统为有稳态误差的系统或简称为有差系统（System with Steady-state Error）。为了消除稳态误差，在控制器中必须引入"积分项"。积分项对误差进行时间的积分，随着时间的增加，积分项会增大。这样，即便误差很小，积分项也会随着时间的增加而加大，它推动控制器的输出增大，使稳态误差进一步减小，直到等于零。因此，比例+积分（PI）控制器，可以使系统在进入稳态后无稳态误差。

3. 微分调节

在微分控制中，控制器的输出与输入误差信号的微分（即误差的变化率）成正比关系。自动控制系统在克服误差的调节过程中可能会出现振荡甚至失稳，其原因是存在较大惯性组件（环节）或滞后（delay）组件，具有抑制误差的作用，其变化总是落后于误差的变化。解决的办法是使抑制误差的作用变化"超前"，即在误差接近零时，抑制误差的作用就应该是零。这就是说，在控制器中仅引入"比例项"往往是不够的，比例项的作用仅是放大误差的幅值，而目前需要增加的是"微分项"，它能预测误差变化的趋势，这样，具有比例+微分的控制器，就能够提前使抑制误差的控制作用等于零，甚至为负值，从而避免了被控量的严重超调。所以对有较大惯性或滞后的被控对象，比例+微分（PD）控制

器能改善系统在调节过程中的动态特性。

PID 控制器的参数整定是控制系统设计的核心内容。它是根据被控过程的特性确定 PID 控制器的比例系数、积分时间和微分时间的大小。PID 控制器参数整定的方法很多，概括起来有两大类：

一是理论计算整定法。它主要依据系统的数学模型，经过理论计算确定控制器参数。这种方法所得到的计算数据未必可以直接使用，还必须通过工程实际进行调整和修改。

二是工程整定方法。它主要依赖工程经验，直接在控制系统的试验中进行，且方法简单、易于掌握，在工程实际中被广泛采用。PID 控制器参数的工程整定方法，主要有临界比例法、反应曲线法和衰减法。三种方法各有其特点，其共同点都是通过试验，然后按照工程经验公式对控制器参数进行整定。但无论采用哪一种方法所得到的控制器参数，都需要在实际运行中进行最后调整与完善。现在一般采用的是临界比例法。利用该方法进行 PID 控制器参数的整定步骤如下：①首先预选择一个足够短的采样周期让系统工作；②仅加入比例控制环节，直到系统对输入的阶跃响应出现临界振荡，记下这时的比例放大系数和临界振荡周期；③在一定的控制度下通过公式计算得到 PID 控制器的参数。

PID 控制是一个传统控制方法，它适用于温度、压力、流量和液位等几乎所有工程应用场景。不同的应用场景对应不同的 PID 参数设置，只要参数设置得当，均可达到很好的控制效果，甚至更高的控制要求。

（二）模型预测控制

模型预测控制（Model Predictive Control，MPC）是 20 世纪 70 年代提出的一种计算机控制算法，最早应用于工业过程控制领域。预测控制的优点是对数学模型要求不高，能直接处理具有纯滞后的过程，具有良好的跟踪性能和较强的抗干扰能力，对模型误差具有较强的鲁棒性。

MPC 主要由模型预测、滚动优化和反馈调整三部分组成，基于 MPC 的控制器原理如图 4-9 所示。MPC 控制器结合预测模型、目标函数和约束条件进行最优求解，得到最优控制序列 $u(t)$，并将其输入被控平台，被控平台按照当前的控制量输出 $y(t)$ 对被控对象进行控制，然后将当前的状态量观测值 $x(t)$ 输入状态估计器，状态估计器对无法通过传感器观测到或者观测成本过高的状态量进行估计，将估计的状态量 $x'(t)$ 输入 MPC 控制器，再次进行最优化求解，如此循环，构成闭环反馈控制系统。

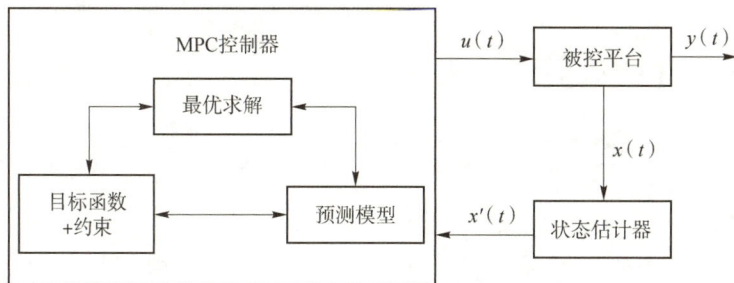

图 4-9 MPC 控制原理图

（三）滑模控制

滑模控制（Sliding Mode Control，SMC）是一种特殊类型的变结构控制（Variable Structure Control，VSC），因此又称之为滑模变结构控制，是近年来广泛应用和发展的一种控制方法。滑模控制本质上是一种非线性控制，即控制结构随时间变化而变化。控制原理为根据系统所期望的动态特性来设计系统的切换超平面，通过滑动模态控制器使系统状态从超平面之外向切换超平面收束；系统一旦到达切换超平面，控制作用将保证系统沿切换超平面到达系统原点，这一沿切换超平面向原点滑动的过程称为滑模控制。

滑模控制对非线性系统以及未知干扰具有较强的鲁棒性，然而单一的滑模控制往往不能满足智能汽车控制的要求，因此，改进基于滑模变结构的运动控制方法成为当前的研究重点，主要方向有融合比例微分控制、自适应模糊控制以及神经网络控制的控制方法。

随堂测试

（1）简述智能网联汽车控制执行的概念。
（2）简述智能网联汽车纵向运动控制的概念和基本原理。
（3）简述智能网联汽车纵向运动控制的实现方式。
（4）简述智能网联汽车横向运动控制的概念和基本原理。
（5）简述智能网联汽车横向运动控制的实现方式。

任务实施

任务工单

任务名称	智能网联汽车控制执行认知		
姓名：	班级：		学号：
任务描述	智能网联汽车的环境感知系统相当于驾驶员的眼睛、决策规划系统相当于驾驶员的大脑，而执行控制系统就相当于驾驶员的手脚。那么目前是通过什么方法来进行车辆的控制执行呢？请你对智能网联汽车控制执行的类型与方法等做一个列表并做相互对比，在学习小组或班级里进行交流汇报		
能力目标	（1）能够向客户介绍或解答智能网联汽车控制执行的相关知识； （2）树立以客户为中心的服务意识与理念； （3）具有与客户沟通的能力； （4）具备通过互联网等途径查询资料完成信息搜集和处理的能力		
实施准备	（1）教学用车辆； （2）车辆相关文件； （3）汇报用纸、笔等		
实施步骤	自助学习	（1）学习相关知识； （2）获取相关信息； （3）分组学习智能网联汽车控制执行的概念、类型与方法，并向小组成员汇报	
	小组讨论	以学习小组形式进行讨论，形成小组汇报成果	
	小组汇报	（1）小组成员汇报小组成果； （2）其余小组进行补充与点评	
自我反思	在社会能力、专业能力、关键能力方面的收获与体会：		

任务二　线控转向系统认知

学习内容

1. 线控转向系统的定义；
2. 线控转向系统的结构与工作原理；
3. 线控转向系统的特点；
4. 线控转向系统的关键技术。

能力要求

1. 能够向客户介绍或解答线控转向系统的相关知识；
2. 能够独立拆装线控转向系统；
3. 树立以客户为中心的服务意识与理念；
4. 具有与客户沟通的能力；
5. 具备通过互联网等途径查询资料完成信息搜集和处理的能力。

任务引入

小王毕业后通过应聘进入一家智能网联汽车研发企业，岗位职责为将底盘线控系统转向零部件上装至整车。正式进入岗位前，小王参加了新员工培训，培训主要围绕线控转向的结构、原理、装配方法及安全注意事项等展开介绍。假如你是小王，能否通过学习培训后顺利胜任工作岗位？

任务描述

线控转向系统是以电子方式传输转向指令至执行器来进行转向动作，即双模自动驾驶汽车上，采用人工驾驶模式时，把驾驶员转动转向盘的角度，经过传感器发送给 ECU，ECU 处理后将电子指令直接发送给转向机，转向机根据指令要求转动车轮。请就某一型号车辆向客户介绍汽车底盘线控转向系统的工作原理。

相关知识

线控技术（X by Wire）是将驾驶员的操作动作经过传感器转变成电信号来实现传递控制，替代传统机械系统或者液压系统，并由电信号直接控制执行机构，以实现控制目的，其基本原理如图 4-10 所示。该技术源于美国国家航空航天局（National Aeronautics and Space Administration，NASA）1972 年推出的线控飞行技术（Fly by Wire）的飞机。其

中，"X"就像数学方程中的未知数，代表汽车中传统上由机械或液压控制的各个部件及相关的操作。

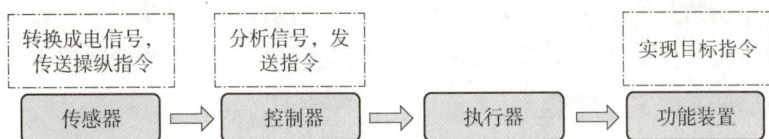

图 4-10 线控技术的基本原理图

由于线控系统取消了传统的气动、液压及机械连接，取而代之的是传感器、控制单元及电磁执行机构，所以具有安全、响应快、维护费用低、安装测试简单快捷的优点。智能网联线控技术主要包括线控转向技术、线控制动技术、线控驱动技术、线控换挡技术和线控悬架技术，如图 4-11 所示。

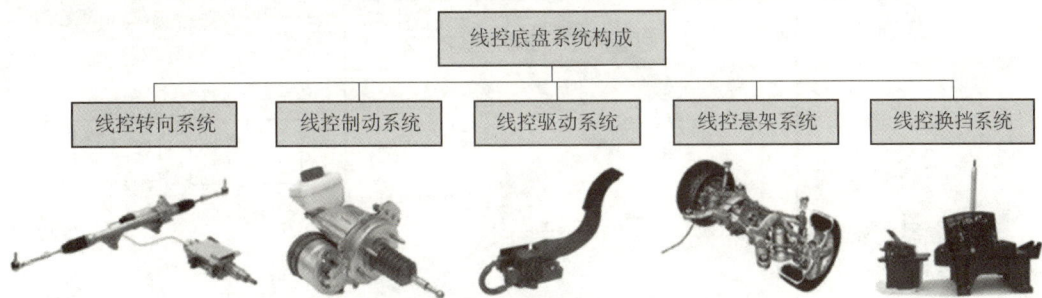

图 4-11 智能网联线控技术组成

一、线控转向系统的定义

线控转向（SBW），即使用电信号的形式来控制转向的一种电子控制技术。线控转向系统是在电动助力转向系统（EPS）的基础上发展而来的，线控转向系统相对于 EPS 具有冗余功能，并能获得比 EPS 更快的响应速度，如图 4-12 所示。对于 L3 及以上的自动驾驶汽车来说，自动驾驶控制系统对于要求转向系统控制精确、可靠性高，这种要求只有线控转向技术可以满足，于是线控转向系统逐渐成为汽车转向系统未来的发展趋势。

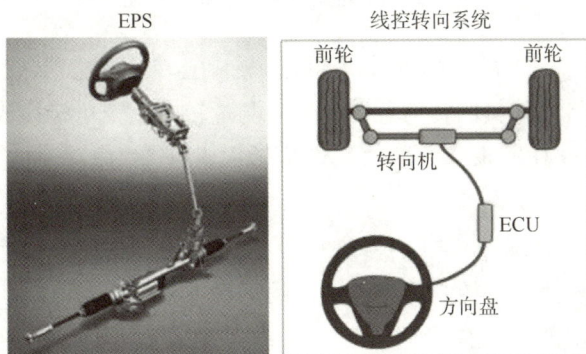

图 4-12 SBW 与 EPS 对比示意图

线控转向系统摆脱了传统转向的各种限制，不但可以设计汽车转向的力传递特性，而且可以设计汽车转向的角传递特性，给汽车的转向特性设计带来更大的可发挥空间，更方便与自动驾驶系统的其他子系统（如感知、动力、底盘等）实现集成，在改善汽车主动安全性能、驾驶特性、操纵性以及驾驶员路感方面具有优势，是智能网联汽车实现路径跟踪与避障、避险所必需的关键技术。

二、线控转向系统的结构与工作原理

（一）线控转向系统的结构

线控转向系统主要由转向盘模块、转向执行模块和 SBW 控制器（ECU）三个主要部分以及自动防故障系统、电源系统等辅助模块组成，如图 4-13 所示。

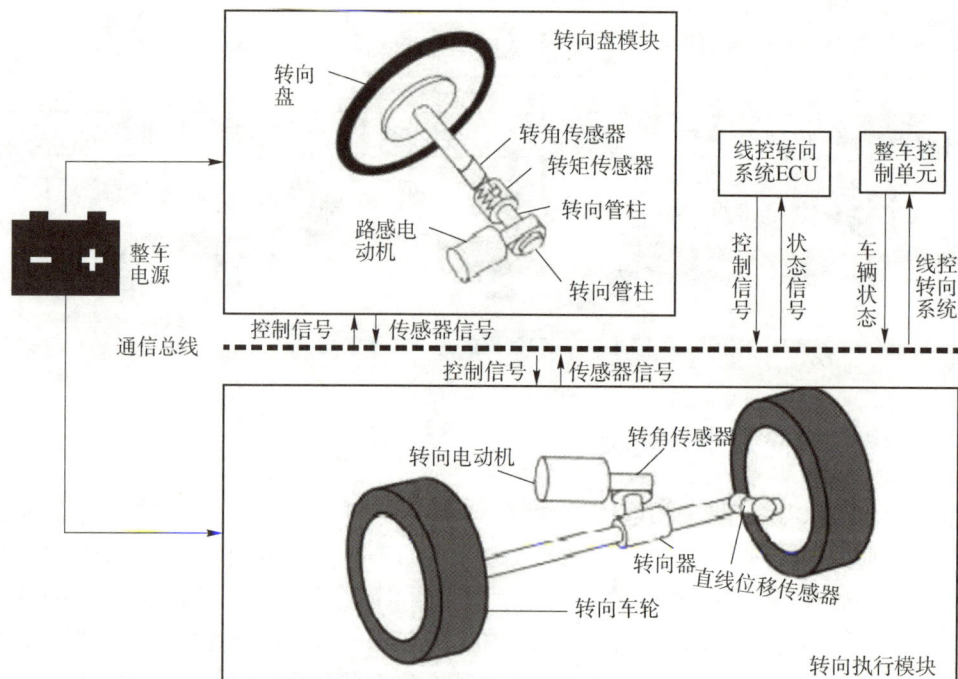

图 4-13　线控转向系统结构示意图

（1）转向盘模块。转向盘模块包括转向盘、转向盘转角传感器、转矩传感器和转向组件等。其主要功能是将驾驶员的转向意图，通过测量转向盘转角转换成数字信号并传递给主控制器。同时接收 ECU 送来的力矩信号产生转向盘回正力矩，向驾驶员提供相应的路感信号。

（2）主控制器。ECU 对采集的信号进行分析处理，判别汽车的运动状态，向转矩电动机和转向电动机发送命令，控制两个电动机的工作，其中转向电动机完成车辆航向角的控制，转矩电动机模拟产生转向盘回正力矩，以保障驾驶员的驾驶感受。人工驾驶模式时，主控制器还可以对驾驶员的操作指令进行识别，判定在当前状态下驾驶员的转向操作是否合理。当汽车处于非稳定状态或驾驶员发出错误指令时，前轮线控转向系统将自动进行稳定控制或将驾驶员错误的转向操作屏蔽，以合理的方式自动驾驶车辆，使汽车尽快恢复到稳定状态。

（3）转向执行模块。转向执行模块包括转角传感器、转向电动机、转向电动机控制器和前轮转向组件等，其主要功能是接收 ECU 的转向命令，控制转向电动机实现要求的前轮转角，完成驾驶员的转向意图。同时主控制器向转向盘路感电动机发送控制信号，产生转向盘的反馈力矩，以提供给驾驶员相应的路感信息。

（4）自动防故障系统。自动防故障系统是保证在线控转向系统故障时，提供冗余式安全保障。它包括一系列监控和实施算法，针对不同的故障形式和等级做出相应处理，以求最大限度地保持汽车的正常行驶。当检测到 ECU、转向电动机等关键零部件产生故障时，故障处理 ECU 自动工作，首先发出指令使 ECU 和转向电动机完全失效，其次紧急启动故障执行电动机，以保障车辆航向的安全控制。

（5）电源系统。电源系统承担控制器、执行电动机以及其他车用电动机的供电任务，用以保证电网在大负荷下稳定工作。

其中线控转向系统关键部件的功用如下：

（1）转矩传感器的功用是测量驾驶员作用在转向盘上的力矩大小和方向。

（2）转角传感器的功用是测量驾驶员作用在转向盘的转角大小和方向。

（3）路感电动机的功用是根据 ECU 的指令输出适当的转矩，模拟、产生转向盘的反馈力矩，以提供驾驶员相应的路感信息。

（4）转向电动机的功用是根据 ECU 的指令控制转向轮，实现转向轮的转角。

（5）ECU 是线控转向系统中最关键的部分，决定着线控转向系统的控制效果，包括输入处理电路、微处理器、输出电路和电源电路等。对各类传感器所采集的信号进行分析处理，然后向路感电动机和转向电动机发送指令，对 2 个电动机的电压或电流进行实时控制，以实现线控转向功能。

（二）线控转向系统的工作原理

总的来说，线控转向系统的工作原理是：人工驾驶模式时，当转向盘转动时，转向盘转矩传感器和转角传感器将测量到的驾驶员转矩和转向盘的转角转变成电信号输入 ECU，ECU 依据车速传感器和装在转向传动机构上的角位移传感器的信号来控制转矩并反馈电动机的旋转方向，根据转向力模拟生成反馈转矩，同时控制转向电动机的旋转方向、转矩大小和旋转角度，通过机械转向装置控制转向轮的转向位置，使汽车沿着驾驶员期望的轨迹行驶。

当选用自动驾驶模式时，驾驶员转动转向盘的人工驾驶操作，将变为计算平台向 VCU（Vehicle Control Unit，车辆控制器）发送转向意图的自动驾驶操作，即计算平台根据接收的环境感知传感器信号、预置的行驶轨迹等，判断汽车的行驶方向，通过 CAN 总线发送给 VCU，VCU 经计算再通过 CAN 总线发送给线控转向系统 ECU，进而控制汽车进行转向。

三、线控转向系统的特点

由于线控转向系统中的转向盘和转向轮之间没有机械连接，是断开的，因此通过总线传输必要的信息具有如下优点。

（1）安全。线控转向系统去除了转向柱等机械连接，完全避免了撞车事故中转向柱对驾驶员的伤害。智能化的 ECU 根据汽车的行驶状态判断驾驶员的操作是否合理，并做出相应的调整。线控转向系统预示了未来转向系统的发展趋势，即以提高汽车整车主动安全性、减轻驾驶员的脑力和体力劳动为根本出发点。

（2）经济。目前，车用电子元器件和电子芯片的成本逐渐降低，电子元器件的可靠性和处理能力大幅上升，这样就降低了线控转向系统的成本费用，使广大消费者能够接受。随着车用各种传感器精度的提高，成本的降低以及模拟路感电动机振动控制技术的不断成熟，42 V 电压体制很快在汽车上得到应用。

（3）节能环保。对于目前围绕汽车开发的节能、环保和安全主题，未来汽车将以零排放为主体，电动汽车随着电子技术的不断开发，将会为线控转向系统的技术发展带来前所未有的前景，线控转向系统作为一种新型技术，对于加快中国国产汽车的电子化发展将产生深远的研究意义。

四、线控转向系统的应用

线控转向系统是 20 世纪 70 年代美国航空航天局，为控制高空、高速飞行器而开发的智能操纵技术，因其敏捷、安全，目前该技术已是航空航天器的主流操纵技术。而英菲尼迪历经多年研发的 DAS 线控主动转向技术则是首个适用于量产汽车（英菲尼迪 Q50，如图 4-14 所示）的数字电传操纵技术成果。英菲尼迪 Q50 线控转向系统是通过传统的转向管柱将转向盘与转向执行机构连接在一起，其基本形态与普通燃油车无异，但在转向管柱与转向机构之间由电控多片离合器相连。

图 4-14 英菲尼迪 Q50 汽车示意图

英菲尼迪 Q50 线控转向系统并没有全面市场化，现存保有量非常有限。其中主要原因是转向特性智能调节和自动车道保持等功能在某种程度上仍可以使用传统的电子助力转向系统实现。那么线控转向系统的真正意义是将来系统成熟以后可以完全断开机械连接，从而为将来的自动驾驶汽车服务。而丰田 bZ4X 纯电动车型（见图 4-15）搭载的线控转向系统则可以说意义重大。因为它首次在量产车型中完全取消了方向盘和转向轴之间的机械连接，同时它也会随着丰田的纯电动整车平台迅速在集团内的多款车型上大面积推广应用。

图 4-15　丰田 bZ4X 汽车示意图

博世公司线控转向系统与英菲尼迪 Q50 的线控转向系统有很大区别，博世公司开发的线控转向系统完全取消了转向柱，由上转向执行器 SWA 构成的上转向系统和全冗余式下转向执行器 SRA 构成的下转向系统组成，而且上转向系统和下转向系统之间没有刚性连接，如图 4-16 所示。

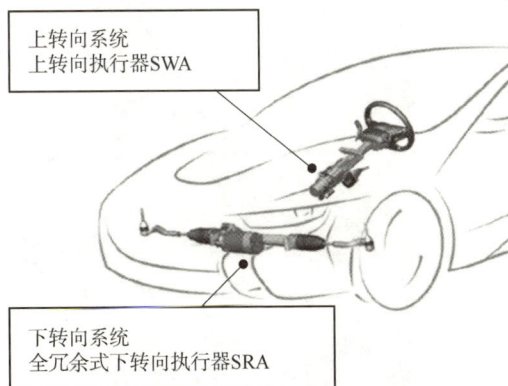

图 4-16　博世公司线控转向系统

百度 Apollo 样车、英伟达 BB8 等均以林肯 MKZ 的量产车为载体加装智能设备，如图 4-17 所示，其线控转向系统转向方式采用的是电动助力转向系统（EPS），通过 CAN 总线协议通信在线控制，从而实现转向系统实时控制。

图 4-17　林肯 MKZ 量产车加装智能设备

★智能网联汽车线控转向系统拆装步骤信息化二维码

随堂测试

（1）简述线控转向系统的结构与工作原理。

（2）简述线控转向系统的特点。

（3）简述线控转向系统的应用。

任务实施

任务工单

任务名称	智能网联汽车线控转向系统生产装配		
姓名：	班级：		学号：
任务描述	假如你毕业后通过应聘进入一家智能网联汽车研发企业，岗位职责为将底盘线控系统转向零部件上装至整车。正式进入岗位前，需要对线控转向的结构、原理、装配方法及安全注意事项等进行学习。你能否通过学习培训后顺利胜任工作岗位？		
能力目标	(1) 能够向客户介绍或解答智能网联汽车线控转向系统的相关知识； (2) 树立以客户为中心的服务意识与理念； (3) 能够独立对线控转向系统部件进行生产装配		
实施准备	(1) 场地准备：小组使用实习场地一块、对应数量的课桌椅、黑板一块； (2) 工量具/仪器：常用拆装工具套装、螺钉旋具套装、小螺钉旋具套装； (3) 设备准备：底盘线控系统测试装调实验实训台； (4) 资料准备：教学课件、维修资料、视频教学资料、网络教学资源等		
实施步骤	组装下列部件： 传动蜗杆 转矩转角传感器 助力转向电动机 转向控制器电路板 转向控制器上下壳体		
	小组汇报	(1) 小组成员汇报小组成果； (2) 其余小组进行补充与点评	
自我反思	完成实训任务后，对任务完成情况进行评价（30%组内自评、30%组间互评、40%教师评价）		

任务三　线控驱动系统认知

学习内容

1. 线控驱动系统的定义；
2. 线控驱动系统的结构与工作原理；
3. 线控驱动系统的特点；
4. 线控驱动系统的拆装。

能力要求

1. 能够向客户介绍或解答线控驱动系统的相关知识；
2. 能够独立拆装线控驱动系统；
3. 树立以客户为中心的服务意识与理念；
4. 具有与客户沟通的能力；
5. 具备通过互联网等途径查询资料完成信息搜集和处理的能力。

任务引入

小李刚入职一家汽车公司，成为一名汽车底盘装配工，公司对每年新招入的员工都会集中进行一次培训，近几天的培训是小李很感兴趣的课程，是关于智能网联汽车的线控驱动系统的知识。在培训过程中小李学到了线控驱动系统的定义，并知道了它们的结构、工作原理和特点。除了结构、工作原理等理论知识的学习外，还在教学车上进行了线控驱动系统的组装。下面，我们就一起重温一下小李的学习过程吧！

任务描述

线控驱动系统是智能网联汽车实现的必要关键技术，为智能网联汽车实现自主行驶提供了良好的硬件基础。请你对线控驱动系统的组成与工作原理做一个简单的学习小结，在学习小组或班级里进行交流汇报。

相关知识

线控驱动系统的技术研究工作起源于 20 世纪 70 年代，80 年代开始有产品问世，现在相关技术已趋于成熟。近 10 年来，德国博世、皮尔博格，美国的德尔福、伟世通，日本的丰田、日立、电装等已推出线控驱动系统的系列化产品，应用于各种品牌的中高档轿车。

一、线控驱动系统简介

线控驱动系统（Drive By Wire，DBW）是智能网联汽车实现的必要关键技术，为智能网联汽车实现自主行驶提供了良好的硬件基础。线控驱动系统将原来由机械传递驾驶员踩加速踏板动作，变成由电信号精确传递驾驶员动作，且兼顾提高了动力性、经济性、操纵稳定性和乘坐舒适性。在智能网联汽车中，可将线控驱动系统通过 VCU 与计算平台结合起来，通过计算平台替代驾驶员（踩加速踏板、操作换挡机构等）向汽车发送行驶意图。例如，当环境感知传感器检测到前方交通信号灯由红变绿时，环境感知传感器将交通信号灯为绿灯信号发送给计算平台，计算平台经分析后，向 VCU 发送请求执行起步信号，VCU 将信号再次处理后，发送给线控驱动系统，线控驱动系统根据命令实现汽车的自动起步，可避免因驾驶员精力不集中引起的起步慢问题。

二、线控驱动系统的结构与工作原理

（一）传统汽车线控驱动系统的结构与工作原理

在早期的传统汽车上，油门控制是通过拉索或者拉杆连接油门脚踏板和节气门（Throttle）连动板而工作的，通过这样的机械装置来控制节气门的方法能够实现反应延迟小的目的，但也有很大的局限性，没有办法应对复杂道路下的各种工况，也无法很好地控制油耗和排放。因此，产生了线控驱动（即电子油门）技术，通过用导线来代替拉索或者拉杆，由油门踏板位置产生的电信号给 ECU 来进行发动机控制，取消了踏板和节气门之间的机械连接，而是通过检测油门脚踏板的位移（这个位移代表了驾驶员的驾驶意图），把该位移信号传递给 ECU，进行计算处理得到最佳的节气门开度。因此，传统汽车线控驱动系统是通过油门踏板的自动控制，实现电子节气门开度的自动调整，调节进气量大小，从而实现控制车速的目的。

传统汽车的线控油门系统主要由加速踏板、加速踏板位置传感器、ECU、数据总线、伺服电动机和加速踏板执行机构组成。该系统取消了加速踏板和节气门之间的机械结构，通过加速踏板位置传感器检测加速踏板的绝对位移。ECU 计算得到最佳的节气门开度后，输出指令驱动电动机控制节气门保持最佳开度。传统汽车线控驱动系统结构示意图如图 4-18 所示。

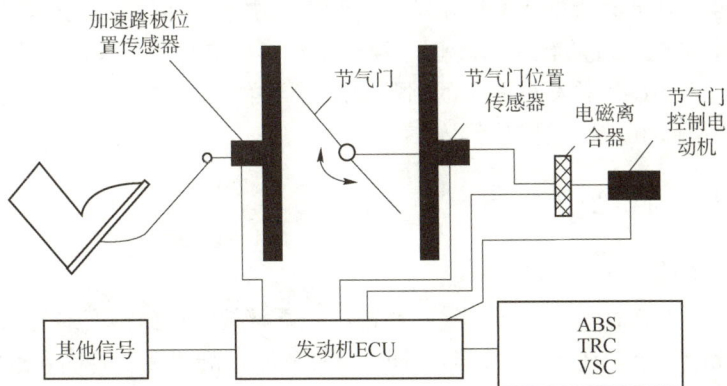

图 4-18 传统汽车线控驱动系统结构示意图

（二）电动汽车线控驱动系统的结构与工作原理

电动汽车的线控驱动系统由电动机、电动机控制器、加速踏板、变速杆（或按键、旋钮）和机械传动装置等构成。在选用人工驾驶模式时，VCU 通过接收的变速杆（或按键、旋钮）信号、加速踏板上的传感器信号等，判断汽车行驶方向和行驶速度，然后通过 CAN 总线发送给电动机控制器，控制电动机的转向和转速，并经机械传动装置驱动车轮使车辆行驶，如图 4-19 所示。

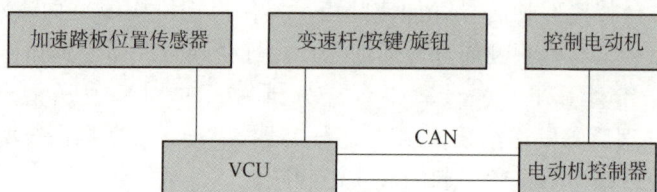

图 4-19　电动汽车线控驱动系统结构示意图（人工驾驶模式）

在选用自动驾驶模式时，如图 4-20 所示，计算平台通过接收的各环境传感器反馈的信号，判断汽车行驶方向、行驶速度等，通过 CAN 总线发送给 VCU，VCU 经计算后再通过 CAN 总线发送给电动机控制器，控制电动机的转向和转速，并经机械传动装置带动车轮使车辆行驶。其中，计算平台替代了驾驶员的驾驶意图，包括踩加速踏板、操纵变速杆（或按键、旋钮）等，实现了自动驾驶。

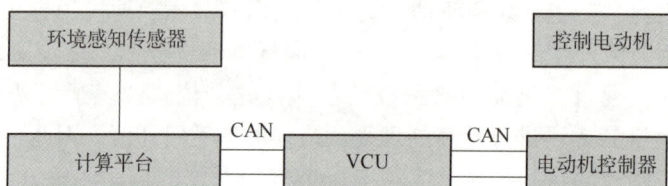

图 4-20　电动汽车线控驱动系统结构示意图（自动驾驶模式）

智能网联汽车/纯电动汽车线控驱动系统能量由动力电池提供，这时"加速踏板"控制的是驱动电动机的转矩和转速，它和计算平台、VCU、MCU（Micro Control Unit，微控制器）等一同实现车辆的加减速。当智能网联汽车选用自动驾驶模式时，计算平台通过周围环境信息融合计算出最佳行驶信息并发送给 VCU，由 VCU 向 MCU 发送踏板踩下度等信息，MCU 控制驱动电动机的转矩与转速。纯电动汽车驾驶即为智能网联的人工驾驶，其VCU 通过踏板位置传感器检测驾驶员的驾驶意图，同样 VCU 向 MCU 发送踏板踩下度等信息，由 MCU 控制驱动电动机的转矩与转速。

三、线控驱动系统的特点

线控驱动系统具有以下优点：

（1）舒适性、经济性好。电子加速踏板能根据踩踏板的动作幅度细节来判断驾驶员的意图，综合车况精确合理地控制执行器，使经济性和驾驶舒适性同时达到最佳状态。

（2）稳定性高。线控驱动系统在收到踏板信号后会进行分析判断，再给执行单元发送合适指令保证车辆稳定行驶。

　　线控驱动系统还具有以下缺点：工作原理相对较为复杂，成本较高。相比传统油门在硬件上，需要添加加速踏板位置位移传感器，并且增加 ECU 接线。在软件上，需要开发分析位置传感器信号，并且综合车况给出最优控制指令的算法，集成在车载 ECU 上，增加开发成本。

四、线控驱动系统的应用与展望

　　巡航定速则是线控油门的基础应用，凡具有定速巡航功能的车辆都配备有线控油门。从发展阶段来看，目前线控油门渗透率接近 100%，相对处于较成熟阶段。就算是传统燃油车，线控油门也基本是标准配置，而混合动力和电动汽车更是完全采用线控油门。因此在自动驾驶的应用中，线控油门的改装与实现也相对容易。除了国外供应商（博世、大陆、电装、Magneti Marelli、日立、Delphi Technologies、SKF 等）外，国内供应商（海拉、联电、宁波高发、奥联电子、凯众股份等）也有所参与。但是，电喷执行机构、ECU 等技术均掌握在国际零部件巨头手中，产业格局较稳定，因此国内企业的参与度还处于较低的状态，国产化是未来线控油门领域的努力方向。

　　★智能网联汽车线控驱动系统拆装步骤信息化二维码

随堂测试

（1）简述线控驱动系统的结构与工作原理。

（2）简述线控驱动系统的特点。

（3）简述线控驱动系统的应用。

任务实施

任务工单

任务名称	智能网联汽车线控驱动系统生产装配		
姓名：	班级：		学号：
任务描述	假如你刚入职一家汽车公司，成为一名汽车底盘装配工，公司对于每年新招入的员工都会集中进行一次培训，课程是关于智能网联汽车线控驱动系统的装配，那么你能通过这次培训在教学车上进行线控驱动系统的组装作业吗？		
能力目标	（1）能够向客户介绍或解答智能网联汽车线控驱动系统的相关知识； （2）树立以客户为中心的服务意识与理念； （3）能够独立对线控驱动系统部件进行生产装配		
实施准备	（1）场地准备：小组使用实习场地一块、对应数量的课桌椅、黑板一块； （2）工量具/仪器：常用拆装工具套装、螺钉旋具套装、小螺钉旋具套装； （3）设备准备：底盘线控系统测试装调实验实训台； （4）资料准备：教学课件、维修资料、视频教学资料、网络教学资源等		
实施步骤	组装下列部件： 滑动拨叉 加速踏板位置传感器 整车控制器电路板与上下壳体 IGBT 电路板 U/V/W 输出接线柱 主控制电路板 电动机控制器端盖		
	小组 汇报	（1）小组成员汇报小组成果； （2）其余小组进行补充与点评	
自我反思	完成实训任务后，对任务完成情况进行评价（30%组内自评、30%组间互评、40%教师评价）		

⚙ 任务四 线控制动系统认知

💡 学习内容

1. 线控制动系统的功能；
2. 线控制动系统的结构与工作原理；
3. 线控制动系统的关键技术；
4. 线控制动系统的拆装。

🔄 能力要求

1. 能够向客户介绍或解答线控制动系统的相关知识；
2. 能够独立拆装线控制动系统；
3. 树立以客户为中心的服务意识与理念；
4. 具有与客户沟通的能力；
5. 具备通过互联网等途径查询资料完成信息搜集和处理的能力。

🌀 任务引入

假设你是某企业底盘线控装配工实习员，被安排到了汽车制动系统装配车间，正在车间跟着师傅学习装配某一型号智能网联汽车的线控制动系统。在装配前，需要你先了解线控制动系统的基本知识——结构、工作原理、特点等，在具备这些知识后，才能开始跟着师傅着手装配线控制动系统。那么在进行装配前，请先开始本任务的学习吧！

🔩 任务描述

汽车制动系统是指对汽车车轮施加一定的力，从而对其进行一定程度的强制制动的一系列专门装置。智能网联汽车线控制动系统的功能与传统汽车制动系统的功能一样，也是保证能够按照路况等条件进行强制减速直至停车，只是在结构上有所改变，即输入接口（制动踏板）和执行机构（制动执行器）之间是通过线控（电子信号）连接的，在它们之间没有直接的液压力或机械连接。请你结合某一款在售车型介绍线控制动系统的组成与工作原理，在学习小组或班级里进行交流汇报。

✍ 相关知识

线控制动系统（Brake By Wire，BBW）在线控底盘技术中是难度最高的，但也是最关键的技术。线控制动系统掌控着自动驾驶的底盘安全性和稳定控制，只有拥有足够好的制动性能（包括响应速度快、平顺性好等），才能为我们的安全提供良好保障。

制动技术经历了从机械制动到压力制动再到电子制动的发展过程。第一个阶段是机械制动，制动能量完全由人体来提供。这个阶段汽车的主要特点是：质量小、结构简陋、动力不足、行驶缓慢，因此对制动力要求不高，依靠纯机械式制动系统便足以满足制动要求。第二个阶段是压力制动，包含液压制动和气压制动，这个阶段的主要特点是：汽车质量越来越大，车速越来越快，对制动系统要求越来越高，所以必须借助相关的助力器（例如真空助力器）装置，通过制动液或者气体传递制动压力。第三个阶段是线控制动，是将原有的制动踏板机械信号通过改装转变为电控信号，通过加速踏板位置传感器接收驾驶员的制动意图，产生制动电控信号并传递给控制系统和执行机构，然后根据一定的算法模拟踩踏感觉反馈给驾驶员，这个阶段的制动系统不仅仅是为了满足制动性能要求，更多的是为了追求高效能、可靠性、集成化等特性。

一、线控制动系统简介

线控制动系统是智能网联汽车"控制执行层"的必要关键技术，为智能网联汽车实现自主停车提供了良好的硬件基础，是实现高级自动驾驶的关键部件之一。它是将原有的制动踏板机械信号通过改装转变为电控信号，通过加速踏板位置传感器接收驾驶员的制动意图，产生制动电控信号并传递给控制系统和执行机构，然后根据一定的算法模拟踩踏感觉反馈给驾驶员。传统制动系统与线控制动系统的区别如图 4-21 所示。

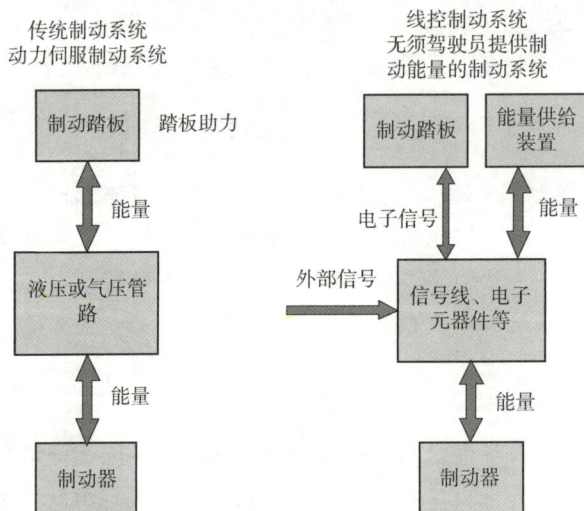

图 4-21　传统制动系统与线控制动系统的区别

线控制动技术在 F1 赛车上的应用已经非常成熟，但因其成本及技术问题，并未在乘用车上普及。在早期的宝马 M3，曾经采用过线控制动系统这种制动方式。由于线控制动通过 ECU 实现系统控制，ECU 的可靠性、抗干扰性、容错性以及多控制系统之间通信的实时性，都有可能对制动控制产生影响，制约了线控制动系统的应用与推广。

二、线控制动系统的结构与工作原理

由于技术发展程度的局限，目前出现了两种形式的线控制动系统：电子液压式线控制

动系统（Electronic Hydraulic Brake，EHB）和电子机械式线控制动系统（Electronic Mechanical Brake，EMB）。但 EHB 和 EMB 在传力路径上又有很大不同，下面分别简述 EHB 和 EMB 的工作原理。

（一）电子液压式线控制动系统

1. 电子液压式线控制动系统的结构与工作原理

EHB 以传统的液压制动系统为基础，用电子器件取代了一部分机械部件的功能。与飞机的制动系统类似，制动踏板和制动缸没有任何机械连接，汽车驾驶员的制动动作被踏板上的传感器转化成电子信号，或由环境感知传感器检测到障碍物，车载计算平台发送制动请求，电子控制单元接收到信号后，命令液压执行机构完成制动的操作。EHB 能根据路面的附着情况和转速，为每个车轮分配最合理的制动力度，从而可以更充分地利用车轮和地面之间的摩擦力，使制动距离更短，制动过程更安全。

典型的 EHB 由踏板模拟单元、ECU、执行器机构等组成，如图 4-22 所示。正常工作时，制动踏板与制动器之间的液压连接断开，备用阀处于关闭状态。电子踏板配有踏板感觉模拟器和电子传感器，ECU 可以通过传感器信号判断驾驶员的制动意图，并通过电动机驱动液压制动泵进行制动。电子系统发生故障时，备用阀打开，EHB 变成传统的液压制动系统。备用系统增加了制动系统的安全性，使车辆在线控制动系统失效时还可以进行制动，但是由于备用系统中仍然包含复杂的制动液传输管路，使得 EHB 并不完全包含线控制动系统产品的优点。

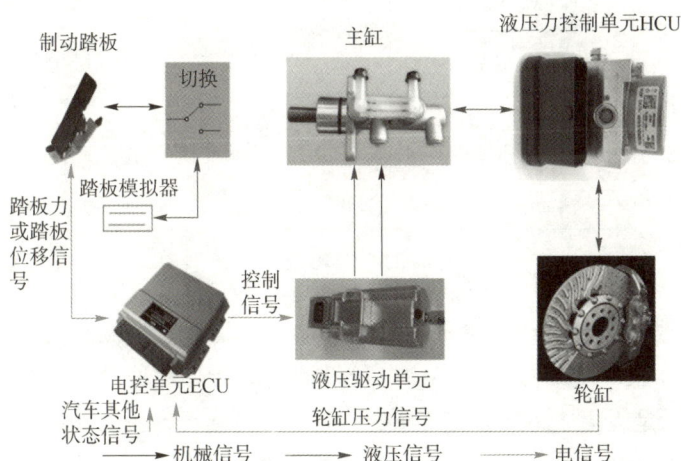

图 4-22 EHB 结构图

在智能网联汽车中，当选用自动驾驶模式时，驾驶员踩制动踏板的人工驾驶操作，将变为计算平台向 VCU 发送制动意图的自动驾驶操作，即计算平台根据环境传感器反馈的路况等信息，向 VCU 发送请求制动信号，VCU 经分析后将制动信号发送给 EHB ECU，ECU 通过电动机驱动液压制动泵进行制动。

2. 电子液压式线控制动系统的特点

EHB 具有以下特点：

（1）传统的制动系统在长期使用后，由于各部件的磨损和变形，会导致制动性能的衰退。而 EHB 会利用算法弥补部件的磨损和变形，使制动性能长期处于良好状态。

（2）EHB 可以根据各个车轮的转速和附着力为其分配最恰当的制动力度，这就做到了制动的高度灵活性和高效性。

（3）EHB 不但能够提供高效的常规制动功能，还能发挥包括 ABS 在内的更多辅助功能。

缺点：由于 EHB 以液压为制动能量源，液压的产生和电控化相对来说比较困难，不容易做到和其他电控系统的整合；而且液压系统的重量对轻量化不利。

（二）电子机械式线控制动系统

1. 电子机械式线控制动系统的结构与工作原理

EMB 是基于一种全新的设计理念，完全摒弃了传统制动系统的制动液及液压管路等部件，由电动机驱动产生制动力，每个车轮上安装一个可以独立工作的电子机械制动器，也称为分布式、干式制动系统。可以说，EMB 是名副其实的线控制动系统。

EMB 系统主要由电子机械制动器、中央电子控制单元（ECU）和电子踏板模块等组成，其控制框图如图 4-23 所示。

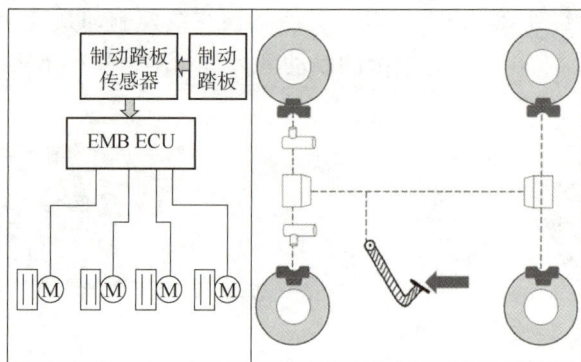

图 4-23　EMB 结构图

（1）电子机械制动器。EMB 系统的关键部件之一是电子机械制动器，主要由制动执行器、制动执行器 ECU 等组成。其中，电子机械制动器有两种设计方案：一是集成了力或力矩传感器；二是无集成力或力矩传感器。第一种方案可省去对制动力或制动力矩的计算，使系统变得更准确、可靠。但力或力矩传感器价格昂贵，而且集成困难。第二种方案需要根据电流或电动机转子转角来估算制动夹紧力。它通过 ECU 改变输出电流的大小和方向实现执行电动机的力矩和运动方向的改变，将电动机轴的旋转变换为制动钳块的开合，通过相应的机构或控制算法补偿由于摩擦片的磨损造成的制动间隙变化。但由于外界环境温度的变化及磨损的影响，不可能只根据电流或电动机转子转角来计算夹紧力，需将两者结合起来才能收到好的效果。

（2）中央电子控制单元。中央电子控制单元的作用是接收制动踏板发出的信号，控制制动器制动，以及接收驻车制动信号，控制驻车制动。ECU 还会接收车轮传感器信号，识别车轮是否抱死、打滑等，控制车轮制动力，实现防抱死和驱动防滑的功能。

（3）电子踏板模块。EMB 系统取消了传统液压制动系统中机械式传力机构和真空助力器，取而代之的是踏板模拟器。它将作用在踏板上的力和速度转化为电信号，输送到中央电子控制单元。踏板模拟器的输入输出特性曲线应很好地符合驾驶员的驾驶习惯，并根据人体工程学设计，以提高舒适性和安全性。目前，已经应用的 EMB 系统相对以前制动系统的最大改进，就是采用了踏板模拟器，有效地提高了制动响应速度。

与 EHB 相比，EMB 中没有液压驱动部分，系统的响应速度更高，工作稳定性和可靠性更好，但由于完全采取线控的方式，不存在备用的制动系统，因而对系统的工作可靠性和容错要求更高。另外，使用电信号控制电动机驱动，使制动系统的响应时间缩短，同时，传感器信号的共享以及制动系统和其他模块功能的集成，便于对汽车的所有行驶工况进行全面的综合控制，提高了汽车的行驶安全。

2. 电子机械式线控制动系统的特点

与传统的液压制动系统相比，EMB 具有以下优点：

（1）由于制动执行器和制动踏板之间无液压和机械连接，大大减少了制动器的作用时间，进而有效地缩短了制动距离。

（2）EMB 技术的安全优势极为突出，制动响应迅速，没有复杂的液压、气压传递机构，直接从电信号转化为制动动作，可大幅提升响应速度，反应时间在 100 ms 以内，大幅度缩短刹车距离，进而提升安全性。

（3）无常规制动系统的真空增压器，减少了所需的空间，底盘布局更加灵活。

（4）在 ABS 模式下踏板无回弹振动，可以消除静音。

（5）可实现所有制动和稳定功能，如 ABS、EBD、TCS、ESP、BA、ACC 等。

（6）可方便地与未来的交通管理系统联网。

基于上述种种优点，EMB 技术肯定会得到大力发展，未来会向液压制动系统发起强有力的挑战。虽然 EMB 在原理和功能上有着非常突出的优势，符合电子化的潮流，前景一片看好，但 EMB 系统由于去除了备用制动系统，因此需要很高的可靠性，必须采用比 EHB 更可靠的总线协议，需要更好的抗干扰能力，来抵制车辆运行中遇到的各种干扰信号。

三、线控制动系统的应用与展望

（一）典型 EHB 系统

国外于 20 世纪 90 年代就进行了 EHB 系统的研究。比较典型的产品有博世公司的 iBooster 系统，丰田旗下爱德克斯公司的 ECB 系统，大陆公司的 MKC1 系统等，目前这些产品在中国市场开始批量装车。国内起步较晚，研究基础薄弱，起步于 2009 年左右，相关研究主要集中在清华大学、吉林大学、同济大学、北京航空航天大学等著名高校，以及亚太机电、万向、伯特利等主要的汽车零部件企业。近年来，虽然 EHB 的研发工作有一定进展，但离产业化应用仍需要一定的时间。表 4-1 所示为目前比较典型的 EHB 系统产品。

表4-1 EHB系统产品对比

名称	大陆 MKC1 (One-Box)	博世 iBooster (Two-Box)	爱德克斯 Ebooster (Two-Box)	IEHB (One-Box)
实物				
增压速率	0~10 MPa (≤200 ms)	0~10 MPa (≤200 ms)	0~10 MPa (≤200 ms)	0~10 MPa (≤200 ms)
四轮独立压力线性跟随（精度）	可以（0.1 MPa）	不可以	不可以	可以（0.1 MPa）
能量回收（ECE工况）	>25%	>25%	>25%	>25%
踏板感调节	可调节	可调节	可调节	可调节
ABS	满足	不满足，需附加 ABS 或 ESC	满足	满足
ESC	满足	不满足，需附加 ESC	满足	满足
智能驾驶制动需求	满足	满足	满足	满足

　　EHB根据集成度的高低，分为Two-Box和One-Box两种技术方案。One-Box的集成程度高于Two-Box。由于集成度更高，"One-Box"方案在体积、重量上占优，并且其售价一般低于"Two-Box"方案（例如伯特利的One-Box产品售价低于博世的iBooster+ESP的售价），更有利于替换传统液压制动系统，是目前的主流技术方案。

　　从表4-2中分析可得，Two-Box相比较One-Box的最大优势是在L3级自动驾驶工况下的制动冗余需求较好，而整车布局空间稍差一些。L3级为有条件自动驾驶，也就是说它可以完全不需要驾驶员干预，但是有的时候又必须有驾驶员干预。驾驶员和车辆自主控制之间如何相互接管就成了一大问题，因为这之间并没有一个明显的界定，而这也是相关法律法规最模糊的地方，假设出了交通事故，需要驾驶员和汽车共同承担责任，所以大部分厂商跳过L3级，直接进入L4级研发。

表 4-2　Two-Box 与 One-Box 对比

方案对比	Two-Box	One-Box
基本功能（动态控制，ACC，AEB，能量回收等）	优	优
集成度（影响布局空间）	差	优
采购成本	中	优
制动失效时的减速度	中	优
L3 级以上高度自动驾驶制动冗余	优	差

在国内电动汽车比例不断提升、智能辅助驾驶和自动驾驶逐步推进，以及外资品牌 EHB 开始批量装车的趋势下，在电动汽车上，EHB 系统替代 ESC（车身稳定控制）系统的步伐将比 ESC 替代 ABS（制动防抱死系统）来得更快，甚至很多电动汽车将从 ABS 跳过 ESC 直接搭载 EHB 系统，BHB 市场前景广阔，已经成为零部件企业竞相研发的热点。

（二）典型 EMB 系统

由于缺乏足够的技术支持，目前市场上并没有批量装车的 EMB 产品。20 世纪 90 年代开始，国外的一些著名汽车零部件制造商相继进行了 EMB 研发工作，如德国博世、德国西门子、美国天合、德国大陆特维斯、德国德尔福、瑞典斯凯孚、瑞典瀚德、韩国现代及万都等公司都取得了相关研究成果，申请了专利，并进行了实车试验。国内仅有清华大学、吉林大学、北京理工大学、同济大学、南京航空航天大学等高校以及亚太机电、万向等零部件企业做了一些研究工作。

EMB 是最理想的线控制动技术，可将响应时间进一步缩短到 100 ms 以下，所以说线控制动系统中长期趋势是 EMB 替代 EHB。但是目前 EMB 技术难度很大，商业化普及还尚需时日，短期内将以 EHB 替代传统液压制动系统为主。

综上可知，EHB 技术成熟，市场前景广阔，目前已占研发和应用的主流。而 EMB 受技术条件限制，还未在智能网联汽车上批量应用，但 EMB 的制动响应高、布局空间灵活，以及安全性、舒适性、稳定性好等优点，将是自动驾驶线控制动的趋势。

★智能网联汽车线控制动系统拆装步骤信息化二维码

随堂测试

（1）简述线控制动系统的结构与工作原理。

（2）简述线控制动系统的特点。

（3）简述线控制动系统的应用。

任务实施

任务工单

任务名称	智能网联汽车线控制动系统生产装配		
姓名：	班级：		学号：
任务描述	假设你是某企业底盘线控装配工实习员，被安排到了汽车制动系统装配车间，正在车间跟着师傅学习装配某一型号智能网联汽车的线控制动系统。在装配前，你已经了解了线控制动系统的基本知识——结构、工作原理、特点等，那么在具备这些知识后，你能独立着手装配线控制动系统吗？		
能力目标	（1）能够向客户介绍或解答智能网联汽车线控制动系统的相关知识； （2）树立以客户为中心的服务意识与理念； （3）能够独立对线控制动系统部件进行生产装配		
实施准备	（1）场地准备：小组使用实习场地一块、对应数量的课桌椅、黑板一块； （2）工量具/仪器：常用拆装工具套装、螺钉旋具套装、小螺钉旋具套装； （3）设备准备：底盘线控系统测试装调实验实训台； （4）资料准备：教学课件、维修资料、视频教学资料、网络教学资源等		
实施步骤	组装下列部件： 制动助力电动机控制器电路板 制动助力电动机 制动推杆 制动旋变编码器 复位弹簧及弹簧锁片 弹簧防尘套及锁扣 驱动制动旋变编码器的蜗轮轴 驱动助力器阀体移动的蜗轮轴 制动主缸总成		
	小组 汇报	（1）小组成员汇报小组成果； （2）其余小组进行补充与点评	
自我反思	完成实训任务后，对任务完成情况进行评价（30%组内自评、30%组间互评、40%教师评价）		

任务五　线控换挡系统认知

学习内容

1. 线控换挡系统的概念；
2. 线控换挡系统的结构；
3. 线控换挡系统的工作原理；
4. 线控换挡系统的特点。

线控换挡系统认知

能力要求

1. 能够向客户介绍或解答线控换挡系统的相关知识；
2. 树立以客户为中心的服务意识与理念；
3. 具有与客户沟通的能力；
4. 具备通过互联网等途径查询资料完成信息搜集和处理的能力。

任务引入

随着电子技术的飞速发展，汽车也变得越来越有科技感，传统笨重的机械结构基本被淘汰，取而代之的是更加小巧、智能的整车线控技术，前面我们学习了线控制动、线控转向、线控驱动系统，今天我们就来学习线控底盘中另一个重要系统——线控换挡系统。

任务描述

线控换挡系统是一种完全取消传统换挡系统的机械传动结构，仅通过电子控制即可实现车辆换挡的系统，为智能网联汽车实现速度控制提供了良好的硬件基础。请你结合某一款在售车型介绍其线控换挡系统的组成与工作原理，在学习小组或班级里进行交流汇报。

相关知识

在过去很长一段时间里，汽车换挡器一直唯机械变速杆独尊。驾驶员推动变速杆，通过一根换挡拉索带动变速器的换挡摇臂动作，实现 P/R/N/D 挡位切换。驾驶员的错误操作都是通过硬件结构来阻止的，而硬件结构在较大的操作力及极限工况下可能会被损坏或突破，无法完全保证驾驶员的安全。现有的车辆换挡装置由选换挡操纵机构、换挡拉索和自动变速器三部分组成，结构较复杂。选换挡操纵机构的体积及重量较大，仪表台的空间布置受到很大限制，更会影响内饰的美观性。

线控换挡系统是实现智能驾驶的核心部件，它一方面省去了传统机械式结构，而且换挡器体积小、布置灵活;另一方面可实现电控换挡,为辅助驾驶和自动驾驶奠定基础。相比传统换挡机构,线控换挡没有了拉索的束缚,整个系统变得更轻、更小、更智能,且能判断出驾驶员的换挡错误操作,避免对变速器造成损伤,从而更好地保护变速器并且能纠正驾驶员的不良换挡操作习惯。

一、线控换挡系统简介

线控换挡系统(Shift By Wire, SBW)是将现有的挡位与变速器之间的机械连接结构完全取消,通过电动执行控制变速器动作执行的电子系统,也称为电子换挡系统。线控换挡系统取代了传统的挡位操作模式,通过旋钮、按键等新式交互件电子控制车辆换挡,为智能网联汽车实现速度控制提供了良好的硬件基础。

线控换挡取消了传统的换挡操纵机构与变速器之间连接的拉索或推杆,变速杆和变速器之间无直接机械连接,可以简化系统的部分结构,便于设计变速杆的位置与操作界面(例如,安装在仪表板上),使换挡操作更加轻便容易。

目前,市场上主要的线控换挡器操纵机构形式有 4 种:按键式、旋钮式、怀挡式和挡杆式,如图 4-24 所示。其中按键式的代表车型有林肯 MKZ、本田冠道、阿斯顿·马丁等;旋钮式的代表车型有捷豹、路虎极光、长安福特金牛座、长安新蒙迪欧、长安奔奔、凯翼 C3、北汽 EV200、北汽 EC180、奇瑞 EQ 等;怀挡式的代表车型有宝马 E56/E66、奔驰 S 级;挡杆式的代表车型有奥迪 A8L、宝马 5 系、领克全系。

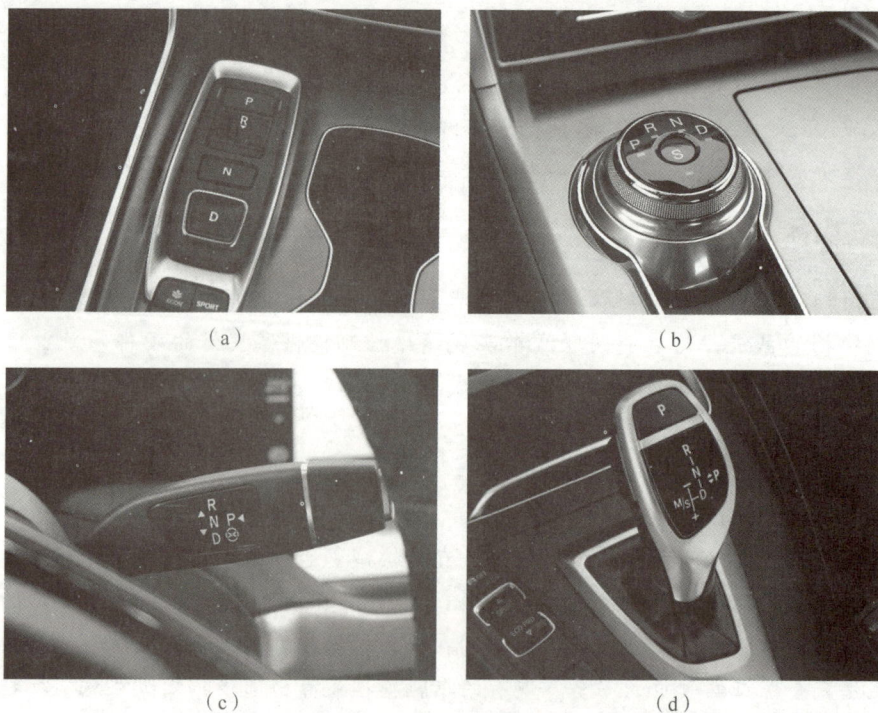

(a) (b) (c) (d)

图 4-24 线控换挡器的分类
(a)按键式;(b)旋钮式;(c)怀挡式;(b)挡杆式

这些新型线控换挡器的出现，相较于传统机械换挡器更安全、更智能、更易体现科技豪华感，线控换挡技术未来将会是国内外主流车型的标准配置。随着无线通信、人工智能、大数据及云计算等新技术不断应用到汽车领域，将不断驱动汽车智能化、网联化、电动化及共享化的研发与应用，汽车从单一的出行工具逐步转变为生活中的"第三空间"，线控换挡器的发展将面临诸多的机遇与挑战。

二、线控换挡系统的结构与工作原理

线控换挡系统主要由换挡选择模块、换挡电控单元、换挡执行模块、停车控制 ECU、停车执行机构和挡位指示灯等组成。前面已介绍，线控换挡是一种不需要任何机械结构，仅通过电信号控制传动的机构。同其他线控技术一样，线控换挡也是通过 CAN 总线实现与整车的通信，通过 LIN 线实现背光灯、随挡增亮、面板按键等各种功能。线控换挡看似简单，实则是一个复杂的电子机械系统，研发机构用于人力投入也不再只需一个传统手动挡的资深结构工程师即可，而是需要一个 20 人以上的电子系统研发团队。图 4-25 为线控换挡的通信原理图。

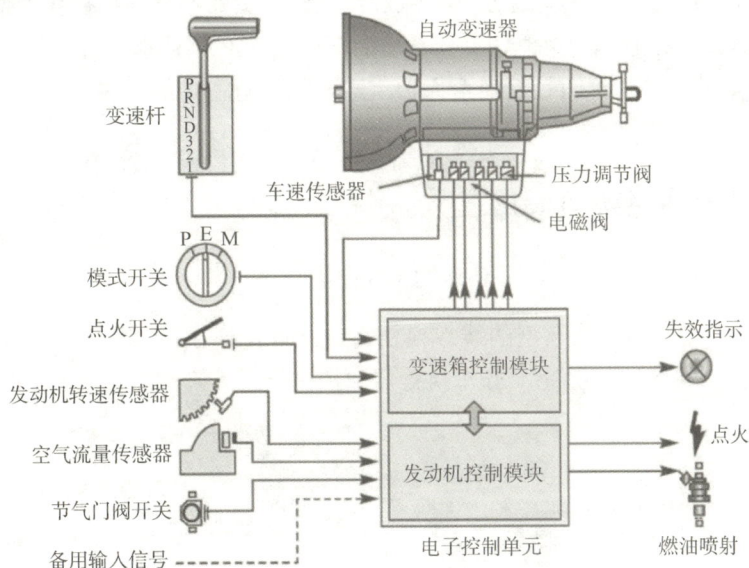

图 4-25　线控换挡通信原理图

当驾驶员挂入某一个挡位时，传感器就会将挡位请求信号传送到变速箱控制模块，同时，变速箱控制模块会根据汽车上其他的各种信号（比如发动机转速、车速、节气门开度，以及安全带、车门开关信号等）进行分析，根据通信协议进行判断是否执行换挡请求。

如果确认没有任何问题，变速箱控制模块会发出指令，给变速箱中相应的电磁阀通电或断电，来控制各种液压控制阀的通断，从而实现挡位的切换，并将策略挡位发送给仪表显示当前挡位。同时，传感器从 CAN 总线上接收变速箱控制模块发出的反馈挡位信号，再通过 LIN 线点亮副仪表板上的挡位指示灯。

如果被分析到有错误操作的存在，比如高速行驶中突然向前挂 R 挡，会被变速箱控制模块认为是错误信号，这种情况下变速箱控制模块就不会给变速箱发操作指令。

线控换挡系统的出现突破了传统换挡杆必须放在中控部分与变速箱硬连接的限制。它具有以下特点：

（1）换挡杆和变速箱之间不存在机械连接。

（2）换挡操纵需求以纯电子方式传输至变速箱。

（3）驻车锁通过电控液压方式操控和激活。

相比较于传统的手动挡，线控换挡系统的优点如下：

（1）线控换挡消除了传统机械部件与变速器联动的约束，从而提升了设计自由度，且质量更轻，体积更小。

（2）换挡齿轮的切换由电动机驱动，减少了操纵力。

（3）结构简化，换挡响应快，操控灵敏。驻车时，只需轻触驻车开关就可实现驻车换挡。

（4）提高燃油经济性，可节油约 5%。

（5）对于电子换挡+手动变速箱来说，驾驶员的换挡错误操作会由电脑判断出是否会对变速箱造成损伤，从而更好地保护变速箱和纠正驾驶员的不良换挡操作习惯。

（6）便于集成附加功能，如 APA 全自动泊车、自动 P 挡请求、实现手动/运动换挡模式、驾驶员安全带保护、车门打开安全保护、实现整车防盗功能、多重硬线唤醒、驾驶习惯学习等。

三、线控换挡系统的应用

（一）丰田混动车型线控换挡系统

图 4-26 所示为丰田混动车型的线控换挡系统结构图，由变速杆、驻车开关、混合动力系统 HV ECU、驻车控制 ECU、驻车执行器和挡位指示器等组成。

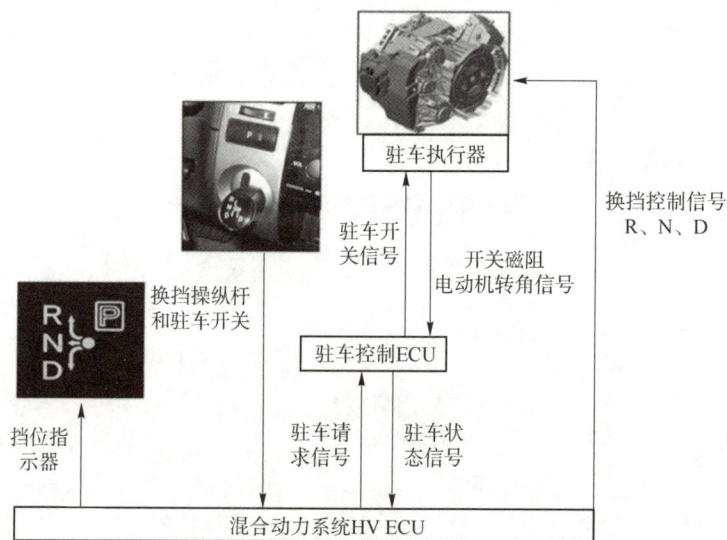

图 4-26　丰田混动车型线控换挡系统结构示意图

　　人机交互通过换挡操纵杆和驻车开关实现。车辆正常行驶过程中涉及 R、N、D 三个挡位，驾驶员作用于变速杆的动作转换为执行电信号传递给混合动力系统 HV ECU，经过 HV ECU 计算后向变速器输出对应的挡位信号，完成车辆行驶挡位的变换，同时仪表盘上的挡位指示器对应挡位信号灯亮起。当驾驶员操控驻车开关时，混合动力系统 HV ECU 将采集到的执行电信号经计算后传递给驻车控制 ECU，驻车控制 ECU 通过磁阻式传感器时刻采集驻车执行器电动机转角信号，以判定车辆是否处于静止状态，若驻车执行器电动机转角为 0，则执行驻车动作，仪表盘驻车指示灯亮起；反之，驻车控制 ECU 检测到电动机转角信号不为 0 时，驻车指令会被驳回到混合动力系统 HV ECU 且无法完成车辆驻车动作。

　　在该系统中，换挡操作是一种瞬时状态，驾驶员能够轻松舒适地操纵换挡。驾驶员松开变速杆后，变速杆立即返回到初始位置。因此，当驾驶员操纵变速杆换到某个目标挡位时，不需要考虑目前的挡位状态，车辆工作过程中挡位更换完成后，挡位指示器会准确显示当前挡位，使驾驶员意识到完全进行了换挡操作。由于采用电控系统控制变速器的换挡操作，由各个部件协同工作实现换挡，可以有效地防止人为误操作，增强安全性。若换挡 ECU 检测到不正确的操作时，会将挡位控制在安全的范围内，并且向驾驶员发出警告。

（二）奥迪 Q7 线控换挡系统

　　奥迪 Q7 的线控换挡系统由盖罩、换挡杆、解锁键、P 挡键、防尘罩、换挡操纵机构盖板、换挡范围显示、换挡操纵机构和多组插接器组成，如图 4-27 所示。奥迪 Q7 的线控换挡系统与丰田混动车型线控换挡系统不同，换挡杆的底部包含挡位位置锁止电磁阀和 Tiptronic 挡位锁止电动机，用于支持复杂的安全换挡逻辑和用户体感交互。同时，为了有效准确地传感换挡杆位置，线控换挡系统内部配备了多组位置传感器，它们分别用来传感自动挡位位置和 Tiptronic 挡位位置以及换挡杆横向锁位置，从而基于挡位位置或逻辑做出具体的换挡动作。奥迪 Q7 线控换挡挡位位置传感器示意图如图 4-28 所示。

图 4-27 奥迪 Q7 线控换挡系统示意图

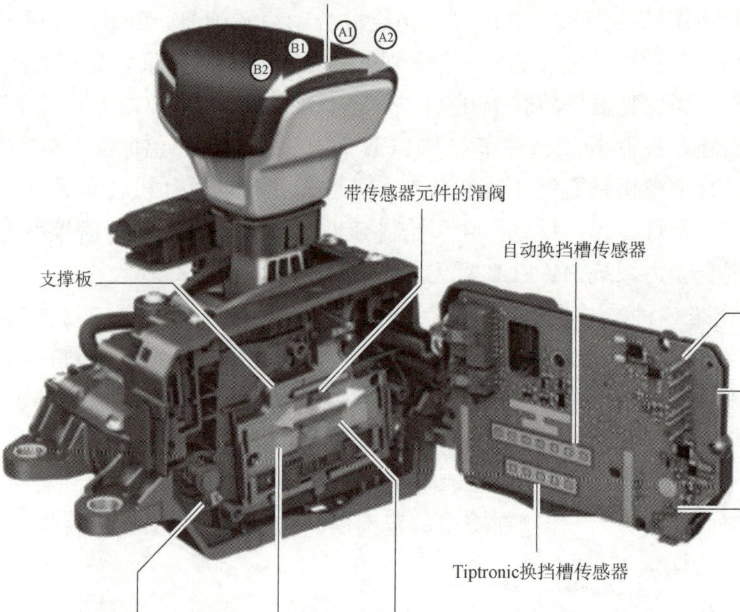

初始位置X

带传感器元件的滑阀

自动换挡槽传感器

支撑板

插头连接A

传感器和换挡杆横向锁的电路板

换挡杆横向锁传感器G868

Tiptronic换挡槽传感器

换挡杆横向锁传感器
G868的电磁铁

传感器元件，用于自
动换挡槽

自动换挡槽模拟传感器

图 4-28　奥迪 Q7 线控换挡挡位位置传感器示意图

首先换挡杆可分别向前和向后移动两个位置。当进入 D 挡前进挡后，换挡杆将被底部的挡位位置锁止电磁阀通过锁止杆锁定。此时换挡杆将只能向后移动，从而在 D/S 挡之间切换，而无法向前移动进入 N/R 挡。这样的换挡杆设计在保证安全的同时，为用户操纵换挡杆前部的 MMI 多媒体触摸板提供了完美的手部支撑。

奥迪为了安全，设计了相当复杂的切换逻辑。不仅设计了软件锁，而且具备机械锁以增强用户交互。软件锁的含义为当换挡条件不满足时，换挡杆可移动，但是挡位仍然保持现状。软件锁包含两个级别，一种是只需按下解锁键就可解锁，另一种是需要踩下刹车并且按下解锁键才能解锁。而机械锁就如之前提到的会通过电磁阀锁止换挡杆，使换挡杆只能向后移动，不能向前移动。

综上所述，线控换挡系统摆脱了换挡机构与变速箱的机械连接，从而让设计师可以充分发挥想象力把换挡机构设计成想要的各种形式。同时线控换挡系统也对换挡逻辑的安全设计和用户交互提出了更高的要求。

随堂测试

（1）简述线控换挡系统的概念。

（2）简述线控换挡系统的结构与工作原理。

（3）简述线控换挡系统的应用。

任务实施

任务工单

任务名称	智能网联汽车线控换挡系统认知		
姓名：	班级：		学号：
任务描述	线控换挡系统是一种完全取消传统换挡系统的机械传动结构，仅通过电子控制即可实现车辆换挡的系统，为智能网联汽车实现速度控制提供了良好的硬件基础。请你结合某一款在售车型介绍其线控换挡系统的组成与工作原理，在学习小组或班级里进行交流汇报		
能力目标	(1) 能够向客户介绍或解答智能网联汽车线控换挡系统的相关知识； (2) 树立以客户为中心的服务意识与理念； (3) 具有与客户沟通的能力； (4) 具备通过互联网等途径查询资料完成信息搜集和处理的能力		
实施准备	(1) 教学用车辆； (2) 车辆相关文件； (3) 汇报用纸、笔等		
实施步骤	自助学习	(1) 学习相关知识； (2) 获取相关信息； (3) 分组学习智能网联汽车线控换挡系统在现有车型上的应用，并向小组成员汇报	
	小组讨论	以学习小组形式进行讨论，形成小组汇报成果	
	小组汇报	(1) 小组成员汇报小组成果； (2) 其余小组进行补充与点评	
自我反思	在社会能力、专业能力、关键能力方面的收获与体会：		

任务六　线控悬架系统认知

学习内容

1. 线控悬架系统的概念；
2. 线控悬架系统的分类与结构；
3. 线控悬架系统的工作原理；
4. 线控悬架系统的特点。

线控悬架系统认知

能力要求

1. 能够向客户介绍或解答线控悬架系统的相关知识；
2. 树立以客户为中心的服务意识与理念；
3. 具有与客户沟通的能力；
4. 具备通过互联网等途径查询资料完成信息搜集和处理的能力。

任务引入

众所周知，悬架系统作为车辆的一个重要组成部分，与车辆操控性能以及驾乘感受有着直接关系。外行往往觉得悬架系统是汽车底盘里面相对比较复杂的系统，所以通常会以为线控技术在悬架上的发展会相对比较滞后。事实上，线控悬架并不是新鲜玩意了，相反其发展相对还有点儿"超前"。今天我们就来一起学习一下这个"超前"的线控悬架系统。

任务描述

线控悬架系统（Suspension By Wire），也称为主动悬架系统，或者是电子悬架系统，是智能网联车辆的重要组成部分，可实现缓冲振动、保持平稳行驶的功能，直接影响车辆操控性能以及驾乘感受。请你结合某一款在售车型介绍其线控悬架系统的组成与工作原理，在学习小组或班级里进行交流汇报。

相关知识

悬架的历史要比汽车悠久得多，在马车出现的时候，人们为了乘坐更舒适，人类就开始对马车的悬架——叶片弹簧进行孜孜不倦的探索。例如，1763 年，美国的特雷德韦尔取得螺旋弹簧悬架的第一个专利，1878 年，法国勒芒的大阿米迪·博利发明了采用片簧做前轮独立悬架的装置。直到 20 世纪 30 年代，叶片弹簧才逐渐被螺旋弹簧和扭杆弹簧代替。因为螺旋弹簧和扭杆弹簧对材料以及加工技术要求相对较低，因此得到广泛应用。例如，

1908 年螺旋弹簧开始用于轿车。1921 年采用扭杆弹簧悬架的汽车在英国利兰德汽车公司诞生。到了 20 世纪三四十年代，独立悬架开始出现，并得到很大发展。减振器也采用了双向筒液压减振器，这种结构也被一直沿用至今。20 世纪 50 年代，液压悬架系统出现在了汽车上。而现在汽车采用最为广泛的一种悬架——麦弗逊式悬架诞生。1980 年起 BOSE 公司通过 24 年的研究，成功研发了一款电磁主动悬架系统。1984 年，电控空气悬架开始出现，林肯汽车也是第一个采用可调整的空气悬架系统的汽车。而随后发布的奔驰新一代 S 级采用的 MAGIC BODY CONTROL 悬架系统（见图 4-29）则是将主动悬架的发展带到了一个新的台阶。

图 4-29　MAGIC BODY CONTROL 线控悬架系统

一、线控悬架系统的定义

汽车悬架系统就是指由车身与轮胎间的弹簧和减振器组成的整个支持系统，能根据车辆的运行状况和路面情况做出反应，抑制车身的各种振动，使悬架始终处于最佳减振状态。悬架系统应有的功能是支持车身，改善乘坐的感觉，不同的悬架设置会使驾驶者有不同的驾驶感受。传统悬架系统结构一经确定，悬架的性能参数随即固定，它的悬架弹簧和阻尼器特性受到外部激励时，只能被动地做出反应，行驶的平顺性和操纵稳定性不能随行驶条件和运行状况的变化而变化，如图 4-30 所示。

线控悬架系统，也称为主动悬架系统，是智能网联车辆的重要组成部分，可实现缓冲振动、保持平稳行驶的功能，直接影响车辆操控性能以及驾乘感受。线控悬架可依据车辆的实时运动情况和外界干扰输入，自主调节悬架系统的性能参数，进而调整车身的运动姿态。例如，汽车在直线行驶且车速稳定时，具有良好的平顺性，在转向或制动时，具有良好的操纵稳定性。

线控悬架系统，主要由模式选择开关、传感器、ECU 和执行机构等部分组成，如图 4-31 所示。

其中，模式选择开关的功能是驾驶员根据汽车的行驶状况和路面情况选择悬架的运行模式，从而决定减振器的阻尼力大小，一般有标准模式与运动模式，如图4-32所示。开关一般位于驾驶座（换挡杆）旁边。

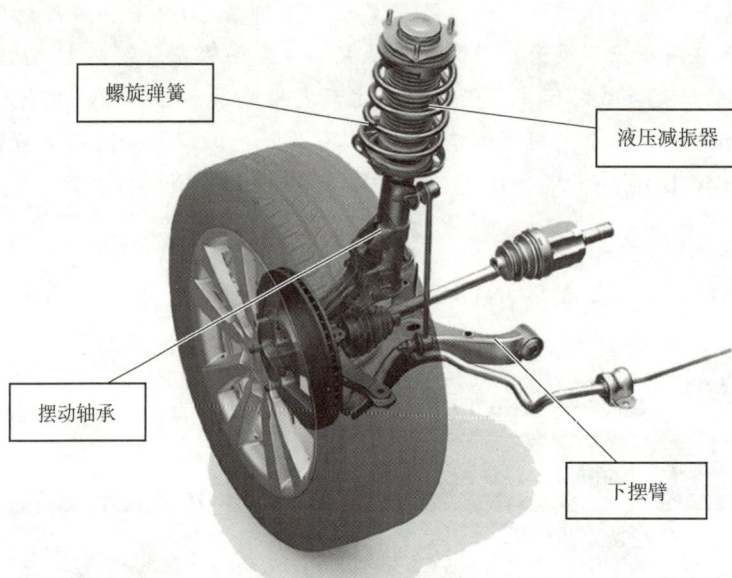

图 4-30　传统悬架系统示意图

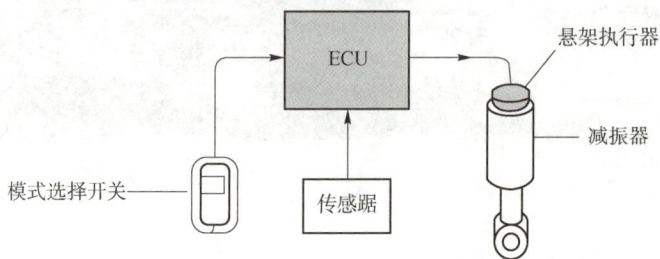

图 4-31　线控悬架系统示意图

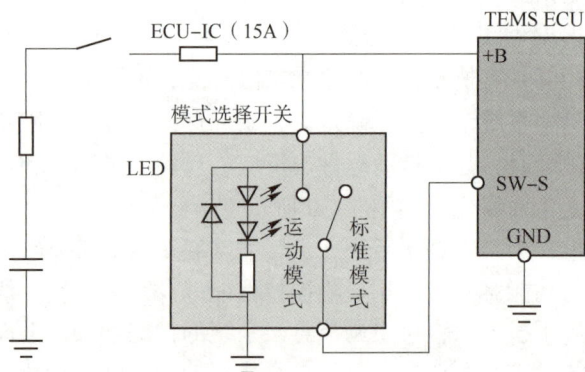

图 4-32　模式选择开关电路图

　　传感器主要包括车身加速度传感器、车身位移传感器、车速传感器、转向盘转角传感器、制动压力开关、制动灯开关、节气门位置传感器，以及门控开关等。其中，车身加

速度传感器检测车身振动，间接地反映行驶的路面状况和车身横向运动状况；车身位移传感器检测车身与车桥的相对位移，反映车身的平顺性和车身高度；车速传感器检测车轮速度，反映车速，计算车身的侧倾量；转向盘转角传感器检测转向盘转角，计算车身侧倾量；制动压力开关检测制动管路压力，判断汽车制动情况；制动灯开关检测制动灯电路通断，判断汽车制动状况；节气门位置传感器检测节气门开度，反映汽车加速状况；门控制开关检测门控灯电路的通断，判断乘员状况。

悬架执行器则根据 ECU 的控制信号，准确、快速和及时地做出动作反应，实现对弹簧刚度、减振器阻尼或者车身高度的调节。

二、线控悬架系统的分类

线控悬架系统按工作原理可以分为空气式、液压式、电磁式等。其中，空气式线控悬架系统的弹性元件为空气，它是通过改变各空气弹簧中压缩空气的压力和体积来改变汽车减振系统的软硬和车身高度。液压式线控悬架系统根据车辆行驶速度、车身振动、车轮跳动以及倾斜状态等信号，调节四个执行液压缸中液压油的量，以实现对减振器软硬程度及车身高度的调整。电磁式线控悬架系统是通过改变电流来改变电磁场的强度，进而达到控制阻尼系数的目的。

三、线控悬架系统的工作原理

（一）空气式线控悬架系统的工作原理

空气式线控悬架系统为主动悬架系统，它主要由模式选择开关、车速传感器、转向传感器、车身高度传感器、节气门位置传感器、制动灯开关、门控灯开关、空挡起动开关、ECU、执行器、可调阻尼减振器、空气压缩机总成、高度控制阀、空气弹簧、空气悬架开关及悬架系统指示灯等组成。空气式线控悬架系统控制方框图如图 4-33 所示（以丰田凌志 LS400 为例）。

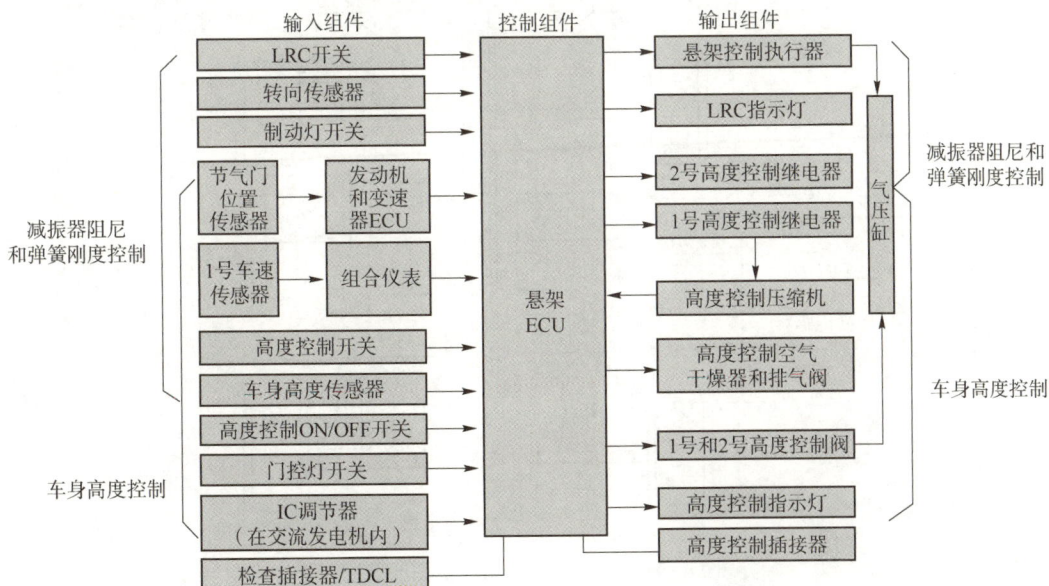

图 4-33 空气式线控悬架系统控制方框图

如图 4-33 所示，空气式线控悬架系统 ECU 可以实现减振器阻尼、空气弹簧刚度以及空气弹簧长度（车身高度）的控制等主要功能。减振器阻尼和弹簧刚度的控制主要保证车身在多种工况下的稳定性和舒适性，具体工况包括防侧倾控制、防点头控制、防下蹲控制、高车速控制、不平整路面控制等。

车身高度的控制，主要是控制车身在水平方向的高度，包括静止状态控制、行驶工况控制及自动水平控制等。

静止状态控制，是指车辆静止时，由于乘员和货物等因素引起车载载荷的变化，线控悬架系统会自动改变车身高度，以减少悬架系统的负荷，改善汽车的外观形象。

行驶工况控制，将车辆静态载荷和动态载荷综合考虑，当汽车在高速行驶时，线控悬架系统主动降低车身高度以改善行车的操纵稳定性和气动特性；当汽车行驶在起伏不平的路面时，主动升高车身以避免车身与地面或悬架的磕碰，同时改变悬挂系统的刚度以适应驾驶舒适性的要求。

自动水平控制，在道路平坦开阔的行驶工况下，车身高度不受动态载荷和静态载荷影响，保持基本恒定的姿态，以保证驾乘舒适性和前大灯光束方向不变，提高行车的安全性。

（二）液压式线控悬架系统的工作原理

液压式线控悬架系统属于主动式悬架系统，是指根据车速和路况，通过增减液压油的方式调整汽车底盘的离地间隙来实现车身高度升降变化的一种悬架。其结构如图 4-34 所示，由以下部件组成：

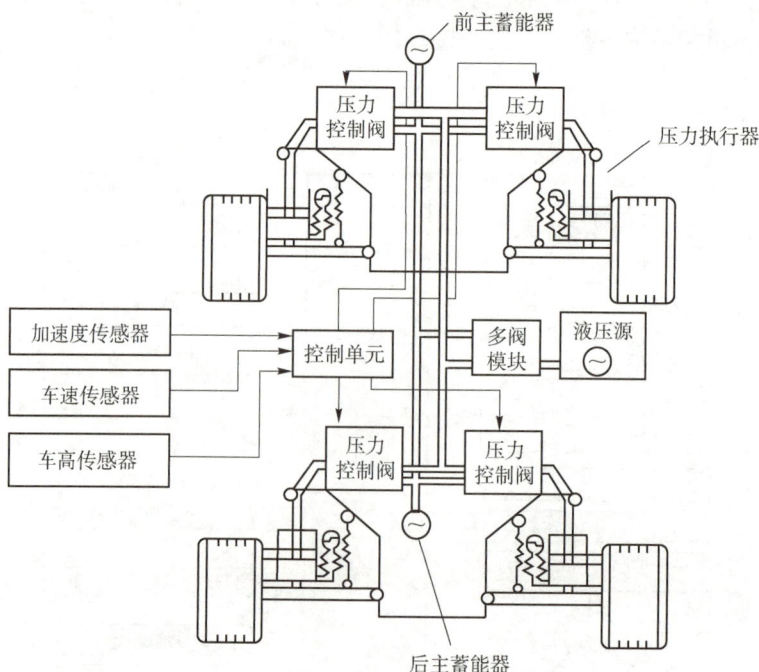

图 4-34　液压式线控悬架系统的组成

（1）液压源：可以提供最大压力油流量。

（2）蓄能器：安装于液压源单元，吸收液压源产生的脉冲压力。

（3）多阀模块：包括决定液压源输出压力的主溢流阀、保持车身高度的主单元阀和先导控制单元阀、控制车身高度的流量控制阀，以及失效安全阀。当控制系统发生异常时，失效安全阀可以改变液压油路，防止车身高度突然变化。

（4）主蓄能器：安装于前轴和后轴，储油并根据需要向执行器供油，当发动机熄火时，可保持车身高度不变。

（5）压力控制阀：压力控制阀根据控制单元的输入驱动电磁铁调节先导阀，使阀芯移动，调节压力执行器的压力；为使阀芯响应由路面激励引起的执行器的压力波动，采用了反馈控制，通过阀芯移动使执行器压力保持稳定。

（6）压力执行器：是一带有阻尼阀和蓄能器的单作用液压动力缸，其结构原理如图 4-35 所示。

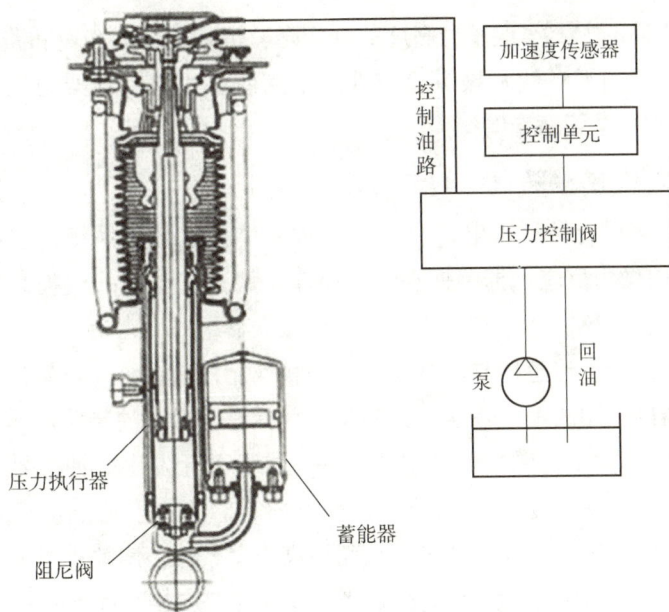

图 4-35 液压式线控悬架系统压力执行器结构示意图

（7）控制单元：接收来自加速度、车身高度和车速等传感器的信号，发出控制信号驱动压力控制阀，并向指示灯和安全阀发出信号。

如图 4-36 所示为液压式线控悬架系统的控制原理图，由两个 16 位单片机（MCU1 和 MCU2）构成，MCU1 处理来自加速度传感器的信号，发出控制信号驱动压力控制阀。MCU2 处理来自车身高度和车速等传感器的信号，与 MCU1 通信并向指示灯和安全阀发出信号。正常情况下，MCU1 和 MCU2 彼此完成各自的任务。但异常情况发生时，失效安全阀获得信号并动作，以保证系统安全可靠。

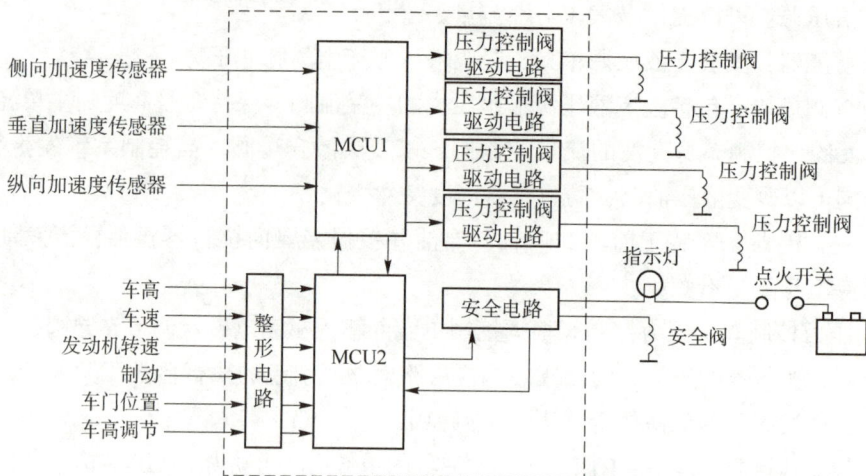

图 4-36　液压式线控悬架系统的控制原理图

通过增减液压油的方式实现车身高度的升或降，也就是根据车速和路况自动调整离地间隙，从而提高汽车的平顺性和操纵稳定性。采用液压式可调悬架的代表车型有雪铁龙C5、雪铁龙 C6、宝马 7 系轿车等。

（三）电磁式线控悬架系统的工作原理

电磁式线控悬架系统是利用电磁反应的一种新型独立悬挂系统，它可以针对路面情况，在 1 ms 时间内做出反应，抑制振动，保持车身稳定。电磁式线控悬架系统是由车载控制系统、车轮位移传感器、电磁液压杆和直筒减振器组成。在每个车轮和车身连接处都有一个车轮位移传感器，传感器与车载控制系统相连，控制系统与电磁液压杆和直筒减振器相连。在减振器内采用的不是普通油，而是一种称作电磁液的特殊液体，它由合成碳氢化合物以及 3~10 μm 大小的磁性颗粒组成。一旦控制单元发出脉冲信号，线圈内便产生电压，从而形成一个磁场，并改变粒子的排列方向。这些粒子马上会垂直于压力方向排列，阻碍油液在活塞通道内流动的效果，从而提高阻尼系数，调整悬架的减振效果。

美国 BOSE 公司推出的动力-发电减振器 PGSA（Power-Generating Shock Absorber），完全由线性电动机电磁系统 LMES（Linear Motion Electromagnetic System）组成电磁减振器。每个车轮单独配置一套该系统，组成车身独立悬架系统，如图 4-37 所示。它包含四个关键技术部件：线性电磁马达、功率放大器、控制算法部件和计算速度部件。其工作原理为：通过 BOSE 公司独有的功率放大器，将对每个轮子进行调节的控制信号放大成足以驱动线性电磁马达的电流，从而驱动线性电磁马达工作，让悬架伸展或压缩。

BOSE 的电磁式线控悬架系统独特之处在于，不但可以为线性电磁马达提供电流，而且还可以在整车行驶工况下由线性电磁马达发电产生电流（每个 PGSA 可产生至少 25 W 的功率，可以为电动车电池充电），这就形成了一套电力补偿机制。这对于完全依靠电力驱动的电动车来说是非常有利的，可以较大幅度地增加蓄电池的电力，延长电动车的续驶里程。

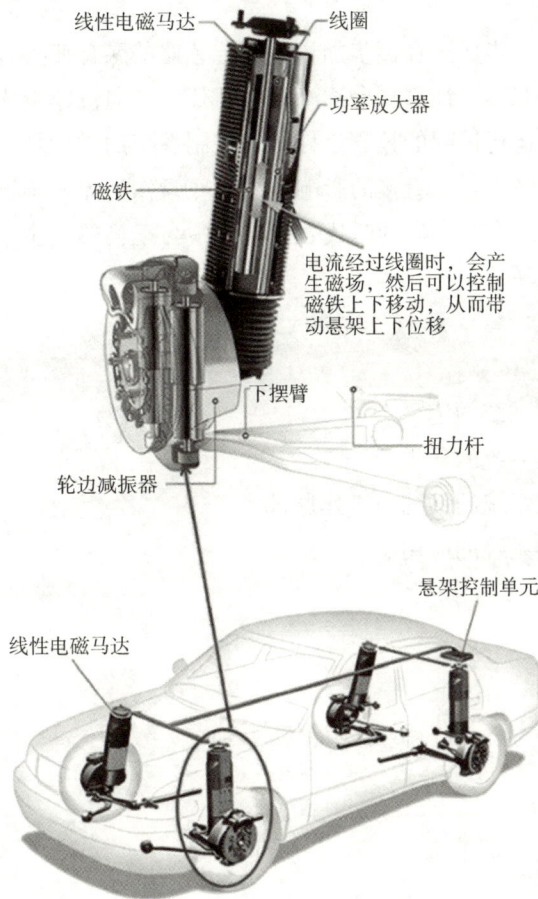

线性电磁马达   线圈

功率放大器

磁铁

电流经过线圈时，会产生磁场，然后可以控制磁铁上下移动，从而带动悬架上下位移

下摆臂

扭力杆

轮边减振器

悬架控制单元

线性电磁马达

图 4-37 美国 BOSE 公司的动力-发电减振器

四、线控悬架系统的特点

线控悬架系统可以在不同的工况下，具有不同的弹簧刚度和减振器阻尼力，既能满足平顺性的要求，又有满足操纵稳定性的要求。其优点具体如下：

（1）刚度可调，可改善汽车转弯侧倾、制动前倾和加速抬头等情况。

（2）汽车载荷变化时，能自动维持车身高度不变。

（3）在颠簸路面行驶时，能自动改变底盘高度，提高汽车通过性。

（4）可抑制制动点头和加速抬头现象，充分利用车轮与地面的附着条件，加速制动过程，缩短制动距离。

（5）使车轮与地面保持良好的接触，提高车轮与地面的附着力，增加汽车抵抗侧滑的能力。

尽管线控悬架系统有诸多优点，但其复杂的结构也决定了线控悬架系统的故障概率和频率远远高于传统悬架系统。由于线控悬架要求每个车轮悬架都有控制单元，得到路面数据后的优化处理算法难度非常大，容易造成调节过度或失效。这也是线控悬架系统目前正在研究的问题。

　　无人驾驶时代来临的步伐正在逐步加快，多传感器的融合使得驾驶员解放了身体的感知器官，也解放了双手双脚，计算平台逐渐替代了驾驶员向汽车发送的驾驶意图。对于这样的无人驾驶汽车，其运行过程的核心是控制，控制系统的准确性、灵活性、舒适性及经济性均对乘客的乘坐感受带来了直接的影响。线控底盘作为无人车辆控制系统的最终执行者，快速准确的执行效果会在今后的时代发展变化中与车辆的安全、人员的安全，以及电子信息技术的发展紧密联系在一起。

随堂测试

（1）简述线控悬架系统的定义。

（2）简述线控悬架系统的分类。

（3）简述线控悬架系统的结构与工作原理。

（4）简述线控悬架系统的应用。

任务实施

任务工单

任务名称	智能网联汽车线控悬架系统认知		
姓名：	班级：		学号：
任务描述	线控悬架系统，也称为主动悬架系统，或者是电子悬架系统，它是智能网联车辆的重要组成部分，可实现缓冲振动、保持平稳行驶的功能，直接影响车辆操控性能以及驾乘感受。请你结合某一款在售车型介绍其线控悬架系统的组成与工作原理，在学习小组或班级里进行交流汇报		
能力目标	(1) 能够向客户介绍或解答智能网联汽车线控悬架系统的相关知识； (2) 树立以客户为中心的服务意识与理念； (3) 具有与客户沟通的能力； (4) 具备通过互联网等途径查询资料完成信息搜集和处理的能力		
实施准备	(1) 教学用车辆； (2) 车辆相关文件； (3) 汇报用纸、笔等		
实施步骤	自助学习	(1) 学习相关知识； (2) 获取相关信息； (3) 分组学习智能网联汽车线控悬架系统在现有车型上的应用，并向小组成员汇报	
	小组讨论	以学习小组形式进行讨论，形成小组汇报成果	
	小组汇报	(1) 小组成员汇报小组成果； (2) 其余小组进行补充与点评	
自我反思	在社会能力、专业能力、关键能力方面的收获与体会：		

项 目 五

车联网及通信技术

随着近几年汽车技术的发展，全球车联网产业进入快速发展阶段，信息化、智能化引领全球车联网服务需求逐渐加大。目前中国、俄罗斯、西欧和北美等国家和地区70%以上的新组装车辆都已配备互联网接口。2017年全球联网车辆数量约为9 000万辆，2020年增至3亿辆左右，预计到2025年将突破10亿辆。从车载信息服务平台应用规模来看，目前已形成数百家规模厂商，例如安吉星全球用户已突破700万人。2017年中国车联网用户规模达到1 780万人，已成为全球最重要的车联网市场。未来，与大数据、云计算等技术创新融合将加快车联网市场的渗透。

车联网是以车内网、车际网和车载移动互联网为基础，按照约定的通信协议和数据交互标准，在车-X（X：车、路、行人及互联网等）之间，进行无线通信和信息交换的系统网络，是能够实现智能化交通管理、智能动态信息服务和车辆智能化控制的一体化网络。通信技术是智能网联汽车实现的基础，使车辆能在自动驾驶模式下实时分析交通信息，自动选择当前路况下的最佳行驶路线。

车联网及通信技术在智能网联汽车中的应用非常广泛，主要涉及提高驾驶安全、提升交通效率、向驾驶员提供信息或娱乐等方面，以及应用于智能交叉路口的自适应交通灯、高速公路安装的ETC不停车收费系统等领域。例如，当车辆进入交叉路口或离开高速公路时，提供危险位置警告信息。

根据车联网主要应用场景及通信距离，将其分为近距离通信技术、中短距离通信技术、远距离通信技术以及车用CAN通信技术。

⚙ 学习目标

知识目标：

1. 近距离通信技术的分类、概念、工作原理及在智能网联汽车中的应用；

2. 中距离通信技术的分类、概念、工作原理及在智能网联汽车中的应用；

3. 远距离通信技术的分类、概念、工作原理及在智能网联汽车中的应用；

4. 智能网联汽车 V2X 的含义与功能；

5. 智能网联汽车 V2X 的实现方式；

6. 汽车 CAN 通信技术原理；

7. 汽车 CAN 通信技术在汽车中的应用。

能力目标：

1. 掌握近距离通信技术的分类、概念、工作原理；

2. 了解近距离通信技术在智能网联汽车中的应用；

3. 掌握中距离通信技术的分类、概念、工作原理；

4. 了解中距离通信技术在智能网联汽车中的应用；

5. 理解智能网联汽车 V2X 的含义与功能；

6. 了解智能网联汽车 V2X 的实现方式；

7. 掌握远距离通信技术的分类、概念、工作原理；

8. 了解远距离通信技术在智能网联汽车中的应用；

9. 掌握 CAN 总线的原理；

10. 了解 CAN 总线在汽车中的应用；

11. 能够独立完成 CAN 总线完整性检查步骤。

素质目标：

1. 具备从多途径的信息源中探索专业知识的能力；

2. 获得分析问题和解决问题的一些基本方法；

3. 尝试多元化思考解决问题的方法，形成创新意识；

4. 充分运用所学的知识解决实训问题，具备较强的应用意识和实践能力；

5. 积极主动与小组成员交流、讨论学习成果，取长补短，完成自我提升；

6. 正确认识自身岗位，热爱本职工作，时刻保持恭敬心与敬畏心；

7. 严格遵守岗位操作规程，确保工具、设备和自身的安全；

8. 具备良好的职业道德，尊重他人劳动，不窃取他人成果；

9. 坚持与时俱进，善于思考，敢于创新，提高工作效率；

10. 养成定期反思与总结的习惯，改进不足，精益求精；

11. 具有良好的团队协作精神和较强的组织沟通能力。

任务一 近距离通信技术认知

学习内容

1. RFID、NFC、Wi-Fi、蓝牙通信技术的概念；
2. RFID、NFC、Wi-Fi、蓝牙通信技术的工作原理；
3. 近距离通信技术的应用场景。

近距离通信技术认知

能力要求

1. 能够向客户介绍或解答智能网联汽车近距离通信技术的相关知识；
2. 能够独立制订工作计划并按计划实施；
3. 具有与客户沟通的能力；
4. 树立以客户为中心的服务意识与理念；
5. 具备通过互联网等途径查询资料完成信息搜集和处理的能力。

任务引入

在近距离无线通信领域，RFID（射频识别技术）、蓝牙（Bluetooth）、Wi-Fi、UWB（Ultra Wide Band，超宽频）、ZigBee 和 NFC（近场通信技术）等吸引了很多人的眼球。车联网中使用较广泛的近距离无线通信技术有无线局域网 802.11（Wi-Fi）、蓝牙和红外数据传输（IrDA），比较有发展潜力的无线通信技术有 ZigBee、NFC、UWB、DECT 等。它们都有其立足的特点，或基于传输速度、距离、耗电量的特殊要求，或着眼于功能的扩充性，或符合某些单一应用的特别要求，或建立竞争技术的差异化等。但是没有一种技术可以完美到足以满足所有的需求。那么你了解这些近距离无线通信技术的特点及应用场景吗？通过下面内容的学习，相信你就能清楚。

任务描述

目前，近距离通信技术应用最多的是 RFID、NFC、Wi-Fi 技术与蓝牙通信技术。请对目前常用的近距离通信技术做一个列表并做相互对比，在学习小组或班级里进行交流汇报。

相关知识

近距离的无线通信技术，只要通信收发双方通过无线电波传输信息且传输距离限制在较短范围（几十米）以内，就可称为短距离无线通信。

一、射频识别技术（RFID）

1. 概念

RFID 技术，也称为射频识别技术（Radio Frequency Identification），通过无线射频方式结合数据访问技术，进行非接触双向数据通信，利用无线射频方式通过电磁波实现对电子标签进行读写，以实现识别目标和数据交换的目的。

1948 年，RFID 的理论基础诞生。但是直到 2000 年以后，人们才普遍认识到 RFID 产品的意义，应用领域逐渐增加。它可以作用于各种恶劣环境，可识别高速运动物体并可同时识别多个标签，操作快捷方便。它通过射频信号自动识别目标对象并获取相关数据，识别工作无须人工干预。

2. 组成与工作原理

RFID 系统由读写器、电子标签等部分组成，如图 5-1 所示。最基本的 RFID 系统由读写器、电子标签等部分组成。电子标签（射频卡）由耦合元件及芯片组成，标签含有内置天线，用于和射频天线间进行通信。而读写器，是读写标签信息的设备。电子标签和读写器间用天线传递射频信号。有些系统还通过读写器的 RS232 或 RS485 接口与外部计算机（上位机主系统）连接，进行数据交换。

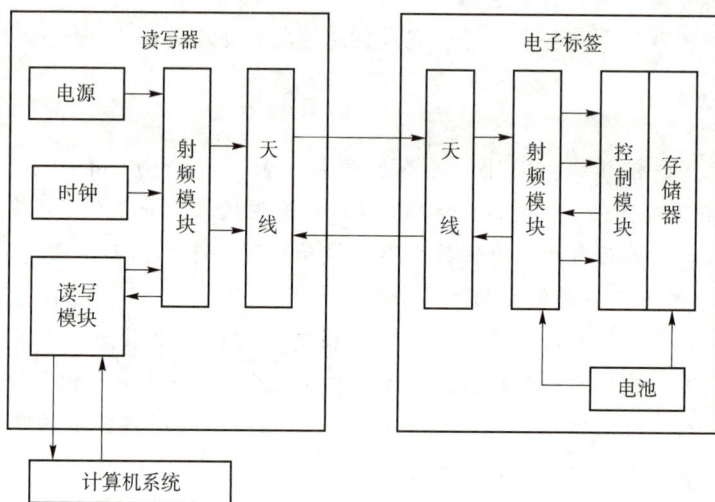

图 5-1　RFID 系统组成

RFID 系统的基本工作流程是：读写器通过发射天线发送一定频率的射频信号，当射频卡进入发射天线工作区域时产生感应电流，射频卡获得能量被激活。随后射频卡将自身编码等信息通过卡内置天线发送出去。系统接收天线接收到从射频卡发送来的载波信号，经天线调节器传送到读写器，读写器对接收的信号进行解调和解码，然后送到后台主系统进行相关处理。主系统根据逻辑运算判断该卡的合法性，针对不同的设定做出相应的处理和控制，发出指令信号控制执行机构动作。

读写器必须在可阅读的距离范围内产生一个合适的能量场，以激励电子标签。在当前有关的射频约束下，欧洲的大部分地区各向同性有效辐射功率限制在 500 mW，这样的辐射功能在 870 MHz 可近似达到 0.7 m。在美国、加拿大以及其他一些国家，无须授权的辐射约束为各向同性辐射功率为 4 W，这样的功率将会达到 2 m 的阅读距离。在获得授权的情况下，在美国发射 30 W 的功率将使阅读区增大到 5.5 m 左右。

RFID 系统的工作频率：通常读写器发送时所使用的频率称为 RFID 系统的工作频率。常见的工作频率有低频 125 kHz、134.2 kHz 及 13.56 MHz 等。低频系统一般指其工作频率小于 30 MHz 的 RFID 系统，这些频点应用的射频识别系统一般都有相应的国际标准予以支持。其基本特点是电子标签的成本较低、标签内保存的数据量较少、阅读距离较短（无源情况，典型阅读距离为 10 cm）、电子标签外形多样（卡状、环状、纽扣状、笔状）、阅读天线方向性不强等。高频系统一般指其工作频率大于 400 MHz 的 RFID 系统，典型的工作频段有 915 MHz、2 450 MHz、5 800 MHz 等。高频系统在这些频段上也有众多的国际标准予以支持。高频系统的基本特点是电子标签及阅读器成本均较高、标签内保存的数据量较大、阅读距离较远（可达几米至十几米）、适应物体高速运动性能好、外形一般为卡状、阅读天线及电子标签天线均有较强的方向性等条件下。

3. RFID 标签类型

RFID 技术依据其标签的供电方式分类，分为无源标签、有源标签和半有源标签。

有源标签也称为主动标签（Active tags），自身带有电池供电，读/写距离较远时体积较大，一般具有较远的阅读距离，目前已广泛用于高速公路电子不停车收费系统。有源标签主要工作在 900 MHz、2.45 GHz、5.8 GHz 等较高频段。产品的传输距离较长，传输速度较高，但体积相对较大，适用于大范围的射频识别应用场合。不足之处是电池的寿命有限（3~10 年）。

无源标签也称为被动标签（Passive tags），内无电池，它接收到阅读器（读出装置）发出的微波信号后，将部分微波能量转化为直流电供自己工作，一般可做到免维护，成本很低并具有很长的使用寿命，比主动标签更小也更轻，读写距离则较近。相比有源标签，无源标签在阅读距离及适应物体运动速度方面略有限制。目前应用在公交卡和二代身份证上。

半有源标签，解决了无源标签和有源标签的缺点。通常，半有源标签仅对电子标签中保持数据的部分进行供电，产品处于休眠状态，因此耗电量较小。读写器先以 125 kHz 低频信号在小范围内精确激活进入其识别范围的电子标签，使之进入工作状态，再通过 2.4 GHz 微波与其进行信息传递。

4. RFID 系统在汽车领域内的应用

（1）货车车号识别、集装箱多式运输。

将 RFID 技术用于货车车号自动抄录，将货车车号信息存放在电子标签里，并将电子标签安装在货车车体的表面，当货车通过读出点时，阅读器通过天线接收电子标签反射回的带有货车车号信息的电子信号。接收到的电子信号经过计算机处理后，自动显示或打印出来，从而实现了货车车号的自动识别，克服了人工抄录造成的劳动强度高、出错概率大、工作效率低等缺点。

（2）电子不停车收费系统。

电子不停车收费系统（Electronic Toll Collection，简称 ETC）是一种用于公路、大桥和隧道的电子自动收费系统。其示意图如图 5-2 所示。它应用 RFID 技术，通过路侧天线与车载电子标签之间的专用短程通信，在不需要驾驶员停车和其他收费人员采取任何操作的情况下，自动完成收费处理全过程。通过应用不停车收费系统可以提高通过效率，是缓解收费站交通堵塞的有效手段。

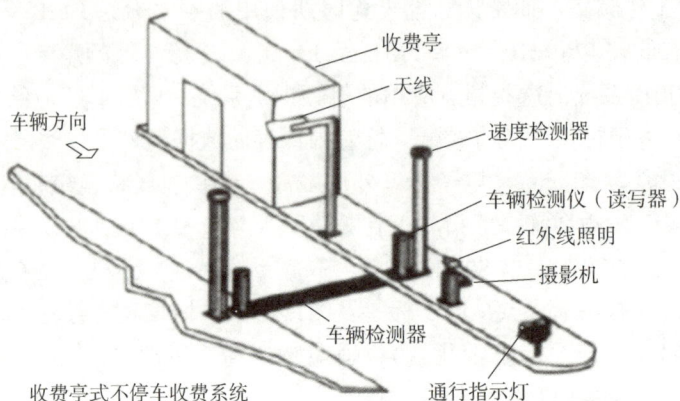

图 5-2　ETC 系统组成

（3）汽车生产线上的应用。

将射频技术用在汽车生产流水线上，实现自动控制、监视，提高生产率，改进生产方式，节约成本，使生产流程更加合理。2014 年，捷豹路虎开始使用 RFID 标签进行整车的生产和管理。通过追踪读取标签信息，获取生产线的实时生产数据，精确计算零部件的消耗，实现生产线方式的转变，如图 5-3 所示。

图 5-3　捷豹路虎使用 RFID 标签进行整车生产管理

二、近场通信技术（NFC）

1. 概念

NFC 的中文全称为近场通信技术，它是英文"Near Field Communication"每个单词首字母的缩写。NFC 是在非接触式射频识别（RFID）技术的基础上，结合无线互联技术研发而成，它为我们日常生活中越来越普及的各种电子产品提供了一种十分安全快捷的通信方式。

NFC 中文名称中的"近场"是指临近电磁场的无线电波。因为无线电波实际上就是电磁波，所以它遵循麦克斯韦方程，电场和磁场在从发射天线传播到接收天线的过程会一直交替进行能量转换，并在进行转换时相互增强。例如，我们的手机所使用的无线电信号

就是利用这种原理进行传播的，这种方法称作远场通信。而在电磁波 10 个波长以内，电场和磁场是相互独立的，这时的电场没有多大意义，但磁场却可以用于短距离通信，我们称之为近场通信。

根据有关资料显示，大约在 2003 年的时候，索尼公司和当时的飞利浦半导体（现恩智浦 NXP 半导体）公司进行合作，计划基于非接触式射频卡技术研发一种更加安全快捷的并且能与之兼容的无线通信技术。经过几个月的研发后，双方联合对外发布了一种兼容 ISO 14443 非接触式卡协议的无线通信技术，取名为 NFC，具体通信规范称作 NFCIP-1 规范。在发布 NFC 技术没多久，双方向欧洲电脑制造商协会（ECMA）提交标准草案，申请成为近场通信标准并很快被认可为 ECMA-340 标准，紧接着借助 ECMA 向 ISO/IEC 提交了标准申请并最终被认可为 ISO/IEC 18092 标准。

2. 工作原理

NFC 是一种短距、高频的无线电技术，NFCIP-1 标准规定 NFC 的通信距离为 10 cm 以内，运行频率为 13.56 MHz，传输速度有 106 kb/s、212 kb/s 和 424 kb/s 三种。NFCIP-1 标准详细规定了 NFC 设备的传输速度、编解码方法、调制方案以及射频接口的帧格式，此标准中还定义了 NFC 的传输协议，其中包括启动协议和数据交换方法等。

支持 NFC 的设备可以在主动或被动模式下交换数据。在被动模式下启动 NFC 通信的设备，也称为 NFC 发起设备（主设备），在整个通信过程中提供射频场（RF-Field），如图 5-4 所示。它可以选择 106 kb/s、212 kb/s 或 424 kb/s 其中一种传输速度，将数据发送到另一台设备。另一台设备称为 NFC 目标设备（从设备），不必产生射频场，而使用负载调制（Load Modulation）技术，即可以相同的速度将数据传回发起设备。此通信机制与基于 ISO 14443A、MIFARE 和 FeliCa 的非接触式智能卡兼容，因此，NFC 发起设备在被动模式下，可以用相同的连接和初始化过程检测非接触式智能卡或 NFC 目标设备，并与之建立联系。

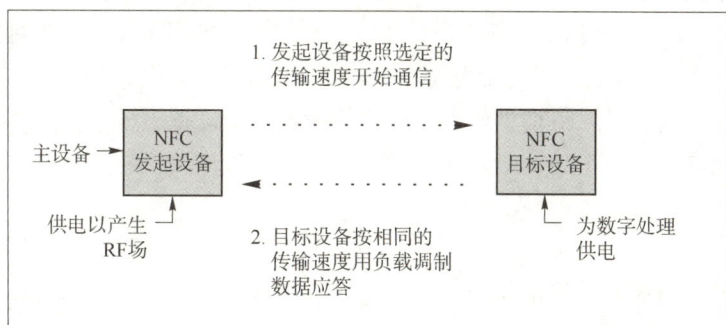

图 5-4 NFC 被动通信模式

主动模式如图 5-5 所示，发起设备和目标设备在向对方发送数据时都必须主动产生射频场，所以称为主动模式。它们都需要供电设备来提供产生射频场的能量。这种通信模式是对等网络通信的标准模式，可以获得非常快速的连接速率。

NFCIP-2 标准为了和非接触式智能卡兼容，规定了一种灵活的网关系统，具体分为三种工作模式：点对点通信模式、读写器模式和模拟卡片模式。

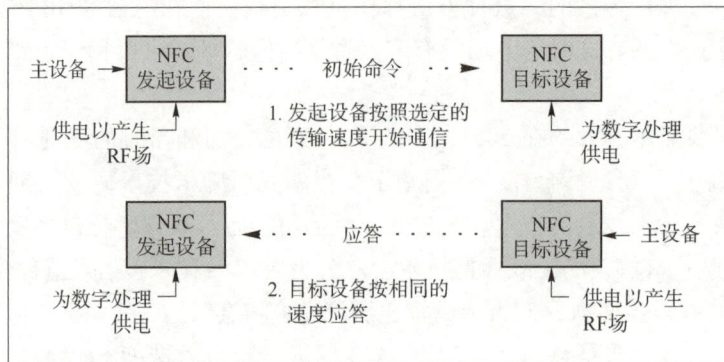

图 5-5 NFC 主动通信模式

点对点模式：这种模式下两个 NFC 设备可以交换数据。例如多个具有 NFC 功能的数字相机、手机之间可以利用 NFC 技术进行无线互联，实现虚拟名片或数字相片等数据交换。

读写器模式：这种模式下 NFC 设备作为非接触读写器使用。例如支持 NFC 的手机在与标签交互时扮演读写器的角色，开启 NFC 功能的手机可以读写支持 NFC 数据格式标准的标签。

模拟卡片模式：这种模式就是将具有 NFC 功能的设备模拟成一张标签或非接触卡，例如支持 NFC 的手机可以作为门禁卡、银行卡等而被读取。

3. NFC 与 RFID 的比较

第一，工作模式不同。NFC 是将点对点通信功能、读写器功能和非接触卡功能集成进一块芯片，而 RFID 则由阅读器和标签两部分组成。NFC 技术既可以读取也可以写入，而 RFID 只能实现信息的读取以及判定。

第二，传输距离不同。NFC 传输距离比 RFID 小得多，NFC 的传输距离只有 10 cm，RFID 的传输距离可以达到几米，甚至几十米。NFC 是一种近距离的私密通信方式，相对于 RFID 来说，NFC 具有距离近、带宽高、能耗低、安全性高等特点。

第三，应用领域不同。NFC 更多地应用于消费类电子设备领域，在门禁、公交、手机支付等领域发挥着巨大的作用。RFID 则更擅长于长距离识别，更多地被应用在生产、物流、跟踪、资产管理上。

4. 车联网应用

NFC 技术可以提高汽车使用的易用性和功能性，可以将智能手机作为汽车的智能钥匙用于解锁打开车门和关闭车门。

2014 年，芯片厂商 NXP 为苹果 iPhone 6 和 iPhone 6 Plus 提供了内置 NFC 芯片，首次提出希望汽车厂商们能够加入对 NFC 技术的支持，通过智能手机解锁车门、发动汽车。宝马 M850i 的数字钥匙即采用该技术，使用智能手机放在车门把手上即可打开车门，然后将手机放入无线充电手机托盘即可起动车辆，如图 5-6 所示。

现代汽车公司也在着手研发具备 NFC 无线通信的汽车。通过 NFC 技术，汽车能够识别不同驾驶员手机特定的配置文件，根据记录的驾驶员的喜好，自动调节反光镜位置、座椅倾角以及立体声音响音量等设置。汽车零部件供应商 Continental 最近也在测试 NFC 汽车虚拟钥匙，以应用到电动汽车的租赁当中，如图 5-7 所示。客户用手机 APP 进行车的预定，Continental 服务端接到预定后把车的信息和访问权限发给客户并把车放在预定地点，客户用手机把数据存入手机的 NFC 中，在预定地点就可以用手机的 NFC 获取汽车的控制权。

图 5-6 基于 NFC 技术的汽车数字钥匙

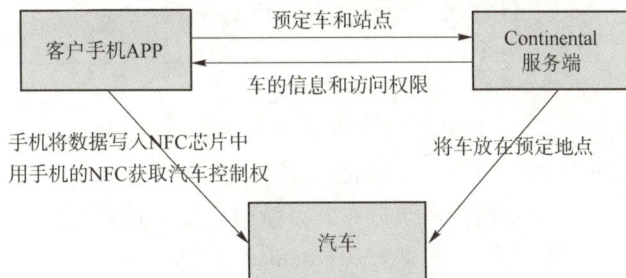

图 5-7 Continental 虚拟钥匙汽车租赁流程

三、Wi-Fi 技术

1. 概念

Wi-Fi 是一种可以将个人电脑、手持设备（如 PDA、手机）等终端以无线方式互相连接的技术，全称是 Wireless Fidelity，又叫 802.11b 标准，是 IEEE（美国电子和电气工程师协会）定义的一个无线网络通信的工业标准。该技术使用的是 2.4 GHz 附近的频段，其主要特性为速度快，可靠性高。在开放性区域，通信距离长，一般可达 305 m；在封闭性区域，通信距离为 76~122 m，方便与现有的有线以太网络整合，组网的成本更低。根据无线网卡使用的标准不同，Wi-Fi 的速度也有所不同，其中 IEEE 802.11b 的最高速度为 11 Mb/s（部分厂商在设备配套的情况下可以达到 22 Mb/s），在信号较弱或有干扰的情况下，带宽可调整为 5.5 Mb/s、2 Mb/s 和 1 Mb/s，带宽的自动调整，有效地保障了网络的稳定性和可靠性。

2. 工作原理

Wi-Fi 技术的组成元件包括站点 STA、接入点 AP、基本服务集 BSS、服务集识别码 SSID、分布式系统 DS、扩展服务集 ESS、门桥（Portal）。Wi-Fi 网络组成元件之间的关系如图 5-8 所示。

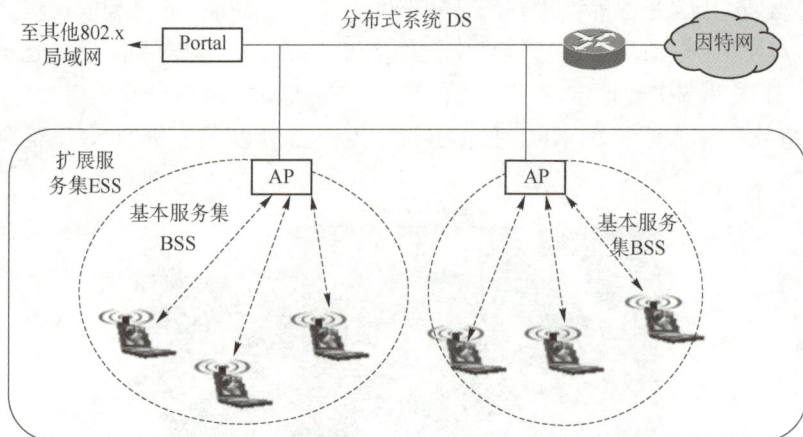

图 5-8　Wi-Fi 网络组成元件之间的关系

站点 STA（Station），是指具有 Wi-Fi 通信功能而且连接到无线网络中的终端设备，如手机、平板电脑、笔记本计算机等。接入点 AP（Access Point），也称为基站，是我们常说的 Wi-Fi 热点，相当于一个转发器，将互联网上的数据转发给接入设备。基本服务集 BSS（Basic Service Set）是网络最基本的服务单元，可以由一个接入点和若干个网站组成，也可以由若干个网站组成。服务集识别码 SSID（Service Set IDentifier），是指 Wi-Fi 账号，通过接入点广播。分布式系统 DS（Distribution System），也有称为传输系统，通过基站将多个基本服务集连接起来。当帧传送至分布式系统时，随即被送至正确的基站，而后由基站转送至目的站点 STA。扩展服务集 ESS（Extented Service Set），由一个或者多个基本服务集通过分布式系统串连在一起构成，可扩展无线网络的覆盖范围。门桥（Portal）的作用就相当于网桥，用于将无线局域网和有线局域网或者其他网络联系起来。

3. 车联网应用

汽车厂商可以利用车内 Wi-Fi 实现软件升级和新功能。驾驶员可以使用移动设备远程查看车辆的位置、油耗、轮胎气压和行驶里程等信息，也可以在同一个移动设备上接收车辆性能和诊断的预警信息。此外，车载 Wi-Fi 技术还可以在移动状态下设置移动热点并连接网络，而不依赖于蜂窝设备。例如，阿里巴巴集团投资的斑马智行车载互联网系统，如图 5-9 所示。Wi-Fi 也有望在 V2X（车对物）通信和无人驾驶中发挥关键作用。

图 5-9　斑马智行车载互联网系统

四、蓝牙技术

1. 概念

蓝牙技术是一种无线数据与语音通信的开放性全球规范，其实质内容是为固定设备或移动设备之间的通信环境建立通用的近距无线接口，将通信技术与计算机技术进一步结合起来，使各种设备在没有电线或电缆相互连接的情况下，能在近距离范围内实现相互通信或操作。其传输频段为全球公众通用的 2.4 GHz ISM 频段，提供 1 Mb/s 的传输速率和 10 m 的传输距离。

蓝牙是一种短距离无线通信的技术规范，它最初的目标是取代现有的掌上电脑、移动电话等各种数字设备上的有线电缆连接。在制定蓝牙规范之初，就建立了统一全球的目标，向全球公开发布，工作频段为全球统一开放的 2.4 GHz 工业、科学和医学（Industrial，Scientific and Medical，ISM）频段。从目前的应用来看，由于蓝牙体积小、功率低，其应用已不局限于计算机外设，几乎可以被集成到任何数字设备之中，特别是那些对数据传输速率要求不高的移动设备和便携设备。蓝牙技术的特点可归纳为如下几点：

（1）全球范围适用。蓝牙工作在 2.4 GHz 和 ISM 频段，全球大多数国家 ISM 频段的范围是 2.4~2.483 5 GHz，使用该频段无须向各国的无线电资源管理部门申请许可证。

（2）同时可传输语音和数据。蓝牙采用电路交换和分组交换技术，支持异步数据信道、三路语音信道以及异步数据与同步语音同时传输的信道。每个语音信道数据速率为 64 kb/s，语音信号编码采用脉冲编码调制（PCM）或连续可变斜率增量调制（CVSD）方法。

（3）可以建立临时性的对等连接（Ad-hoc Connection）。根据蓝牙设备在网络中的角色，可分为主设备（Master）与从设备（Slave）。主设备是组网连接主动发起连接请求的蓝牙设备，几个蓝牙设备连接成一个微微网（Piconet）时，其中只有一个主设备，其余的均为从设备。

（4）具有很好的抗干扰能力。工作在 ISM 频段的无线电设备有很多种，如家用微波炉、无线局域网（Wireless Local Area Network，WLAN）和 HomeRF 等产品，为了很好地抵抗来自这些设备的干扰，蓝牙采用了跳频（Frequency Hopping）方式来扩展频谱（Spread Spectrum），将 2.402~2.48 GHz 频段分成 79 个频点，相邻频点间隔 1 MHz。蓝牙设备在某个频点发送数据之后，再跳到另一个频点发送，而频点的排列顺序则是伪随机的，每秒钟频率改变 1 600 次，每个频率持续 625 μs。

（5）蓝牙模块体积很小，便于集成。由于个人移动设备的体积较小，嵌入其内部的蓝牙模块体积就应该更小。

（6）低功耗。蓝牙设备在通信连接（Connection）状态下，有四种工作模式——激活（Active）模式、呼吸（Sniff）模式、保持（Hold）模式和休眠（Park）模式。Active 模式是正常的工作状态，另外三种模式是为了节能所规定的低功耗模式。

（7）开放的接口标准。SIG 为了推广蓝牙技术的使用，将蓝牙的技术标准全部公开，全世界范围内的任何单位和个人都可以进行蓝牙产品的开发，只要最终通过 SIG 的蓝牙产品兼容性测试，就可以推向市场。

（8）成本低。随着市场需求的扩大，各个供应商纷纷推出自己的蓝牙芯片和模块，蓝牙产品价格飞速下降。

2. 工作原理

蓝牙由底层硬件模块、中间协议层和高端应用层三大部分构成，如图5-10所示。

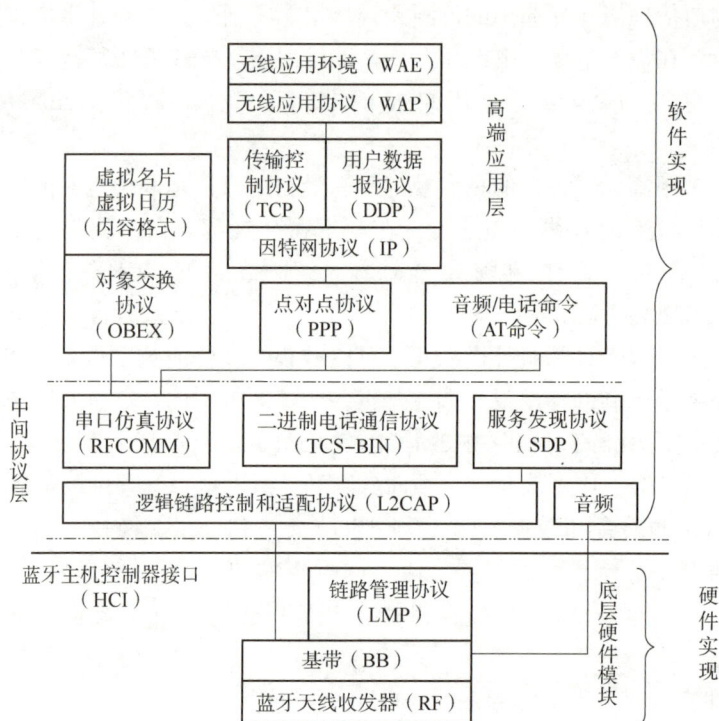

图5-10　蓝牙系统组成

（1）底层硬件模块。蓝牙技术系统中的底层硬件模块有基带、跳频和链路管理。其中，基带是完成蓝牙数据和跳频的传输。无线调频层是不需要授权的通过2.4 GHz ISM频段的微波，数据流传输和过滤就是在无线调频层实现的，主要定义了蓝牙收发器在此频带正常工作所需要满足的条件。链路管理实现了链路建立、连接和拆除的安全控制。

（2）中间协议层。蓝牙技术系统构成中的中间协议层主要包括了服务发现协议、逻辑链路控制和适配协议、电话通信协议和串口仿真协议四个部分。服务发现协议层的作用是提供上层应用程序一种机制以便于使用网络中的服务。逻辑链路控制和适配协议是负责数据拆装、复用协议和控制服务质量，是其他协议层作用实现的基础。

（3）高端应用层。在蓝牙技术构成系统中，高端应用层是位于协议层最上部的框架部分。蓝牙技术的高端应用层主要有文件传输、网络、局域网访问。不同种类的高端层应用是通过相应的应用程序通过一定的应用模式实现的一种无线通信。

当蓝牙设备之间想要相互交流时，首先进行配对创建网络环境，一台设备作为主设备，所有其他设备作为从设备。配对搜索称为短程临时网络模式，也称之为微微网。微微网在蓝牙设备加入和离开无线电短程传感时动态、自动建立。

3. 蓝牙在汽车领域上的应用

蓝牙技术的应用主要有车载蓝牙电话、车载蓝牙音响、车载蓝牙后视镜、汽车虚拟钥匙等。通过蓝牙技术可获取车辆信息（胎压、续驶、位置等）、通过穿戴设备可监测人体状态（血压、脉搏、酒精监测等）并与车辆信息交互等。

（1）车载蓝牙电话。车载蓝牙电话的主要功能包括自动辨识移动电话，驾驶员不需要触碰手机便可控制手机，用语音指令控制接听或拨打电话，也可以通过车上的音响或蓝牙无线耳麦进行通话。车载蓝牙电话可以保证良好的通话效果，并支持任何厂家生产的内置蓝牙模块的手机。车载蓝牙电话如图 5-11 所示。

图 5-11　车载蓝牙电话

（2）车载蓝牙音响。车载蓝牙音响是一种基于稳定的、高度通用的以蓝牙技术为基础的无线有源音箱，内设锂电池，可以随时充电，使用方便快捷，如图 5-12 所示。车载蓝牙音响具有体积小巧，可牢牢固定在车内某一合理位置的优点。

图 5-12　车载蓝牙音响

（3）车载蓝牙后视镜。后视镜可通过蓝牙技术与手机相连，手机来电话时，后视镜显示来电信息，还可集成免提通话功能。车载蓝牙后视镜如图 5-13 所示。

图 5-13　车载蓝牙后视镜

随堂测试

（1）简述 RFID、NFC、Wi-Fi、蓝牙通信技术的概念。

（2）简述 RFID、NFC、Wi-Fi、蓝牙通信技术的组成与工作原理。

（3）简述 RFID、NFC、Wi-Fi、蓝牙通信技术在汽车领域内的应用。

任务实施

任务工单

任务名称		近距离通信技术认知	
姓名：	班级：		学号：
任务描述	目前近距离通信技术应用最多的是 RFID（射频识别技术）、NFC（近场通信技术）、Wi-Fi 技术与蓝牙通信技术。请对目前常用的近距离通信技术做一个列表并做相互对比，在学习小组或班级里进行交流汇报		
能力目标	（1）掌握无线通信的定义与分类； （2）具备从多途径的信息源中检索专业知识的能力； （3）获得分析问题和解决问题的一些基本方法； （4）积极主动与小组成员交流、讨论学习成果，取长补短，完成自我提升； （5）坚持与时俱进，善于思考，敢于创新，提高工作效率； （6）养成定期反思与总结的习惯，改进不足，精益求精； （7）具有良好的团队协作精神和较强的组织沟通能力		
实施准备	（1）教学用车辆； （2）车辆相关文件； （3）汇报用纸、笔等		
实施步骤	自助学习	（1）学习相关知识； （2）获取相关信息； （3）分组学习近距离通信技术中 RFID、NFC、Wi-Fi、蓝牙通信技术的概念、组成、工作原理及应用，并向小组成员汇报	
	小组讨论	以学习小组形式进行讨论，形成小组汇报成果	
	小组汇报	（1）小组成员汇报小组成果； （2）其余小组进行补充与点评	
自我反思	在社会能力、专业能力、关键能力方面的收获与体会：		

任务二　中距离通信技术认知

学习内容

1. DSRC、LTE-V 通信技术的概念；
2. DSRC、LTE-V 通信技术的工作原理；
3. DSRC、LTE-V 通信技术的应用场景。

中距离通信技术认知

能力要求

1. 能够向客户介绍或解答智能网联汽车通信技术的相关知识；
2. 能够独立制订工作计划并按计划实施；
3. 具有与客户沟通的能力；
4. 树立以客户为中心的服务意识与理念；
5. 具备通过互联网等途径查询资料完成信息搜集和处理的能力。

任务引入

车联网（V2X）是指借助新一代信息通信技术，实现车与人、车与车、车与路、车与服务平台等全方位的网络连接，提升汽车智能化水平和自动驾驶能力，从而提高交通效率，为用户提供智能、舒适、安全、节能、高效的综合服务。那么你对车联网的中距离通信技术又有哪些了解呢？

任务描述

车联网（V2X）的两大通信技术标准就是 DSRC（专用短程通信）技术与 LTE-V2X 技术。请你结合某一款在售车型介绍 V2X 通信技术在智能网联汽车中的作用以及优势，在学习小组或班级里进行交流汇报。

相关知识

V2X 是 Vehicle to Everything 的意思，即车辆自身和外界事物之间的信息交换，其应用场景如图 5-14 所示。

V2X 作为智能网联汽车通信技术的核心，车辆自身主要与以下外界事物进行信息交换。

（1）V2V。

V2V 是 Vehicle to Vehicle 的英文缩写，即车辆自身与其他车辆之间的信息交换（见图 5-15），主要包括以下几点：

图 5-14 V2X 应用场景示意图

①当前本体车辆的行驶速度与附近范围内车辆的行驶速度进行信息内容的交换。
②当前本体车辆的行驶方向与附近范围内车辆的行驶方向进行信息内容的交换。
③当前本体车辆紧急状况与附近范围内车辆的行驶状况进行信息内容的交换。

图 5-15 V2V 应用场景

（2）V2I。

V2I 是 Vehicle to Infrastructure 的英文缩写，即车辆自身与基础设施之间的信息交换。基础设施主要包括红绿灯、公交站台、交通指示牌、立交桥、隧道、停车场等（见图 5-16）。车辆自身与基础设施之间的信息交换内容，主要包括以下几点：

①车辆的行驶状态与前方红绿灯的实际状况进行信息内容的交换。
②车辆的行驶状态与途经公交站台的实际情况进行信息内容的交换。
③车辆当前行驶的方向和速度与前方交通标志牌所提示的内容进行信息上的交换。
④车辆的行驶状态与前方立交桥或隧道的监控情况进行信息内容的交换。
⑤车辆的导航目的地与停车场空位情况进行信息内容的交换。

（3）V2P。

V2P 是 Vehicle to Pedestrian 的英文缩写，即车辆自身与外界行人之间的信息交换（见图 5-16），主要包括以下几点：

①车辆自身的行驶速度与行人当前位置进行信息内容的交换。

②车辆自身的行驶方向与行人当前位置进行信息内容的交换。

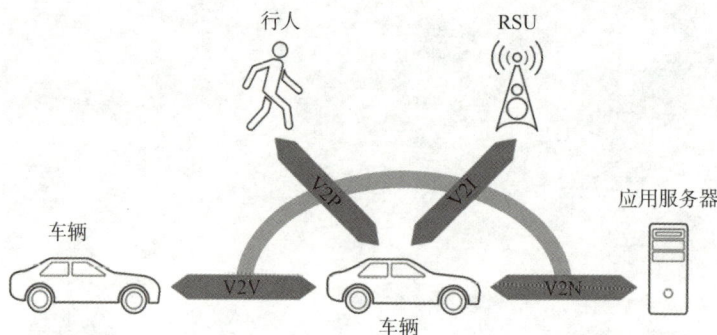

图 5-16 V2I、V2P、V2N 应用场景

（4）V2R。

V2R 是 Vehicle to Road 的英文缩写，即车辆自身与道路之间的信息交换（见图 5-17）。按照道路的特殊性而言，V2R 又可分为两大类型，一类是车辆自身与城市道路之间的信息交换，另一类是车辆自身与高速道路之间的信息交换，主要包括以下几点：

①车辆自身的行驶路线与道路当前路况进行信息内容的交换。

②车辆自身的行驶方向与前方道路发生的事故进行信息内容的交换。

③车辆行驶的导航信息与道路前方的路标牌进行信息内容的交换。

图 5-17 V2R 应用场景

（5）V2N。

V2N 是 Vehicle to Network 的英文缩写，即车辆自身或驾驶员与互联网之间的信息交换（见图 5-16），车辆驾驶员与互联网之间的信息交换，主要包括：车辆驾驶员通过车载终端系统向互联网发送需求，从而进行诸如娱乐应用、新闻资讯、车载通信等；车辆驾驶员通过应用软件可及时从互联网上获取车辆的防盗信息。

车辆自身与互联网之间的信息交换，主要包括：

①车辆自身的行驶信息和传感器数据，与互联网分析的大数据结果进行信息内容的交换。

②车辆终端系统与互联网上的资源进行信息内容的交换。

③车辆自身的故障系统与互联网远程求助系统进行信息内容的交换。

智能网联汽车 V2X 功能的实现条件是必须首先实现车辆自身的智能化，车辆的智能化主要包括车载传感器的感知功能、汽车数据通信处理能力，以及数据分析后的决策功能。只有在实现了车辆智能化的基础上，才能利用网络通信技术实现智能网联汽车 V2X 的功能。

一、专用短程通信技术（DSRC）

1. 概念

专用短程通信汽车自组网技术（简称专用短程通信技术，DSRC）目前主要是使用5.9 GHz 频段的类似 Wi-Fi 网状网（Mesh）的基于 802.11p、IEEE 1609、SAEJ 2735、SAEJ 2945 标准的 DSRC 汽车自组网专用短程通信技术。

专用短程通信汽车自组网技术让汽车可以周期性地双向发送、接收和交换、分享车辆的基本行驶信息，其中包括汽车当前的位置信息、行驶方向、当前车辆行驶速度、行驶路径和车辆的其他信息，并检测行人以及其他车辆与当前车辆的距离和危险程度，在必要时（如两辆汽车运行的轨迹有发生碰撞的危险）向双方驾驶员发出警告，警告则会显示在车载显示屏上，并通过语音提示或振动座椅及转向盘来提醒驾驶员。

专用短程通信汽车自组网技术可以让驾驶员清楚地知道其车辆的周边行驶车辆（前后、左右、附近）的位置和速度，并且不用担心会有障碍阻挡视线。即便有障碍物挡住也能十分清楚周边的交通状况。例如，当车辆行进时，可以清楚地了解到前方交通拥堵状况，在有障碍物挡住视线的路口，各个路口的车辆情况会显示在显示屏上。当在大型车后跟行时，从显示屏上也可以了解大型车前面的道路交通状况，在急弯的山路上行驶时，前后方车辆驾驶情况均能实时更新。DSRC 系统示意图如图 5-18 所示。

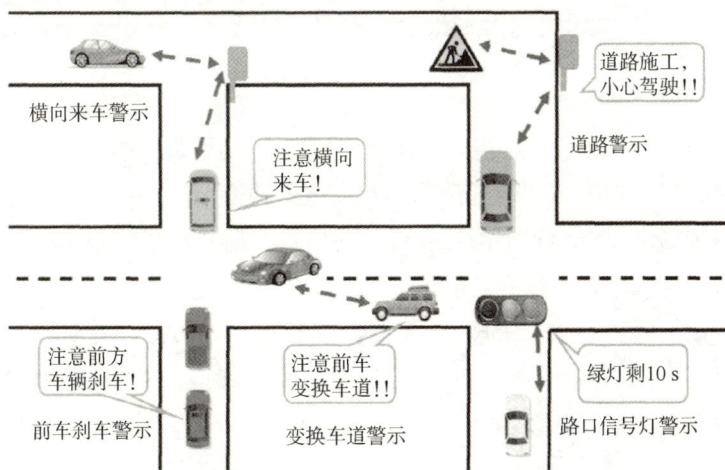

图 5-18 DSRC 系统示意图

2. 指标要求

DSRC 是基于 802.11p、IEEE 1609、SAEJ 2735、SAEJ 2945 标准的汽车专用短程通信技术。

DSRC 主要采用的无线频率是美国使用的 5.9 GHz 频段。其中 30 MHz 频宽用于交通安全应用，40 MHz 频宽用于交通效率管理等非安全类应用。DSRC 的车载单元单节点覆盖范围最高 300 m。专用短程通信汽车自组网的传输距离需要大于高速路上的安全车距，一般在 100 m。路侧站的覆盖范围为 800~1 200 m。DSRC 可支持高于 192 km/h 的车速。在响应速度方面，DSRC 延迟时间要求小于 50 ms，系统每秒送 10 次信息，每次发送 11 个数据，包括汽车的 GPS 定位信息、加速度、制动状态、转向盘转角和当前车速等。通信速率一般为 2 Mb/s。DSRC 属于网状网络技术，使用其专用短程通信协议，可以支持 4~10 个节点的网状跳跃，大约可以收集 1.6 km 范围内的车辆交通行驶状况。

3. 组成部分

DSRC 技术主要由车载单元（OnBoard Unit，OBU）、路旁部署的路侧单元（Road-Side Unit，RSU）两个部分组成。通过车载单元与路侧设备之间的无线通信实现路网与车辆之间的双向信息交流，将车辆与道路有机地连接在一起。DSRC 系统组成如图 5-19 所示。

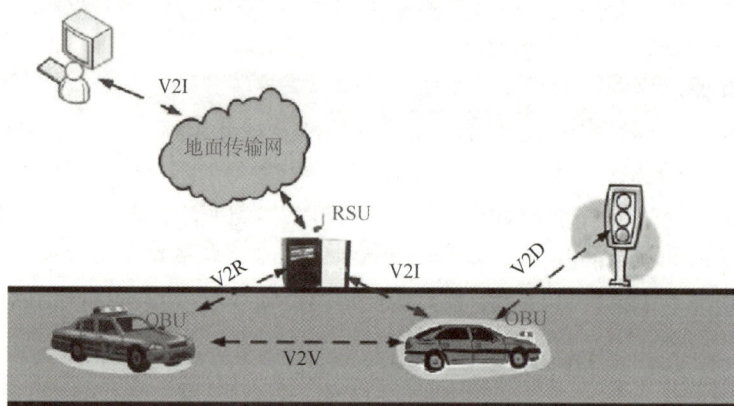

图 5-19　DSRC 系统组成示意图

OBU 是具有微波通信功能和信息存储功能的移动识别设备，既可以作为独立的数据载体制成电子标签，也可以附加智能卡读写接口实现数据存储和访问控制。RSU 是 OBU 的读写控制器，由加密电路、编码解码器和微波通信控制器等组成，以 DSRC 通信协议的数据交换方式和微波无线传递手段实现信息交换。

根据信息调制方式的不同，DSRC 分为主动式和被动式两种。主动式又称为收发器系统，OBU 和 RSU 均有振荡器，用于发射电磁波，当 RSU 向 OBU 发射询问信号后，OBU 利用自身的电池能量发射数据给 RSU。被动式又称为异频收发系统，由 RSU 发射电磁信号，OBU 接收电磁信号激活后进入通信状态，并以一种切换频率反向发送给 RSU，被动式的 OBU 可以有电源也可以没有电源。

4. 优缺点

DSRC 具有以下优势：

（1）采用分布式控制方式。

（2）支持高速车辆，可支持高于 192 km/h 车速下的动态快速自组网，一般高速路的车速都在其支持范围。

（3）可以随时建立网络，在没有其他通信设施的情况下使用。

（4）无中心的点对点通信，不受固定拓扑结构的限制，不依赖于任何预设的网络基础设施，建网成本低。

（5）DSRC 通信距离短，发射的数据量较少，发射功率较低，功耗和能源消耗较低，工作时长较长。

（6）设备小巧，更换维护方便。

（7）可以成为汽车的内生系统，与车内总线和车内系统协同性好。

与此同时，DSRC 也存在以下缺点：

（1）车辆接入互联网的路侧设备覆盖问题。如果汽车需接入互联网，必须依靠连接到互联网的路侧 DSRC 终端的支持，这需要在路侧大量布置能够接入互联网的终端设备。

（2）考虑车辆高速移动的环境下复杂的网络拓扑结构，数据包的多级连跳性以及路由问题削弱了 DSRC 高可靠和低时延的性能。

（3）DSRC 在高密度场景下，车辆之间信道接入竞争会变得非常强烈，从而导致通信延迟增加和传输速率下降。

（4）由于 DSRC 路侧设施投入大，商业盈利模式尚未明确。

5. 实际应用

2014 年 1 月在美国举行的国际消费电子展（CES）上，美国福特、通用等汽车大厂纷纷展示出各自最先进的基于专用短程通信汽车自组网的 V2V 技术。除了上述两家汽车厂商之外，本田、现代、奔驰、日产、丰田等众多汽车厂商均支持 DSRC 技术。

凯迪拉克推出的 CTS 车型是首款搭载 V2V 技术的量产车型，通过车辆之间的信息共享，驾驶员可以预知更多道路信息和潜在风险。其系统示意图如图 5-20 所示。

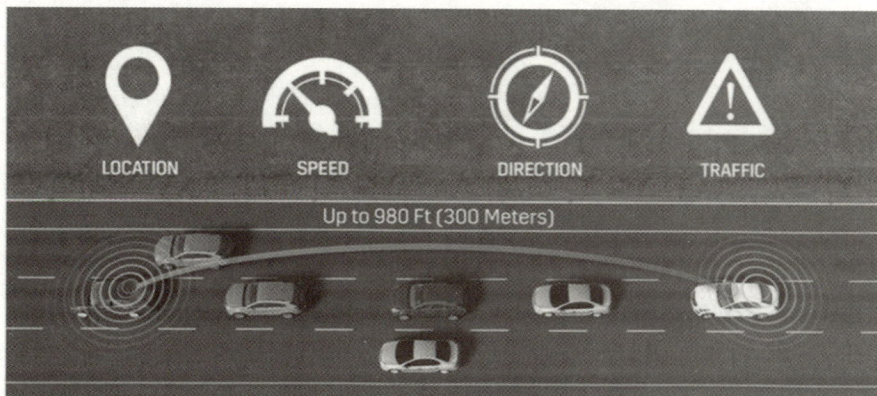

图 5-20　凯迪拉克 CTS 车联网系统示意图

凯迪拉克的 V2V 系统基于 GPS 和 DSRC 专用短程通信技术，每秒最多可以实现 1 000 次信息交互，有效距离达 300 m，这些信息包括位置、速度、方向和交通状况等。在凯迪拉克 CTS 上，这些收集到的信息可以通过车载 CUE 系统进行选择，驾驶员可根据自己的喜好决定信息呈现在中控屏幕或是 HUD 上。

例如，同样搭载 V2V 系统的前车车辆发生事故，其危险警告灯开始闪烁时，该信息可以通过 V2V 网络传递给后方车辆，凯迪拉克 CTS 的仪表上会出现碰撞标志，提醒驾驶员前方发生碰撞，谨慎驾驶。凯迪拉克 CTS V2V 系统前方碰撞仪表提示如图 5-21 所示。

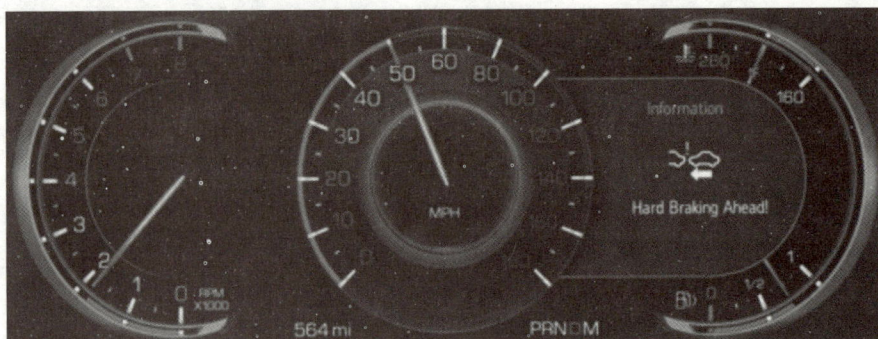

图 5-21　凯迪拉克 CTS V2V 系统前方碰撞仪表提示

此外，凯迪拉克的 V2V 技术还可以与主动安全与辅助驾驶技术相结合，包括自适应定速巡航、主动前后制动、前方碰撞缓解、道路偏离预警以及后方交通报警系统等。

二、LTE-V 技术

1. C-V2X 概念

C-V2X 通信是基于 3G/4G/5G 等蜂窝网通信技术演进形成的车用无线通信技术，包含基于 4G 网络的 LTE-V2X 系统以及未来 5G 资源的 5G-V2X 系统，借助已存在的 LTE 网络设施来实现 V2V、V2I、V2P、V2N 的信息交互，适应于更复杂的安全应用场景，满足低时延高可靠性和带宽要求。

2. LTE-V 概念

LTE-V（Long Term Evolution-Vehicle）是我国具有自主知识产权的 V2X 技术，是基于 TD-LTE（Time Division-Long Term Evolution，分时长期演进）的 ITS（Intelligent Transport System，智能交通系统）系统解决方案，属于 LTE 后续演进生态系统的重要应用分支。LTE-V 是基于 LTE 为车车通信、车路通信、车辆与城市基础设施通信专门开发的通信技术，支持在 V2V、V2I、V2P 之间快速组网，构建数据共享交互桥梁。

3. LTE-V 协议架构与组成

LTE-V 标准协议架构由三部分组成，包括物理层、数据链路层、应用层。物理层是 LTE-V 系统的底层协议，主要提供帧传输控制服务和信道的激活、失效服务，定时收发及同步功能。数据链路层负责信息的可靠传输，提供差错和流量控制，对上层提供无差错的链路链接。应用层基于数据链路层提供的服务，实现通信初始化和释放程序、广播服务、远程应用等相关操作。

LTE-V 系统设备组成包含 UE（User Equipment，用户终端）、RSU 和基站三部分，具体组成如图 5-22 所示。

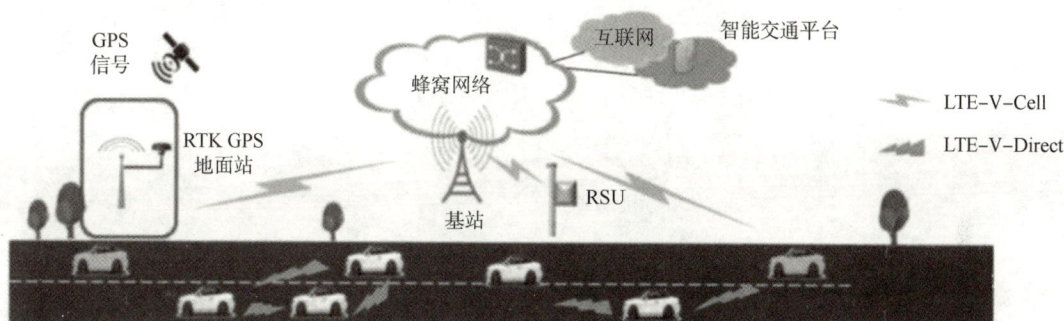

图 5-22　LTE-V 通信系统的组成

UE 包含了车载设备、个人用户便携设备等。RSU 处于基站和 UE 之间，承担着 V2I 的数据通信任务。基站是承担了 LTE-V2X 系统的无线接入控制功能的设备，主要完成无线接入功能，包括管理空中接口、用户资源分配、接入控制、移动性控制等无线资源管理功能。GPS 信号则通过卫星地面站与基站进行通信。

V2X 技术影响用户体验的主要系统指标有延时时间、可靠性、数据速率、通信覆盖范围移动性、用户密度、安全性等。其相关指标有：安全类时延≤20 ms，非安全类时延≤100 ms，峰值速率上行为 500 Mb/s、下行为 1 Gb/s，支持车速 280 km/h，在 5G 版本中提升至 500 km/h，可靠性几乎为 100%，覆盖范围与 LTE 范围相当。

4. LTE-V 通信方式

LTE-V 通信方式包括集中式（LTE-V-Cell）和分布式（LTE-V-Direct）两种，如图 5-23 所示。其中，LTE-V-Cell 需要基站作为控制中心，实现大带宽、大覆盖通信，需要定义车辆与路侧通信单元以及基站设备的通信方式。LTE-V-Direct 则是可以无须基站作为支撑，可直接实现车辆与周边环境节点低时延、高可靠通信。LTE-V-Cell 的传输带宽最高可扩展至 100 MHz，下行为 1 Gb/s，用户面时延≤10 ms，控制面时延≤50 ms，支持车速 500 km/h，在 5G 时代演进成 C-V2X 技术，主要由电信企业推动。

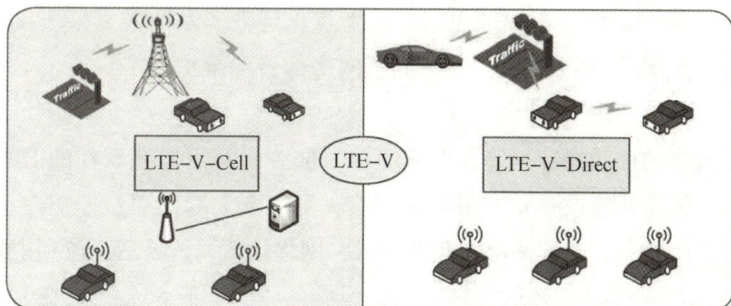

图 5-23　LTE-V 通信技术分类

LTE-V 技术分为 Uu 和 PC5 两种接口。广域集中式蜂窝通信（Uu 接口）技术是基于现有蜂窝技术的扩展，主要承载传统的车联网远程业务，满足终端与 V2X 应用服务器间大数据量传输要求。基于 Uu 接口的 V2V 和 V2I 通信如图 5-24 所示。

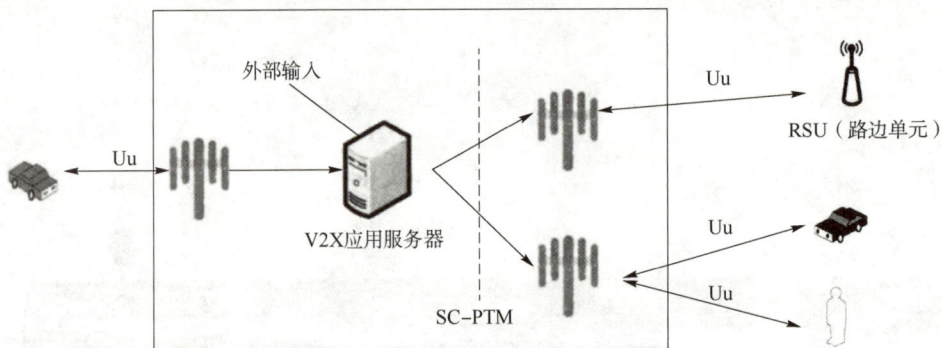

图 5-24　基于 Uu 接口的 V2V 和 V2I 通信

短程分布式直接通信（PC5 接口）技术引入 LTED2（Device-to-Device，端–端），绕过 RSU 进行 V2V、V2I 直接通信，主要承载了车辆主动安全业务。基于 PC5 接口 V2V 和 V2I 通信如图 5-25 所示。

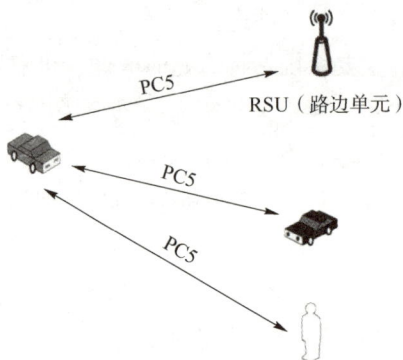

图 5-25　基于 PC5 接口 V2V 和 V2I 通信

因此 LTE-V-Direct 具有低时延、通信容量大和无须网络设备（基站或路边设施）即可工作的优点。

上述通信方式的多样性，不仅减少了网络节点，降低了系统的复杂程度，而且还提高了系统通信的低时延性和高可靠性，也降低了网络部署和维护成本。

5. LTE-V 技术的特点

优点：基于现有的移动蜂窝网络，部署简单。部署时只需要在现在的 LTE-V 基站中增加一些设备，不需要额外建设基站；覆盖范围广，可实现无缝覆盖；传输更可靠；3GPP 持续演进，未来可支持更高级的车路协同业务需求；网络运营模式灵活，盈利模式多样化。

缺点：当前的技术成熟度较低；蜂窝基础设施的中继性质，会导致在时间敏感的车辆操作中存在安全隐患；LTE-V 应用于车车主动安全与车辆智能驾驶的 V2X 应用时，其网络通信性能还需要充分的测试验证。

6. LTE-V 技术的应用

LTE-V 技术，可应用于交叉路口的会车避让、紧急车辆优先通行、前方车辆的紧急刹车告警以及多车的编队自动驾驶方面。

大唐高鸿公司从 2012 年起就开始研发具有自主知识产权的 LTE-V 技术产品，涵盖车载终端（OBU）、路侧终端（RSU）、C-V2X 云控平台、CA 安全认证解决方案等。其系统解决方案架构如图 5-26 所示。

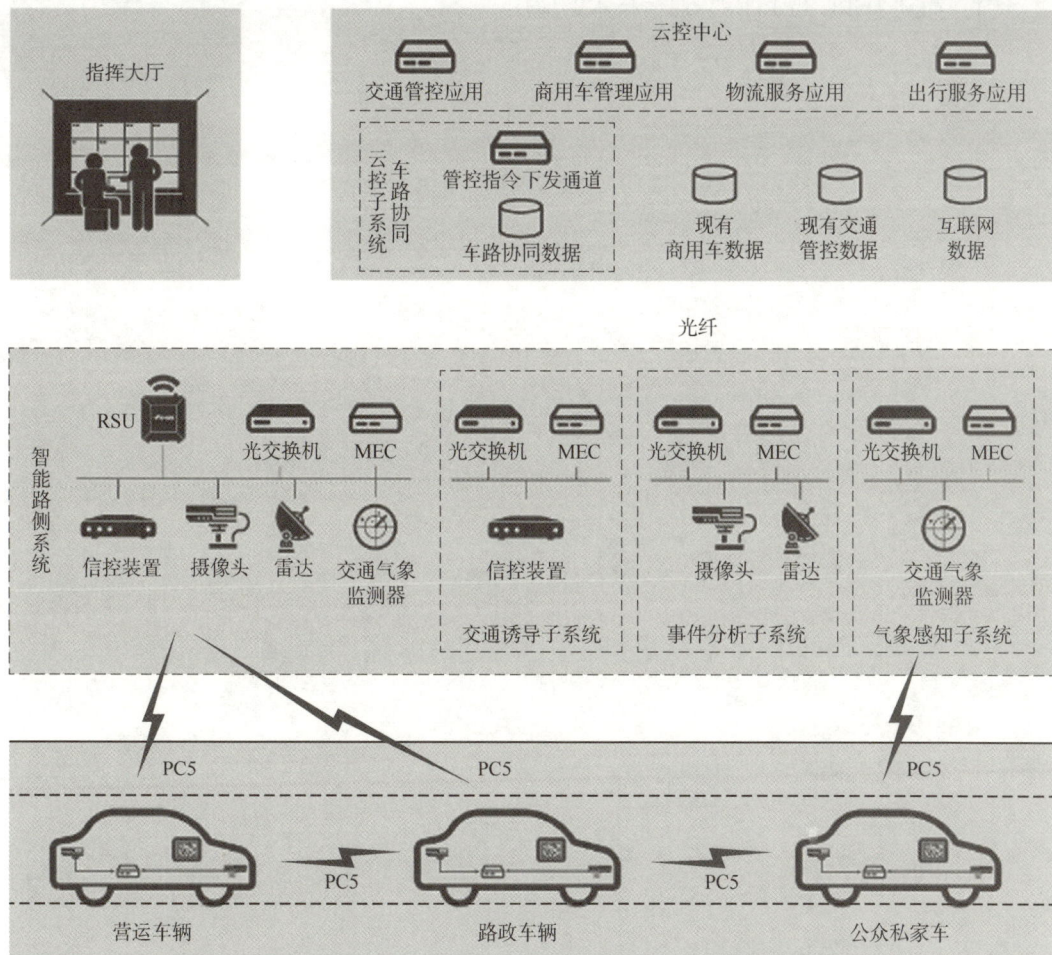

图 5-26 大唐高鸿公司 LTE-V 解决方案

车路协同云控子系统对 V2X 设备采集的信息进行交通大数据汇总，支持丰富的大数据应用，同时实现对 V2X 设备的集中管控，进而实现对整个道路的实时动态管控。路段级车路协同管理系统对特定区域的信息进行汇聚，从而实现路段级的信息分发、交通诱导。RSU 是路侧基础设施的数据汇聚中心，实现路侧多源感知融合，实现道路状态的数字化；此外，RSU 还是道路管控信息的广播节点，实现道路资源的动态管控。OBU

是测试车辆的中央通信单元，通过 CAN 总线获取车辆基本状态，通过 PC5 通信实现车路协同。

随堂测试

（1）简述车联网的基本概念。

（2）简述 DSRC 与 LTE-V 通信技术的概念。

（3）简述 DSRC 与 LTE-V 通信技术的组成与工作原理。

（4）简述 DSRC 与 LTE-V 通信技术的应用。

任务实施

任务工单

任务名称	中距离通信技术认知		
姓名:	班级:		学号:
任务描述	车联网（V2X）的两大通信技术标准就是 DSRC（专用短程通信）技术与 LTE-V2X 技术。请你结合某一款在售车型介绍 V2X 通信技术在智能网联汽车中的作用以及优势，在学习小组或班级里进行交流汇报		
能力目标	（1）掌握专用短程通信（DSRC）技术； （2）了解 LTE-V 通信技术； （3）具备从多途径的信息源中检索专业知识的能力； （4）获得分析问题和解决问题的一些基本方法； （5）积极主动与小组成员交流、讨论学习成果，取长补短，完成自我提升； （6）坚持与时俱进，善于思考，敢于创新，提高工作效率； （7）养成定期反思与总结的习惯，改进不足，精益求精； （8）具有良好的团队协作精神和较强的组织沟通能力		
实施准备	（1）教学用车辆； （2）车辆相关文件； （3）汇报用纸、笔等		
实施步骤	自助学习	（1）学习相关知识； （2）获取相关信息； （3）分组学习车联网（V2X）的两大通信技术（DSRC 技术与 LTE-V2X 技术）的概念、组成、工作原理及应用，并向小组成员汇报	
	小组讨论	以学习小组形式进行讨论，形成小组汇报成果	
	小组汇报	（1）小组成员汇报小组成果； （2）其余小组进行补充与点评	
自我反思	在社会能力、专业能力、关键能力方面的收获与体会：		

任务三　远距离通信技术认知

学习内容

1. 卫星通信及 5G 移动通信技术的概念；
2. 卫星通信及 5G 移动通信技术的组成及工作原理；
3. 远距离通信的应用场景。

远距离通信技术认知

能力要求

1. 能够向客户介绍或解答卫星通信及 5G 移动通信技术的相关知识；
2. 能够独立制订工作计划并按计划实施；
3. 具有与客户沟通的能力；
4. 树立以客户为中心的服务意识与理念；
5. 具备通过互联网等途径查询资料完成信息搜集和处理的能力。

任务引入

如今我们人类进行通信交流最主要的工具就是依靠手机。而手机依赖于移动通信系统，依赖于基站和天线，或者依赖于基于固定宽带接入的 Wi-Fi。对于大部分陆地地区来说，这种常规模式是可以满足要求的。但是，对于像戈壁沙漠、深山老林这样的无人区，甚至是占地球表面积 70% 的浩瀚海洋来说，昂贵的基站建设和维护成本以及太低的利用率和回报率使信号无法覆盖每个角落。那么你知道现在有什么通信技术可以解决覆盖问题吗？

任务描述

远距离通信技术主要包括卫星通信和 5G 移动通信技术。请对这两个长距离通信技术的概念、组成、工作原理及应用场景做一个列表并做相互对比，在学习小组或班级里进行交流汇报。

相关知识

现代移动通信以 1986 年第一代通信技术（1G）发明为标志，经过三十多年的爆发式增长，极大地改变了人们的生活方式，并成为推动社会发展的最重要动力之一。到目前为止，现代移动通信在技术上已经历经了 5 次更新换代，如表 5-1 所示。

表 5-1　移动网络通信技术的发展

技术名称	出现年份	最高传输速率
第一代移动通信网络（1G）	1986 年	2.4 kb/s
第二代移动通信网络（2G）	1994 年	150 kb/s
第三代移动通信网络（3G）	2007 年	6 Mb/s
第四代移动通信网络（4G）	2013 年	100 Mb/s
第五代移动通信网络（5G）	2019 年	至少 1 Gb/s

下面我们来回顾一下从 1G 到 5G 的发展历程。

（1）1G 时代——"大哥大"横行的年代。

最能代表 1G 时代特征的，是美国摩托罗拉公司在 20 世纪 90 年代推出并风靡全球的"大哥大"，即移动手提式电话。相信经历过那个年代的人们都还记得，风衣、墨镜、"大哥大"这样的打扮在那个年代可是身份和财富的象征。"大哥大"的推出，依赖于第一代移动通信系统（1G）技术的成熟和应用。

1986 年，第一代移动通信系统（1G）在美国芝加哥诞生，采用模拟信号传输。即将电磁波进行频率调制后，将语音信号转换到载波电磁波上，载有信息的电磁波发布到空间后，由接收设备接收，并从载波电磁波上还原语音信息，完成一次通话。但各个国家的 1G 通信标准并不一致，使得第一代移动通信并不能"全球漫游"，这大大阻碍了 1G 的发展。同时，由于 1G 采用模拟信号传输，所以其容量非常有限，一般只能传输语音信号，且存在语音品质低、信号不稳定、涵盖范围不够全面、安全性差和易受干扰等问题。

（2）2G 时代——诺基亚崛起时代。

1994 年，中国邮电部部长吴基传用诺基亚 2110 拨通了中国移动通信史上第一个 GSM 电话，中国开始进入 2G 时代，在这之后的那些年，诺基亚带给了我们无数经典手机。和 1G 不同的是，2G 采用的是数字调制技术。因此，第二代移动通信系统的容量也在增加，随着系统容量的增加，2G 时代的手机可以上网了，虽然数据传输的速度很慢（9.6~14.4 kb/s），但文字信息的传输由此开始了，这成为当今移动互联网发展的基础。

2G 时代也是移动通信标准争夺的开始，主要通信标准有以摩托罗拉为代表的 CDMA 美国标准和以诺基亚为代表的 GSM 欧洲标准。最终随着 GSM 标准在全球范围更加广泛地使用，诺基亚击败摩托罗拉成为全球移动手机行业的霸主。

（3）3G 时代——移动多媒体时代的到来。

2G 时代，手机只能打电话和发送简单的文字信息，虽然这已经大大提升了效率，但是日益增长的图片和视频传输的需要，人们对于数据传输速度的要求日趋高涨，2G 时代的网速显然不能支撑满足这一需求。于是高速数据传输的蜂窝移动通信技术——3G 应运而生。相比于 2G，3G 依然采用数字数据传输，但通过开辟新的电磁波频谱、制定新的通信标准，使得 3G 的传输速度可达 384 kb/s，在室内稳定环境下甚至有 2 Mb/s 的水准，是 2G 时代的 140 倍。由于采用更宽的频带，传输的稳定性也大大提高。速度的大幅提升和稳定性的提高，使大数据的传送更为普遍，移动通信有更多样化的应用，因此 3G 被视为是开启移动通信新纪元的关键。

2007 年，乔布斯发布 iPhone 智能手机的浪潮随即席卷全球。从某种意义上讲，终端功能的大幅提升也加快了移动通信系统的演进脚步。2008 年，支持 3G 网络的 iPhone3G 发布，人们可以在手机上直接浏览电脑网页、收发邮件，进行视频通话，收看直播等，人类正式步入移动多媒体时代。

（4）4G 时代——移动互联网时代来临。

2013 年 12 月，工信部在其官网上宣布向中国移动、中国电信、中国联通颁发"LTE/第四代数字蜂窝移动通信业务（TD-LTE）"经营许可，也就是 4G 牌照。至此，移动互联网进入了一个新的时代。

4G 是在 3G 基础上发展起来的，采用更加先进通信协议的第四代移动通信网络。对于用户而言，2G、3G、4G 网络最大的区别在于传速速度不同，4G 网络作为最新一代通信技术，在传输速度上有着非常大的提升，理论上网速是 3G 的 50 倍，实际体验也都在 10 倍左右，上网速度可以媲美 20M 家庭宽带，因此 4G 网络可以具备非常流畅的速度，观看高清电影、大数据传输速度都非常快。

如今 4G 已经像"水电"一样成为我们生活中不可缺少的基本资源。微信、微博、视频等手机应用成为生活中的必需，我们无法想象离开手机的生活。由此，4G 使人类进入了移动互联网的时代。

（5）5G 时代——万物互联的时代。

随着移动通信系统带宽和能力的增加，移动网络的速率也飞速提升，从 2G 时代的 10 kb/s，发展到 4G 时代的 1 Gb/s，足足增长了 10 万倍。历代移动通信的发展，都以典型的技术特征为代表，同时诞生出新的业务和应用场景。而 5G 将不同于传统的几代移动通信，5G 不再由某项业务能力或者某个典型技术特征所定义，它不仅是更高速率、更大带宽、更强能力的技术，而且是一个多业务多技术融合的网络，更是面向业务应用和用户体验的智能网络，最终打造成以用户为中心的信息生态系统。

5G 的基本特征已经明确：高速率（峰值速率大于 20 Gb/s，相当于 4G 的 20 倍），低时延（网络时延从 4G 的 50 ms 缩减到 1 ms），海量设备连接（满足 1 000 亿量级的连接），低功耗（基站更节能，终端更省电）。

5G 已渗透到社会的各个领域，5G 已使信息突破时空限制，提供了极佳的交互体验，为用户带来身临其境的信息盛宴，如虚拟现实；5G 拉近了万物的距离，通过无缝融合的方式，便捷地实现人与万物的智能互联。5G 为用户提供了光纤般的接入速率，"零"时延的使用体验，千亿设备的连接能力，超高流量密度、超高连接数密度和超高移动性等多场景的一致服务，业务及用户感知的智能优化，同时为网络带来了超百倍的能效提升和超百倍的比特成本降低，最终实现"信息随心至，万物触手及"。

一、卫星通信技术

1. 概念

卫星通信技术（Satellite Communication Technology）是指利用人造地球卫星作为中继站转发无线电波，以达到在两个或多个地球站之间进行通信的目的。卫星通信具有覆盖范

围广、通信容量大、传输质量好、组网方便迅速、便于实现全球无缝连接等众多优点，被认为是建立全球通信的一种必不可少的重要手段。目前，全球有四大卫星定位系统，除了中国的北斗卫星导航系统（BDS），还有美国的全球定位系统（GPS）、俄罗斯的格洛纳斯卫星导航系统（GNSS）、欧盟的伽利略卫星导航系统（GSNS）。

2. 组成及工作原理

卫星通信系统是由空间部分（通信卫星）和地面部分（通信地面站）两大部分构成的。运行在赤道上空 35 860 km 高度上的静止通信卫星是目前全球卫星通信系统中最常用的星体，此类卫星的运转方向与地球自转方向一致，而且运转周期等于地球的自转周期，始终保持与地球的同步运行状态。其波束最大覆盖面可以达到地球表面总面积的1/3 以上，仅需等间隔放置的三颗通信卫星即可实现全球范围的通信。地面端，是通信卫星与地面公众网的接口，可用于出入卫星系统形成数据通信链路，供用户使用。在这一系统中，通信卫星实际上就是一个悬挂在空中的通信中继站。它居高临下，视野开阔，只要在它的覆盖照射区以内，不论距离远近都可以通信，通过它转发和反射电报、电视、广播和数据等无线信号。

通信卫星工作的基本原理如图 5-27 所示。从地面站 1 发出无线电信号，这个微弱的信号被卫星通信天线接收后，首先在通信转发器中进行放大，然后进行变频和功率放大，最后再由卫星的通信天线把放大后的无线电波重新发向地面站 2，从而实现两个地面站或多个地面站的远距离通信。

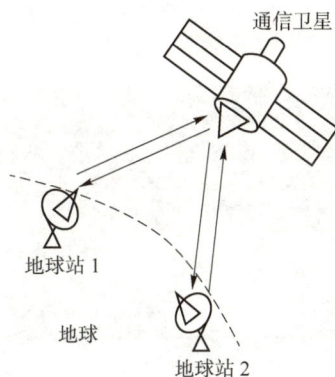

图 5-27 通信卫星工作基本原理

3. 特点

卫星通信技术具有以下六个方面的特点：

（1）覆盖区域大，通信距离远。由于卫星距离地面距离远，所以覆盖地球的区域大，是远距离越洋电话和电视广播通信的主要手段。

（2）具有多址连接功能。卫星所覆盖区域内的所有地球站都能利用同一卫星进行相互间的通信。

（3）频段宽，容量大。采用微波频段，每个卫星上可设置多个转发器，通信容量很大。

（4）机动灵活。地球站的建立不受地理条件的限制，可建在边远地区、汽车上。

(5) 通信质量好，可靠性高。电磁波主要在自由空间传播，噪声小，通信质量好。

(6) 通信的成本与距离无关。卫星通信的地球站至卫星转发器之间不需要线路投资，其成本与距离无关。

4. 应用

在智能交通系统中，卫星通信技术主要应用于全球卫星定位系统 GPS 导航、车辆定位、车辆跟踪及交通管理，向驾驶员提供出行线路的规划和导航、信息查询以及紧急援助等。智能交通系统中卫星通信技术如图 5-28 所示，车载 GPS 导航和定位如图 5-29 所示。

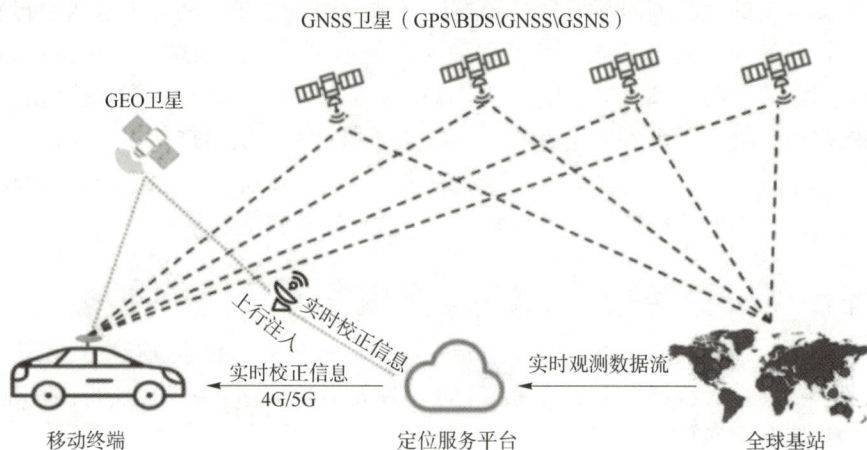

图 5-28　智能交通系统中卫星通信技术

图 5-29　车载 GPS 导航和定位

二、5G 移动通信技术

1. 概念

5G 移动通信技术即第五代移动通信技术，简称为 5G 技术，是最新一代蜂窝移动通信技术。5G 技术是对包括 3G、4G 技术在内的现有通信技术的技术更新，是 4G 网络的延伸。网络延迟低于 1 ms，数据传输速率可达 10 Gb/s，比 4G LTE 网络快 100 倍。

如图 5-30 所示，5G 移动通信技术的供应商将覆盖的服务区域划分为许多蜂窝小地理

区域，以数字信号的方式传输声音和图像等其他数据。5G 设备通过无线电波与蜂窝中的本地天线阵和低功率自动收发器进行通信。当用户从一个蜂窝穿越到另一个蜂窝时，移动设备将自动"切换"到新的蜂窝中。

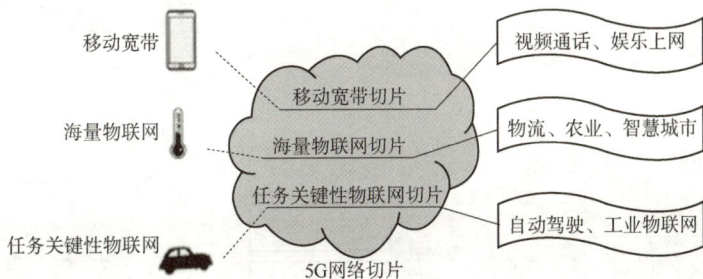

图 5-30 5G 网络切片

2. 组成及特点

5G 网络中，接入网由集中单元 CU（Centralized Unit）、分布单元 DU（Distribute Unit）、有源天线单元 AAU（Active Antenna Unit）三个部分组成。与 4G 网络的对比，如图 5-31 所示。

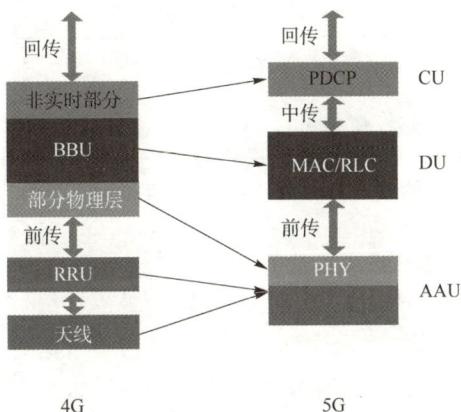

图 5-31 5G 与 4G 网络的组成对比图

CU，是由 4G 网络基站中负责信号调制 BBU 的非实时部分分割构成，负责处理非实时协议和服务。

AAU，是由 4G 网络基站中负责信号调制 BBU 的部分物理层处理功能与负责射频处理 RRU 及无源天线合并构成。

DU，是由 4G 网络基站中负责信号调制 BBU 的剩余功能重新定义构成，负责处理物理层协议和实时服务。

5G 通信技术正朝着网络多元化、宽带化、综合化、智能化的方向发展，具有高数据速率、超低延迟、节省能源、降低成本、系统容量高和允许大规模设备连接的特点。

3. 5G 网络在车联网（V2X）中的应用

2020 年，国家发改委等部委联合印发的《智能汽车创新发展战略》指出，通过 5G 与车联网协同建设，推动道路基础设施、智能汽车、运营服务、交通管理指挥等信息互联互通。华为依托云、边、端整体技术优势，联合生态合作伙伴提供 5G 车联网解决方案，切实推动智能汽车产业持续健康发展。华为的 5G 车联网架构示意图如图 5-32 所示。

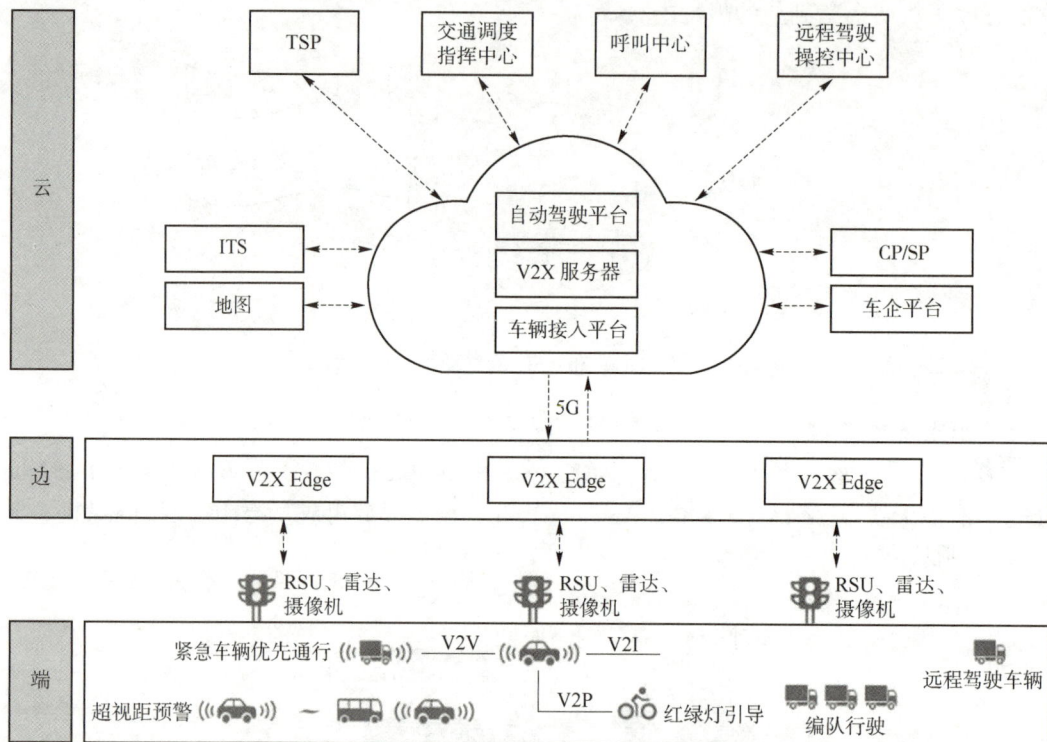

图 5-32　华为 5G 车联网架构示意图

华为的 5G 车联网架构的端平台通过车辆与各种交通因素进行数据通信实现信息交互，可实现多种功能，例如紧急车辆优先通行、超视距预警、红绿灯引导、编队行驶、远程驾驶车辆等功能。边端使用华为的边缘计算平台，端平台将数据通过 RSU、雷达、摄像机传输给边缘计算平台进行计算。云端使用华为的云平台进行数据交互及处理，云平台可通过 5G 技术接收来自边缘计算平台的数据，并将数据传输至自动驾驶平台、车联网云端服务器和车辆接入平台，通过云端与地图数据、ITS、TSP、交通调度指挥中心、呼叫中心、远程驾驶操控中心、CP/SP 和车企平台进行数据交互。基于当前华为的 5G 车联网技术，可实现如下功能。

（1）车路协同。

智能网联汽车在道路上，需要实时获取周边交通流信息，实时决策和规划行驶路径，更低时延和更高可靠网络通信是安全行驶的保障。通过 5G 的大带宽、超高可靠性、低时延特性，结合边云协同技术可以满足联网车辆在高速传输、高可靠性、低时延方面的严格要求。车路协同的两个典型应用为路口碰撞预警和紧急制动预警，其系统功能如图 5-33 所示。

路侧单元通过 5G 实时接收智能网联汽车信息和从云端接收数据，并实时向路口附近车辆广播交通状况，提醒其调整驾驶行为，避免事故发生。当车辆以一定距离跟随前方车辆行驶过程中，前方车辆进行紧急制动，并将这一信息通过 5G 通信方式广播出来，跟随车辆便可基于此进行危险情况判断并对驾驶员进行预警。

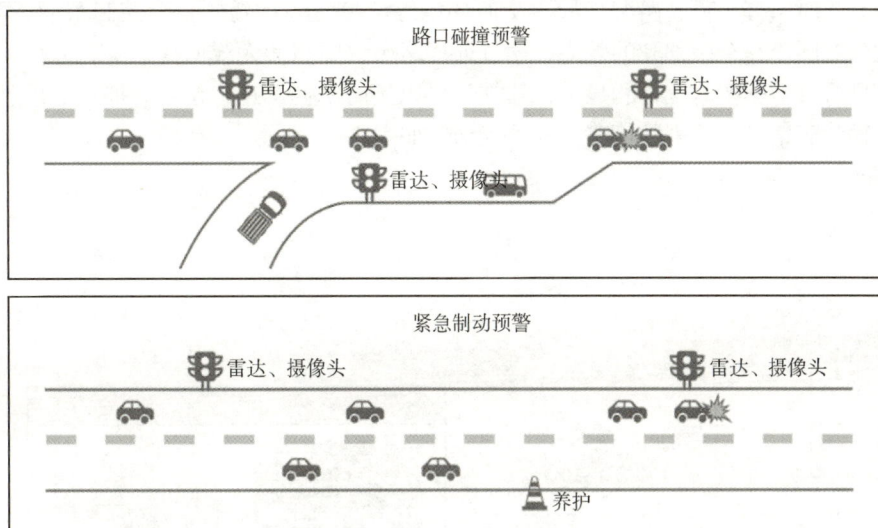

图 5-33 车路协同功能示意图

（2）编队行驶。

通过 5G 和边云协同技术，实现车辆编队行驶，低时延网络通信使车辆之间靠得更近，减低后车风阻，从而节省燃油，提高货物运输效率。例如，在高速公路中，多辆货车进行编队行驶，实时编组实现无人驾驶，调度中心云平台优先制定车辆路径和车速优化策略，可通知车辆调整，提高货物的运输效率。如车辆进入隧道，云平台负责接管车辆，将同一车道内的前后车辆进行编队，保持一定车速与车距，顺序行驶。其系统功能如图 5-34 所示。

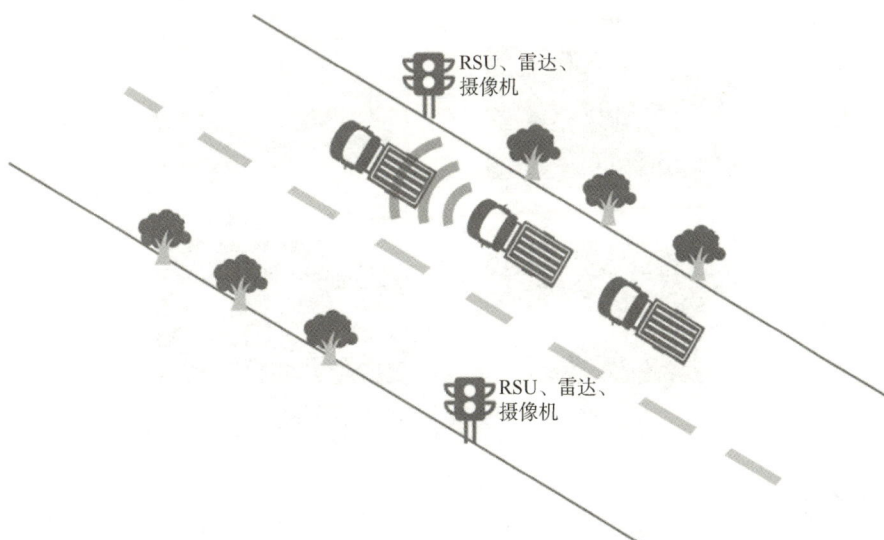

图 5-34 编队行驶功能示意图

（3）远程驾驶。

远程驾驶可广泛应用于矿山、油田等危险作业区域、高级礼宾车队服务等。驾驶员在远程控制中心实时掌握车辆、路况、周边交通环境等信息，下达驾驶指令控制车辆行驶动作，达到驾驶员如同坐在车中驾驶的效果。通过远程路况视频高清无线回传，实现远程监控和录像，将车辆行驶数据实时上传和显示，驾驶员可以实时掌握车速、位置、油耗等信息，根据视频和车辆状态信息下达驾驶策略。其系统功能如图 5-35 所示。

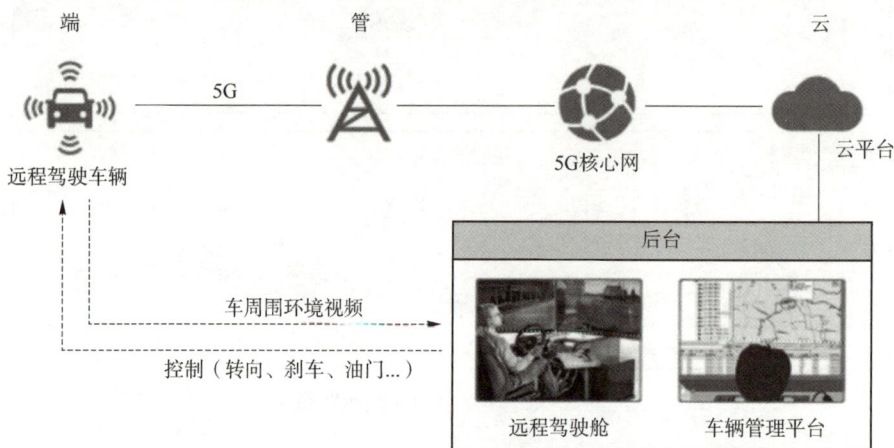

图 5-35　远程驾驶功能示意图

（4）低速无人驾驶。

目前大部分无人驾驶的应用限于低速与限定场景，在物流、共享出行、公共交通、环卫、港口码头、矿山开采、零售等领域展开应用。华为云提供云、AI、5G 组合方案，提供算法开发与模型训练服务，加速开发效率和商用节奏。其应用主要包括园区摆渡车、港口货运、市政环卫、最后一公里物流等应用，如图 5-36 所示。

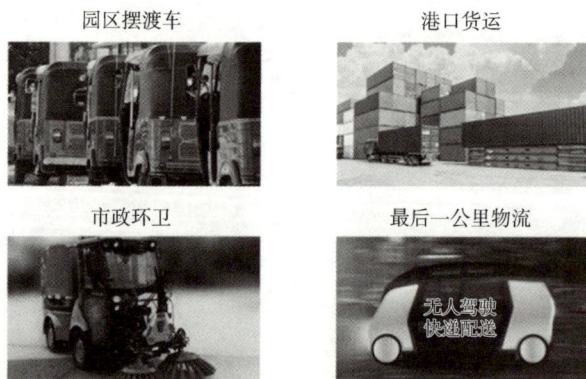

图 5-36　低速无人驾驶应用领域

🎯 **随堂测试**

（1）简述卫星通信及 5G 移动通信技术的概念。

（2）简述卫星通信及 5G 移动通信技术的组成与特点。

（3）简述卫星通信及 5G 移动通信技术在智能网联汽车中的应用。

任务实施

任务工单

任务名称	5G-V2X 通信技术认知		
姓名:	班级:		学号:
任务描述	5G 是第五代移动通信技术的简称，是最新一代蜂窝移动通信技术。5G 网络的主要优势在于，数据传输速率远远高于以前的蜂窝网络，最高可达 10 Gb/s，比当前的有线互联网更快，比先前的 4G LTE 蜂窝网络快 100 倍，可满足未来车联网环境的车辆与人、交通基础设施之间的通信需求。请你查阅相关资料，了解 5G 移动通信技术，列举其中包含的三种关键技术，并简述这三种关键技术的优势		
能力目标	(1) 了解 5G-V2X 通信技术的特点及应用； (2) 具备从多途径的信息源中检索专业知识的能力； (3) 获得分析问题和解决问题的一些基本方法； (4) 积极主动与小组成员交流、讨论学习成果，取长补短，完成自我提升； (5) 坚持与时俱进，善于思考，敢于创新，提高工作效率； (6) 养成定期反思与总结的习惯，改进不足，精益求精； (7) 具有良好的团队协作精神和较强的组织沟通能力		
实施准备	(1) 教学用车辆； (2) 车辆相关文件； (3) 汇报用纸、笔等		
实施步骤	自助学习	(1) 学习相关知识； (2) 获取相关信息； (3) 分组学习 5G 移动通信技术的概念、组成、工作原理及在车联网中的应用，列举其中包含的三种关键技术，并向小组成员汇报	
	小组讨论	以学习小组形式进行讨论，形成小组汇报成果	
	小组汇报	(1) 小组成员汇报小组成果； (2) 其余小组进行补充与点评	
自我反思	在社会能力、专业能力、关键能力方面的收获与体会：		

任务四　车用 CAN 通信技术认知

学习内容

1. CAN 通信技术的概念和组成；
2. CAN 通信技术的工作原理；
3. CAN 通信技术的应用；
4. CAN 总线网络完整性检查。

车用 CAN 通信技术认知

能力要求

1. 能够向客户介绍或解答汽车 CAN 通信技术的相关知识；
2. 能够独立制订工作计划并按计划实施；
3. 能够描述汽车总线技术的功能；
4. 具有与客户沟通的能力；
5. 树立以客户为中心的服务意识与理念；
6. 具备通过互联网等途径查询资料完成信息搜集和处理的能力。

任务引入

一辆新能源汽车采用故障诊断仪读取故障码时，故障诊断仪不能与车辆动力系统控制模块取得通信，你知道问题出在哪里吗？

任务描述

CAN 通信技术主要包括高速和低速技术。请你就两种 CAN 技术的性能、价格做一个列表并做相互对比，在学习小组或班级里进行交流汇报。

相关知识

随着现代汽车电子控制技术的发展，以及现代人对汽车的动力性、经济性、舒适性、安全性和环保等方面的要求，汽车电控系统数量不断增加，从发动机、变速器、制动系统、转向系统等动力控制系统到舒适安全、仪表报警、电源管理等车身控制系统，均采用了电子控制系统。各汽车电控系统除了各自的传感器、执行元件外，还需要相互通信。为了实现各电控系统之间的相互通信，最初采用了传统的布线方式，如图 5-37 所示，即需要相互联系的两个系统之间，都需要通过专属的布线实现"点对点"通信。

不难看出，随着电控系统的增多，传统的布线方式会带来布线复杂、占用空间、成本

提高、可靠性和可维修性降低等诸多问题。为此，汽车总线技术应运而生。汽车电控系统的总线连接方式如图5-38所示，类似于将若干个电控系统加QQ群，而各个电控系统分别作为QQ群的一个成员。很明显，采用汽车总线技术之后，汽车电控系统之间的通信线束大大减少，从而节省了空间，降低了成本，实现了资源共享，提高了系统工作的可靠性和可维修性。

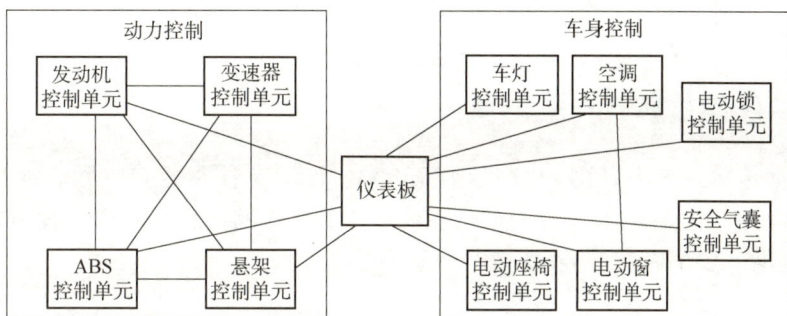

图5-37 汽车电控系统的传统布线方式

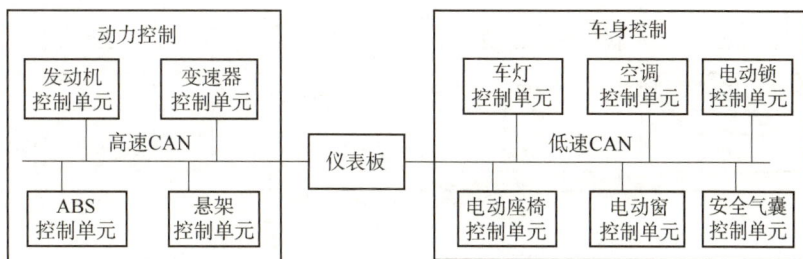

图5-38 汽车电控系统的总线连接方式

一、CAN通信技术概述

目前应用最为广泛的是控制器局域网络（Controller Area Network，CAN），即CAN系统。CAN是德国博世公司在20世纪80年代初为汽车行业开发的一种具有很高保密性、有效支持分布式控制或实时控制的串行数据通信总线。CAN的应用范围遍及从高速网络到低成本的多线路网络。在自动化控制领域、发动机控制部件、传感器、防滑系统等应用中，CAN的位速率可达1 Mb/s，同时它可以廉价地运用于汽车电气系统中，如灯光、电动车窗等，可以替代所需要的硬件连接。按照ISO有关部门规定，CAN拓扑结构为线性总线式，所以也称为CAN总线。最初推出的CAN总线为1.0版，1990年推出的CAN总线为1.2修订版，1991年又推出的CAN总线为2.0版。目前，CAN总线不但已经成为汽车总线的主要规范，而且被公认为是最有前途的几种工业总线之一。已由ISO/TC22批准为国际标准，是唯一被批准为国际标准的总线。1993年，国际CAN用户及制造商组织（CIA）在欧洲成立，其主要作用是解决CAN总线在实际应用中的问题，提供CAN产品及其开发工具，推广CAN总线的应用。

CAN通信技术的控制单元采用铜缆串行连接方式，如图5-39所示。由于控制器采用串行合用方式，因此不同控制器之间的信息传送方式是广播式传输，每个控制单元不指定接收者，均把所有的信息向外发送，由接收控制器自主选择是否需要接收这些信息。

图 5-39　CAN 通信总线

二、CAN 通信总线系统的组成

CAN 数据传输系统中每块 ECU 的内部包含一个 CAN 控制器，一个 CAN 收发器，每块 ECU 的外部连接两条 CAN 数据总线，系统中作为终端的两块电脑内部各包含一个数据传递终端，如图 5-40 所示。

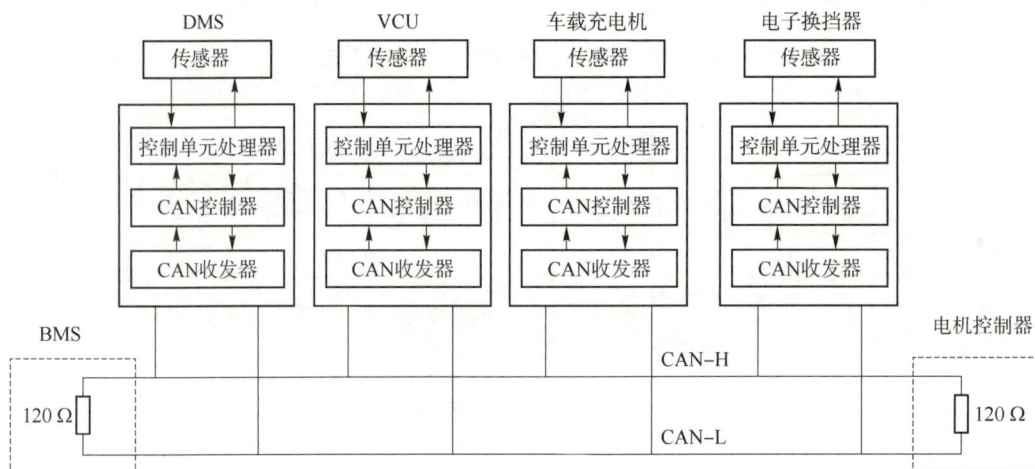

图 5-40　CAN 通信总线系统的组成

1. CAN 控制器

控制器的基本功能是，作为一个运算器，将传感器、使用者的操作以及其他控制器传来的信息，运用相应的程序进行运算或评价，并且以此次结果来实现与其连接执行器的功能，而且将有关信息发送给其他控制器。

以空调控制器为例，它接收到乘员的温度调节需求和温度传感器的数值后，比较二者的差异，确定空调系统中各风门的开度，同时将有关数据显示在屏幕上，并将信息传给网络中的其他控制器，如发动机控制器。因此，在网络中控制器不是独立工作的，而是作为一个整体，互通信息、无摩擦地协调工作。

2. CAN 收发器

CAN 收发器集成在 ECU 内部，同时，兼具接收、发送和转化数据信号的功能。它将 CAN 控制器发送来的电平信号数据转化为电压信号并通过数据传输线以广播的方式发送出去。同时，它接收数据传输线发送来的电压信号，并将电压信号转化为电平信号数据后，发送到 CAN 控制器。

3. 数据传输线

为了减少干扰，CAN 总线的数据传输线采用双绞线，其绞距为 20 mm，截面面积为 0.5 m²，称这两根线为 CAN-高位（CAN-H）数据线，和 CAN-低位（CAN-L）数据线，如图 5-41 所示。两根线上传输的数据相同，电压值互成镜像，这样，两根线的电压差保持一个常值，所产生的电磁场效应也会由于极性相反而互相抵消。通过该方法，数据传输线可免受外界辐射的干扰，同时向外辐射时，实际上保持中性（即无辐射）。

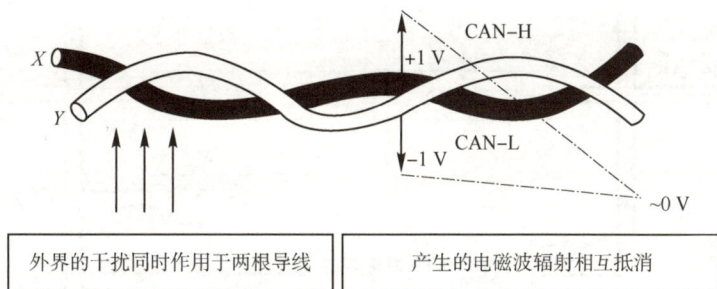

图 5-41　CAN 通信总线双绞线示意图

4. 数据传输终端

数据传输终端是一个电阻器，阻止数据在传输终了被反射回来破坏数据，一般数据传输终端为 120 Ω 的电阻。

三、CAN 通信技术的工作原理

本书在这里介绍的是高速 CAN 的工作原理。CAN 总线是差分总线，高速 CAN 总线串行数据总线 CAN-H 和高速 CAN 总线串行数据总线 CAN-L 从静止或闲置电平驱动到相反的极限。大约为 2.5 V 的闲置电平被认为是隐性传输数据并解释为逻辑 1。将线路驱动至极限时，高速 CAN 总线串行数据总线 CAN-H 将升高 1 V，而高速 CAN 总线串行数据总线 CAN-L 将降低 1 V。极限电压差 2 V 被认为是显性传输数据，并解释为逻辑 0，如图 5-42 所示。

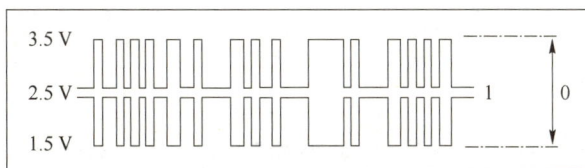

图 5-42　CAN 总线串行数据总线电压差

发送 CAN 信号时，电流从控制器的发送端流到 CAN-H 线，经过终端电阻流入 CAN-L 线，再返回控制器的接收端。如果通信信号丢失，程序将针对各控制模块设置失去通信故障诊断码，该故障诊断码可被故障诊断仪读取。注意，串行数据丢失故障诊断码不表示设置该故障诊断码的模块有故障。

四、CAN 通信技术的应用

CAN 通信技术为车辆的动力（驱动）系统、舒适系统、信息系统、仪表系统、诊断系统提供通信支持。图 5-43 为吉利帝豪 EV450 电动汽车 CAN 通信网络。

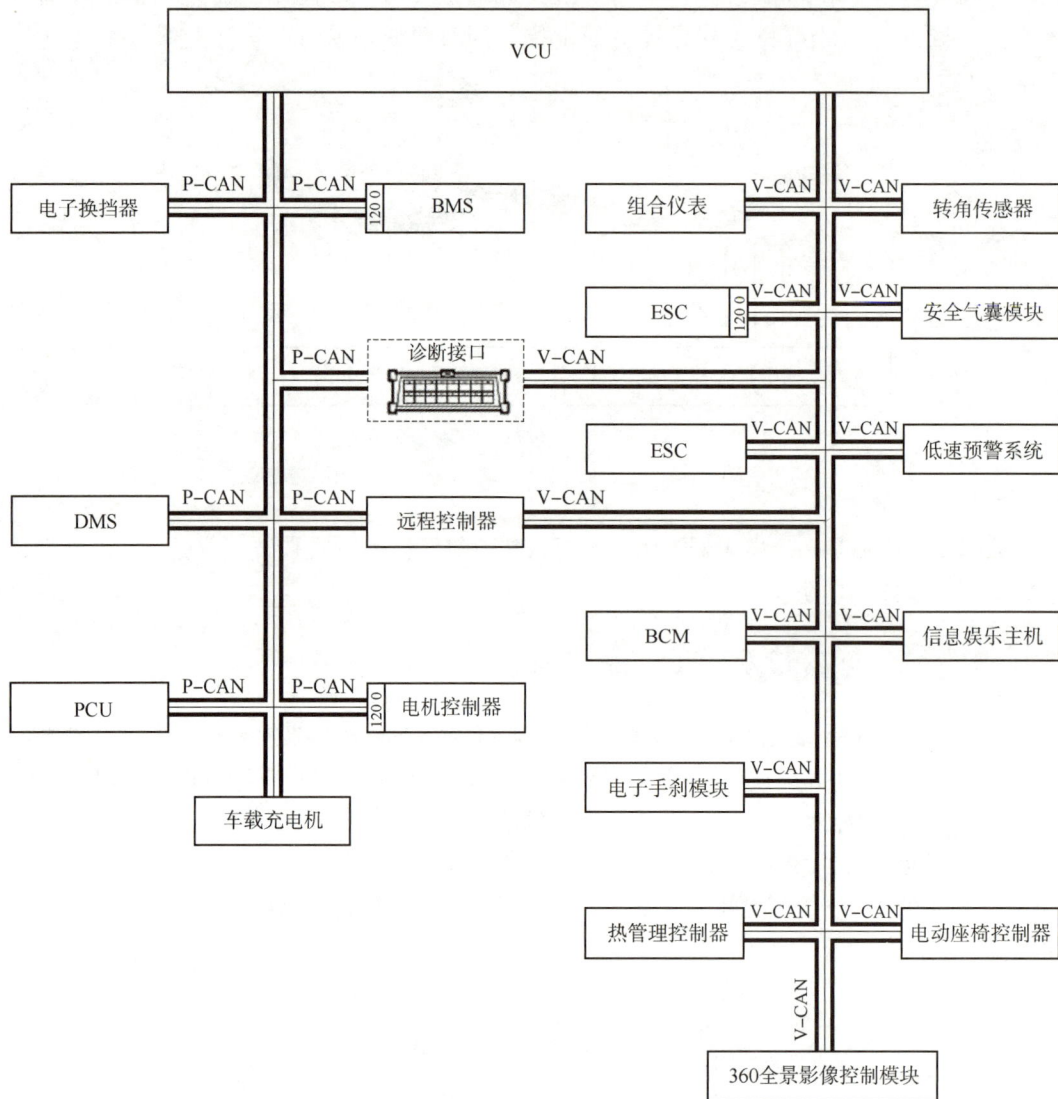

图 5-43　吉利帝豪 EV450 电动汽车 CAN 通信网络结构图

1. 驱动 CAN 总线

驱动 CAN 总线（P-CAN）的传输速率为 500 kb/s，也称为高速 CAN 总线。驱动 CAN 数据总线的控制单元包括 OBC 控制单元、BMS 控制单元、MCU 控制单元、PCU 控制单元、DMS 控制单元以及 VCU。与所有的 CAN 导线一样，驱动 CAN 数据总线也是双线式数据总线，控制单元通过驱动 CAN 数据总线的 CAN-H 和 CAN-L 线来进行数据交换。控制单元循环往复地发送消息，信息的重复率一般为 10~25 ms。

2. 舒适 CAN 总线

舒适 CAN 总线的速率为 100 kb/s，也称为低速 CAN 总线。舒适 CAN 数据总线控制单元包括全自动空调/空调控制单元、车门控制单元、舒适控制单元、收音机和导航显示单元控制单元，同时也为无人车上的毫米波雷达、Mobileye、VCU 等传感器信号的传递提供途径，在整个无人驾驶系统的"感知—融合—规划—控制"过程中起着十分重要的作用。

随堂测试

（1）简述 CAN 通信技术的概念和组成。

（2）简述 CAN 通信技术的工作原理。

（3）简述 CAN 通信技术的应用。

任务实施

任务名称	P-CAN 总线网络完整性检查		
姓名：	班级：		学号：
任务描述	一辆新能源汽车采用故障诊断仪读取故障码时，故障诊断仪不能与车辆动力系统控制模块取得通信，你知道问题出在哪里吗？		
能力目标	（1）了解 CAN 通信技术的概念和组成； （2）了解 CAN 通信技术的工作原理； （3）完成 CAN 总线网络完整性检查； （4）具备从多途径的信息源中检索专业知识的能力； （5）获得分析问题和解决问题的一些基本方法； （6）积极主动与小组成员交流、讨论学习成果，取长补短，完成自我提升； （7）坚持与时俱进，善于思考，敢于创新，提高工作效率； （8）养成定期反思与总结的习惯，改进不足，精益求精； （9）具有良好的团队协作精神和较强的组织沟通能力		
实施准备	（1）教学用车辆； （2）车辆相关文件； （3）故障诊断仪； （4）万用表； （5）汇报用纸、笔等		
实施步骤	自助学习	（1）学习相关知识； （2）获取相关信息； （3）分组完成 P-CAN 总线网络完整性检查步骤，并向小组成员汇报 P-CAN 总线网络是否完整	
	小组讨论	以学习小组形式进行讨论，形成小组汇报成果	
	小组汇报	（1）小组成员汇报小组成果； （2）其余小组进行补充与点评	
自我反思	在社会能力、专业能力、关键能力方面的收获与体会：		

项 目 六

先进驾驶辅助系统

当前我们国家的汽车产业体量庞大，汽车保有量高，随之而来的问题就是巨大的汽车保有量带来机会的同时也带来了频发的交通事故。解决该问题最有效的办法就是为车辆搭载先进的驾驶辅助系统，帮助驾驶员对环境进行判断，提高驾驶的安全性，最大限度地减少非必要发生的交通事故。先进驾驶辅助系统（ADAS）作为智能驾驶的表现形式，在目前的车辆中得到了诸多的实际运用，本项目对汽车市场上主流的先进驾驶辅助系统进行介绍。

先进驾驶辅助系统概述

⚙ 学习目标

知识目标：了解 ADAS 的含义、熟悉 ADAS 智能网联汽车的概念、理解 ADAS 系统分类原理。

能力目标：能够形成对 ADAS 的基本认知、能独立制订并实施工作计划、能够查找资料与文献以获取有用的知识。

素质目标：培养学生精益求精、勇于创新的工匠精神；培养学生尊重他人的劳动成果，端正劳动态度；树立安全生产工作意识。

任务一　先进驾驶辅助系统整体认知

学习内容

1. 先进驾驶辅助系统的定义；
2. 先进驾驶辅助系统的分类。

能力要求

1. 能够向客户介绍先进驾驶辅助系统的作用分类等相关知识；
2. 树立以客户为中心的服务意识与理念；
3. 具有与客户沟通的能力；
4. 具备通过互联网等途径查询资料完成信息搜集和处理的能力。

任务引入

　　如何降低汽车交通事故的发生率和事故死亡率已成为迫切需要解决的问题，解决这个问题最有效的方法就是为汽车搭载先进的驾驶辅助系统，利用传感器技术、无线通信技术为驾驶员在行驶过程中提供环境判断的帮助，最大限度地减少交通事故的发生。我国高度重视智能网联汽车产业发展，围绕汽车全生命周期发展打出"组合拳"，产品准入管理稳步加快、产业发展实现地方立法突破、无人化测试与商业化试点有序开展、车路云一体化路线加快推进、智能网联功能加速前装应用，实现产业与全球并跑。

　　在目前的车辆中，先进驾驶辅助系统已经得到诸多的实际应用，如图 6-1 所示的小鹏G9 搭载了自适应巡航系统、自动制动系统、前方避障预警系统、车道偏离预警系统、车速辅助控制系统、自适应灯光系统等。智能网联汽车有哪些先进驾驶辅助系统技术？如何将系统分类？各个系统分别有什么作用？通过本项目的学习，读者将会得到答案。

图 6-1　小鹏 G9

任务描述

　　先进驾驶辅助系统是无人驾驶发展过程中的一个必经之路，先进驾驶辅助系统包括了

很多不同类型的子系统，这些子系统如何通过科学的方法进行分类整理，是理解先进驾驶辅助系统的重要方法。请同学们通过资料收集将当前智能网联汽车所涉及的相关先进驾驶辅助系统列出来，根据已有知识进行一个分类，在学习小组进行汇报交流。

相关知识

常见先进驾驶辅助系统的简介。

一、先进驾驶辅助系统概述

（一）先进驾驶辅助系统的概念

先进驾驶辅助系统即 ADAS（Advanced Driver Assistance Systems）。智能网联汽车先进驾驶辅助系统是利用环境感知技术采集汽车、驾驶员和周围环境的动态数据并进行分析处理，通过提醒驾驶员或执行器介入汽车操纵，以实现驾驶安全性和舒适性的一系列技术的总称。

全国汽车标准化技术委员会将先进驾驶辅助系统定义为利用安装在车辆上的传感、通信、决策及执行等装置，监测驾驶员、车辆以及驾驶环境，并通过影像、灯光、声音、触觉提示等装置辅助驾驶员执行任务，或主动避免、减轻碰撞危害的各类系统的总称。先进驾驶辅助系统具有更加快捷的主动安全技术、信息处理技术，使驾驶员能够在尽可能短的时间内发现可能发生的危险，以引起注意并提高安全意识。先进驾驶辅助系统中使用视觉摄像头、毫米波雷达、激光雷达和超声波雷达等传感器，可以监测光、热、压力等其他外部环境参数或车内部环境的变量。

先进驾驶辅助系统概述图如图 6-2 所示。

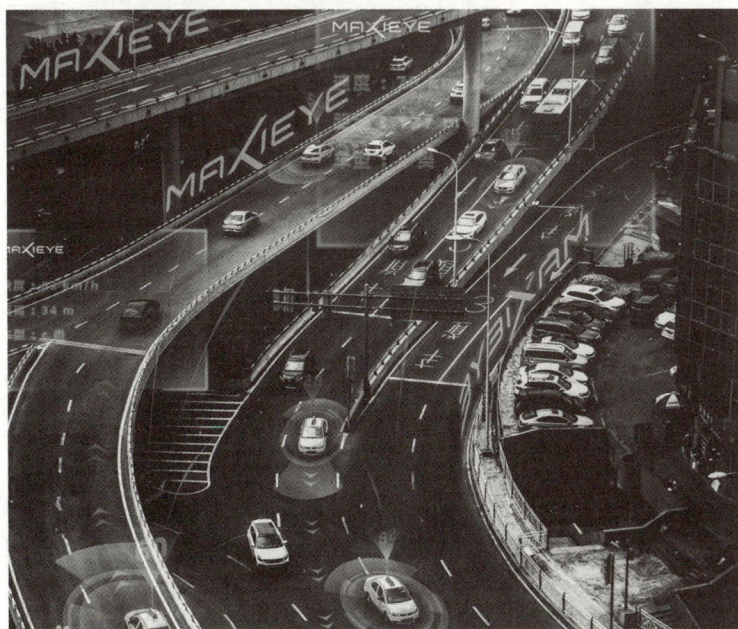

图 6-2 先进驾驶辅助系统概述图

（二）先进驾驶辅助系统的发展历史

早期先进驾驶辅助系统技术主要基于被动预警，当车辆检测到潜在危险时，提醒驾驶员注意异常车辆或道路状况。先进驾驶辅助系统包含了许多不同的辅助驾驶技术，例如自适应巡航控制（ACC）、自动紧急制动（AEB）、交通标志识别（TSR/TSI）、盲区监测（BSD/BLIS）、变道辅助（ICA/LCMA）、车道偏离预警等（LDW）等。

先进驾驶辅助系统应用技术还包括算法和软件，以及人机界面的交互（视觉、听觉、触觉反馈），算法和软件可以对传感器获得的数据进行处理和分析，以获得汽车周围环境行为意识，并对交通状况进行分类。通过检测目标物体，使驾驶员可以及时得到通知或警告，提醒驾驶员做出反应。

（三）先进驾驶辅助系统的技术路线

很多先进驾驶辅助系统的发展是基于原有辅助系统的基础上发展而来的，从预警系统到干预系统的升级，如车道偏离预警系统是由车道检测系统发展而来的。

另一种技术路线是将主动安全与被动安全系统相结合。目前，碰撞中的被动安全系统独立于主动安全，如安全气囊和预收缩安全带。它们之间没有相互联系，如果进行系统集成后将会实现协作功能，例如车载激光雷达、毫米波雷达或视频传感器监测到不可避免的碰撞时，可以提前给出信号到安全气囊控制单元做好安全气囊弹出预备，以减少对人员的伤害。

如图 6-3 所示为车道偏离预警系统示意图。

图 6-3　车道偏离预警系统示意图

二、先进驾驶辅助系统的类型

（一）先进驾驶辅助系统根据感应方式的分类

先进驾驶辅助系统按照感应环境的方法可以分为自主式和网联式，自主式先进驾驶辅助系统基于车载传感器完成环境感知，依靠车载中央控制单元进行智能决策控制，技术比较成熟，目前主流搭载的先进驾驶辅助系统多为自主控制类，但由于需要自主控制，所以对车载控制芯片的要求较高。网联式先进驾驶辅助系统基于车与外界的通信互联完成环境感知，依靠云端大数据进行分析决策，如汽车自动引导系统等，处于试验阶段。

网联式先进驾驶辅助系统的功能主要有交通拥挤提醒、闯红灯警示、弯道车速警示、停车标志间隙辅助、减速区警示、限速交通标志警示、现场天气信息警示、违反停车标志警示、违规穿过铁路警示、过大车警示等。警示不仅告知汽车和驾驶员违反安全，而且可

以通过 V2V、V2I 警示附近的车辆，从而协助防止相撞。

目前先进驾驶辅助系统主要以自主式为主，网联式还没有正式量产。自主式和网联式融合是智能网联汽车先进驾驶辅助系统的发展趋势，各类型先进驾驶辅助系统比较如表 6-1 所示。

表 6-1　各类型先进驾驶辅助系统比较

自主式	网联式	融合式
传感器与控制芯片控制方案	车辆互联的方案	结合自主与控制
• 对硬件要求较高； • 生产成本高； • 在复杂路况中容易出现误判	• 基础设施建立投入较大； • V2V 需要政策支持； • 对于行人、自行车缺少实时通信的手段	• 能够取长补短减少对单项技术的依赖； • 能够协助人类感官的足够模仿

（二）　先进驾驶辅助系统根据使用功能的分类

从先进驾驶辅助系统的功能分类来讲可以分为改善视野类先进驾驶辅助系统、预警类先进驾驶辅助系统、自主控制类先进驾驶辅助系统、其他类先进驾驶辅助系统。改善视野类先进驾驶辅助系统主要通过灯光、摄像头等传感器的配合扩宽驾驶员的视野范围，在驾驶过程中得到更多的环境信息；预警类先进驾驶辅助系统通过传感器、移动通信等技术为驾驶员在行驶过程中的驾驶行为提供纠正处理提示，但不会介入车辆控制；自主控制类先进驾驶辅助系统是基于预警类系统的基础上演变而来的，在驾驶过程中的危险违规操作，系统会通过警示介入车辆操纵来进行纠正；其他类先进驾驶辅助系统是各种提升驾驶员驾驶安全性、舒适性的系统总称。

（三）　各种先进驾驶辅助系统的主要功能简介

先进驾驶辅助系统的主要功能简介如表 6-2 所示。

表 6-2　先进驾驶辅助系统的主要功能简介

主要功能	英文简称	功能简介
驾驶员疲劳监测	DEM	实时监测驾驶员状态，并在确认其疲劳时发出提示信息
驾驶员注意力监测	DAM	实时监测驾驶员状态，并在其注意力分散时发出提示信息
车辆检测	VD	在仅基于视觉的模式下，VD 目前能检测 70 m 远的车辆，并能持续跟踪到 100 m 开外。但在大雾、极端天气及摄像头被阻挡的情况下，VD 是不可用的，但能提示用户设备不可用

主要功能	英文简称	功能简介
交通标志识别	TSR	TSR 能识别路上的交通标志牌（如限速标志），包括固定或非固定的 LED 标志。这些信息还可以与导航地图信息相融合，提供更精确的信息。其技术要点主要在于图像处理以及标志结构信息的提取与识别
智能限速提醒	ISLI	自动获取车辆当前条件下所应遵守的限速信息并实时检测车辆的行驶速度，当车辆的行驶速度不符合或即将超速的情况下发出警告提醒驾驶员
弯道速度预警	CSW	对车辆状态和前方弯道进行检测，当行驶速度超过弯道的安全车速时发出警告信息
抬头显示	HUD	将信息显示在驾驶员正常驾驶时的视野范围内，使驾驶员不必低头就可以看到相应的信息
全景影像监测	AVM	向驾驶员提供车辆 360° 范围内环境的实时影像信息。全景影像系统一般需要四个以上的鱼眼摄像头，能看见车辆四周的所有情况。技术上需要对摄像头进行标定，对图像进行校准处理模拟全景视角
夜视系统	NV	在夜间或光线弱的环境中为驾驶员提供视觉辅助或警告信息
前向车距监测	FDM	实时监测本车和前方车辆的车距，并显示车距信息
行人监测	PED	PED 系统要区分静止的人和行动的人，并给出行人的位置速度信息
前向碰撞系统	FCW	实时监测车辆前方行驶环境，并能在可能发生前向碰撞危险时发出警告信息，大部分的车祸都是因为驾驶员的反应不及时或注意力不集中造成的，而 FCW 解决了这一问题
后向碰撞预警	RCW	实时监测后方车辆环境，并在可能受到后方碰撞时发出警告
车道偏离预警	LDW	LDW 帮助提醒行车时驾驶员的不注意而造成的压线越线行为
变道碰撞预警	LCW	车辆在变道时由于视野盲区易造成危险，LCW 利用传感器对盲区位置进行监测，在可能发生危险时提出警告
盲区监测	BSD	实时监测驾驶员盲区，并在盲区内出现的其他道路使用者发出警告
侧向盲区监测	SBSD	实时监测驾驶员侧向盲区，并在盲区内出现的其他道路使用者发出警告
转向盲区监测	STBSD	实时监测驾驶员盲区，并在盲区内出现的其他道路使用者发出警告

续表

主要功能	英文简称	功能简介
自动紧急制动	AEB	实时监测车辆前方行驶环境，并在可能发生碰撞时自动启动车辆制动系统使车辆减速，以避免碰撞或减轻碰撞后果
紧急制动	EBA	实时监测车辆前方行驶环境，在可能发生危险时提前采取制动以减少制动时间，避免或减少碰撞后果
自动紧急转向	ESA	实时监测车辆前方和侧方行驶环境，在可能发生碰撞危险且驾驶员有明确转向意图时，辅助驾驶员转向
智能限速控制	LSLC	自动获取车辆当前条件下所应遵守的限速信息，辅助驾驶员控制车辆行驶速度，保持在限速范围内
车道保持辅助	LKA	实时监测与车道线相对应的位置，持续或在必要时介入车辆的横向控制，使车辆保持在原车道内行驶
智能泊车	IPA	在车辆泊车时，自动检测泊车空间，并为驾驶员提供泊车指示和方向控制
增强显示导航	AR NAVI	AR NAVI 是将普通导航仪与摄像头结合，AR NAVI 不仅用前向摄像头将车前的路况录下来，而且根据导航地图的信息，在视频上画出虚拟线路箭头，显示导航相关信息。AR NAVI 与 PED、VD、LDW 等应用结合，则其功能会得到进一步增强
自适应巡航控制	ACC	实时监测车辆前方行驶环境，在设定的速度范围内自动调整行驶速度，以适应前方车辆和/或道路条件等引起的驾驶环境变化。ACC 一般都基于雷达或激光技术，现在可以基于视觉/摄像头技术
全速自适应巡航系统	FSRA	实时监测车辆前方行驶环境，在设定的速度范围内自动调整行驶速度，并具有减速至停止及从停止状态起步的功能，以适应前方车辆和/或道路条件等引起的驾驶环境变化
交通拥堵辅助	TJA	在车辆低速通过交通拥堵路段时，实时监测车辆前方及相邻车道行驶环境，经驾驶员确认后自动对车辆进行横向和纵向控制
加速踏板防误踩	AMAP	车辆起步或低速行驶时，因驾驶员误踩加速踏板产生紧急加速而可能与周边障碍物或人发生碰撞时，自动抑制车辆加速
酒精闭锁	AIL	在车辆起动前测试驾驶员体内酒精含量，并在酒精含量超标时锁闭车辆动力系统开关
自适应远光等	ADB	能够自适应地调整车辆远光灯的投射范围，以减少对前方或对向其他车辆驾驶员的炫目干扰

续表

主要功能	英文简称	功能简介
自适应前照灯	AFS	能够自动进行近光灯或远光灯控制或切换，从而为适应车辆各种使用环境提供不同类型的光束
远光自动控制	IHC	IHC 要考虑两种情况：迎面开来的车与前方同向行驶的车。对于迎面开来的车，在一定距离时，如 800 ~ 1 000 m，识别出其前照灯，就将远光灯改为近光灯，而等交会过后，恢复远光灯。对于前方同向行驶的车，可以识别其尾灯，在接近一定距离时，将远光灯改为近光灯；同理，也可以由近光灯改为远光灯

随堂测试

（1）简述先进驾驶辅助系统的定义。

（2）简述先进驾驶辅助系统的分类以及各自的作用。

任务实施

任务工单

任务名称	查询目前市场主流车型所搭载的先进驾驶辅助系统		
姓名：	班级：		学号：
任务描述	先进驾驶辅助系统在当前汽车行业中已成为必不可少的一部分。请结合本任务所学内容与互联网上的资源，对当前汽车市场中主要搭载的先进驾驶辅助系统的常见系统进行整理，并做一个列表进行对比，在学习小组或班级里进行交流汇报		
能力目标	（1）能够了解先进驾驶辅助系统的相关知识； （2）培养对互联网资源使用的能力； （3）具备通过互联网等途径查询资料完成信息搜集和处理的能力		
实施准备	（1）教学用车辆； （2）车辆相关文件； （3）汇报用纸、笔等		
实施步骤	自助学习	（1）学习相关知识； （2）获取相关信息； （3）分组制作常用先进驾驶辅助系统的分类及其作用的表格	
	小组讨论	以学习小组形式进行讨论，形成小组汇报成果	
	小组汇报	（1）小组成员汇报小组成果； （2）其余小组进行补充与点评	
自我反思	在社会能力、专业能力、关键能力方面的收获与体会：		

任务二　改善视野类先进驾驶辅助系统

学习内容

1. 改善视野类先进驾驶辅助系统的概念；
2. 改善视野类先进驾驶辅助系统的典型系统工作原理。

能力要求

1. 能够准确表达改善视野类先进驾驶辅助系统的概念；
2. 具有理解改善视野类先进驾驶辅助系统工作原理的能力；
3. 具备通过互联网等途径查询资料完成信息搜集和处理的能力。

任务引入

客户在选购车辆时，配置表中各种先进驾驶辅助系统的缩写分别都代表了什么样的含义？如何去理解各种先进驾驶辅助系统？其中改善视野类先进驾驶辅助系统的定义是什么？具有哪些代表性的系统？我们通过本任务的学习，对此类系统有了一定的认知后可在日后的工作中向客户介绍、解释各种改善视野类先进驾驶辅助系统的作用。

任务描述

客户在选择车型时，销售员常常需要向客户介绍各种系统的作用，请你就某一型号车制作一个配置表，并筛选出其中有关改善视野类先进驾驶辅助系统的配置，在学习小组或班级里进行交流汇报。

相关知识

当汽车在环境较差的路况中行驶时，我们应该如何使用手段来改善这样的情况。

一、改善视野类先进驾驶辅助系统的定义

改善视野类先进驾驶辅助系统，是指车辆在视野较差的环境中行驶时利用灯光配合和传感器探测技术来提升驾驶员视野范围。常见的改善视野类先进驾驶辅助系统有自适应前照明系统、汽车夜视辅助系统、汽车平视系统、全景泊车系统等。

改善视野类先进驾驶
辅助系统介绍视频

随堂测试

简述改善视野类先进驾驶辅助系统的代表技术。

二、典型系统案例

(一) 自适应前照明技术

1. 自适应前照明技术的定义

汽车自适应前照明系统（Adaptive Front-lighting System，AFS）如图6-4所示。它可以根据天气情况、外部光线、道路状况及行驶信息来自动控制前照灯角度，避免直射迎面汽车驾驶员。自适应前照明系统在风窗玻璃上安装有摄像机，以辨识交通情况，从而控制灯光角度，这种设备可以保证路面最佳的照明和安全性；当调节到低光后，也不用担心它的照射距离，在65~300 m完全可以使驾驶员清晰地观察前路；如果前方没有汽车，前照灯将自动转变为远光模式。汽车自适应前照明系统是未来汽车前照明系统的主要发展方向。

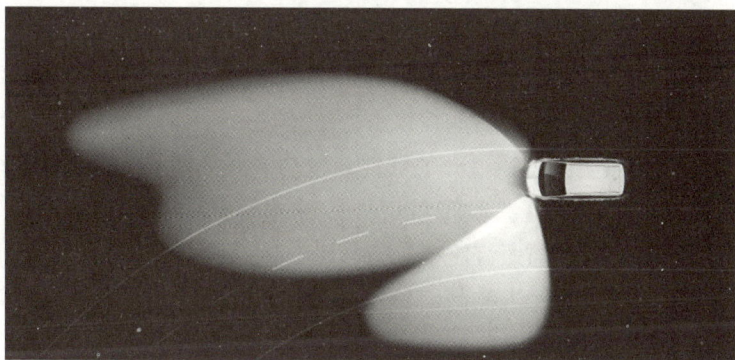

图6-4 汽车自适应前照明系统

2. 汽车自适应前照明系统的组成

汽车自适应前照明系统主要由传感器单元、CAN总线传输单元、电子控制单元和执行单元等组成，如图6-5所示。

（1）传感器单元。传感器单元可采集汽车当前信息（如车速、汽车姿态、转向角度等）和外部环境（如弯道、坡度和天气等）的变化信息。传感器单元包括轮速传感器、转向盘转角传感器、环境光强传感器、车身高度传感器、位置传感器等。

（2）CAN总线传输单元。CAN总线传输单元负责把各种传感器采集的信息传输给电子控制单元，实现内部控制与各种传感器检测及执行机构之间的数据通信。

（3）电子控制单元。电子控制单元需要对汽车行驶状态做出综合判断，输出脉冲变量给执行单元。

（4）执行单元。电子控制单元输出信号给执行单元的执行电动机，执行电动机调节前照明灯的照射角度，为驾驶员提供更广阔的视野，保障安全行驶。

汽车自适应前照明系统的工作原理是通过安装在汽车上的轮速、车身高度、转角、位

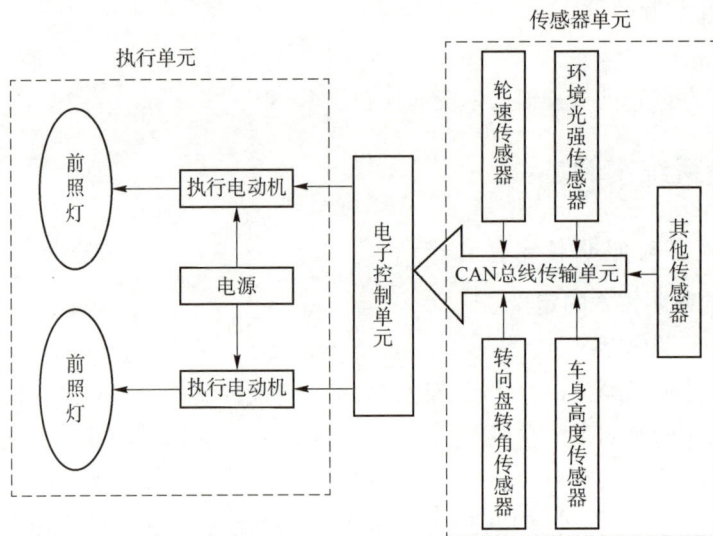

图 6-5　汽车自适应前照明系统的工作原理

置等传感器采集汽车动态信号参数，经过电子控制单元的分析判断和算法运算产生控制信号，由执行单元控制前照明系统运转。

汽车自适应前照明系统的主要功能按以下方法实现。

（1）汽车自适应前照明系统通过开关器件获取功能开关信号，通过轮速传感器获取车速信号，通过转向盘转角传感器获取转角信号，通过车身高度传感器获取车身姿态信号等。经过巡检算法判断，如果前照灯需要进行转动，则系统会根据角度算法计算出需要转动的角度，通过电子控制单元输出控制信号控制水平和垂直安装的步进电动机转动，最后通过机械传动机构实现前照灯转动，使照明光束始终与道路保持一致，这样驾驶员就能够清楚地看到即将出现的弯道路况，以便及时采取预防或紧急避险措施。

（2）汽车自适应前照明系统通过获取前照灯开关器件信号和环境光强传感器的光照强度信号，对前照灯开关进行控制。系统会设置一个光照阈值，当光照强度小于阈值时，系统自动延时打开前照灯；当光照强度大于阈值时，系统自动延时关闭前照灯。

（3）汽车自适应前照明系统在前照灯初始化置位时，通过获取霍尔位置传感器的位置信号，判断前照灯实际运行的角度与电子控制单元输出角度之间的误差。如果误差不大，通过角度 PD 调节算法对误差进行调节；如果误差过大，说明前照灯出现了故障，系统会产生故障报警信号，提醒驾驶员前照灯出现故障。

（4）汽车自适应前照明系统通过液晶显示装置实时显示系统的工作状态，包括车速状况、转向盘转角状态、车灯转角状态等。

3. 汽车自适应前照明系统的功能

为了使汽车在不同的光线和路况下安全行驶，汽车自适应前照明系统能够改变前照灯的照射方向，使光线随着汽车前进方向和车身姿态的变化而变动，消除驾驶员在夜间或恶劣天气下行车的视野盲区。与传统的汽车照明模式相比，自适应前照明系统能够根据道路和天气环境的变化适时地开启相应的照明模式。如图 6-6 所示为自适应前照明系统不同照明模式下的照射光形。

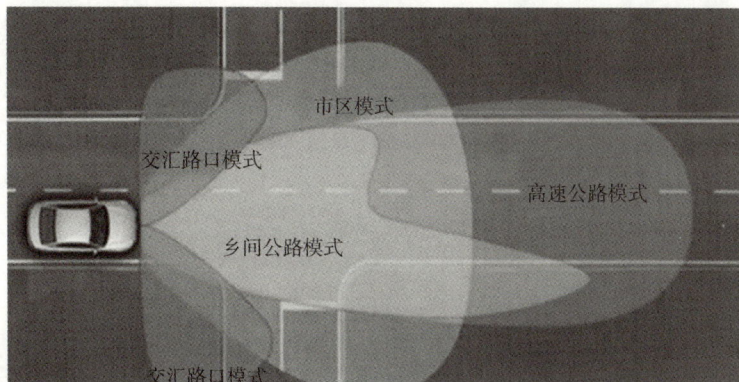

图 6-6　自适应前照明系统不同照明模式下的照射光形

　　汽车自适应前照明系统的照明模式主要有基础照明模式、弯道照明模式、城市道路照明模式、高速公路照明模式、乡村道路照明模式和恶劣天气照明模式等。

　　（1）基础照明模式。汽车在行驶过程中，当道路状况及环境气候均处于正常状况时，自适应前照明系统的工作模式相当于传统的汽车照明系统，其照明模式为基础照明模式。在基础照明模式下，自适应前照明系统不做任何调整。

　　当环境光强传感器检测到外界光线变化时，系统会执行相应的动作。例如，天黑或汽车进入隧道后，环境光强传感器检测到外界光线下降，系统会自动开启前照灯并且根据感知的光线强度来补充光照强度以满足驾驶要求；当环境光强传感器检测到外界光线强度能够达到照明要求时，如白天或汽车出隧道后，系统会自动关闭汽车前照灯。有时，汽车停止后，驾驶员下车后仍然需要灯光照明来观察停车情况，所以，系统可以设置灯光延时功能。汽车经常会行驶在坡路上，有时即使是在平坦的道路上，由于汽车载重或突然的加速或制动，都会导致车身发生俯仰，车身的俯仰会造成前照灯照射的角度发生变化。

　　汽车正常行驶过程中，前照灯光轴在水平位置。当车身发生后仰时，前照灯的照射光线会抬高，光线抬高造成远处的照射光线发散，造成驾驶员视野模糊，不能清晰地辨认远方的行人和物体，一旦发生紧急情况，就没有足够的时间来保证行车安全。当车身发生前仰时，前照灯的照射光线降低，从而导致照明范围缩小，驾驶员不能及时地发现前方路况，严重影响行车安全。在这种行车条件下，车身高度传感器能够检测到汽车前后高度的变化，结合轮速传感器采集到的车速信息，自适应前照明系统会根据汽车前后高度的变化量及轴距计算出车身俯仰角的差值，从而调整汽车前照灯纵向角度，使前照灯光轴恢复到水平位置，以提供最佳的照明条件，确保驾驶员在该情况下有足够视野来判断前方的路况，保证行车安全。

　　（2）弯道照明模式。汽车在夜间转弯行驶时，传统汽车前照灯的照射光线与车身前进方向平行，所以在车身的两侧会出现暗区，驾驶员无法及时地发现弯道上的路况，容易导致交通事故的发生。在这种情况下，自适应前照明系统可以开启弯道照明模式。当汽车进入弯道时，转向盘转角传感器和车速传感器共同作用采集数据，电子控制单元根据传感器采集的数据计算出车灯需要偏转的角度，驱动执行电动机转动以使前照灯转动。

自适应前照明系统能够使汽车在进入弯道时产生旋转的光形，给弯道以足够的照明，如图6-7所示。

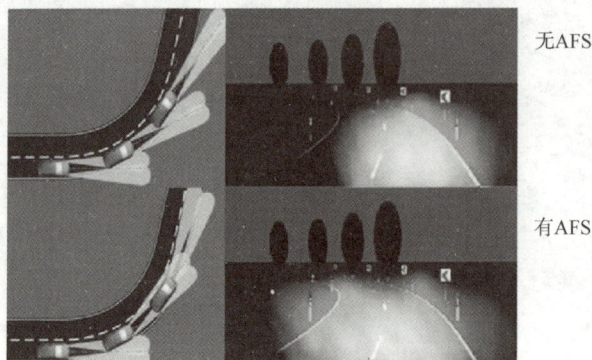

无AFS

有AFS

图6-7　自适应前照明系统（弯道时）

汽车向左转弯时，左侧前照灯向左偏转一定的角度，右侧前照灯不动，汽车向右偏转一定的角度时左侧前照灯不动。这种照明模式既提供了汽车在弯道上行驶时给侧面道路足够的照明强度，又保证了新进方向的照明。在弯道照明模式下，左右车灯最大偏转角度也是不一样的，右侧道路行驶国家的交通法规规定：右侧近光灯变化角度最大为5°，左侧近光灯变化角度最大为15°。为保证弯道照明模式下的行车安全，车灯偏转角度依据的原则是尽可能地保证照明距离大于安全制动距离。

（3）城市道路照明模式。城市道路行车的特点是车速较低，车流量和人流量都很大，外界照明条件好，十字路口多，发生随机性事故的可能性较大。在这样的道路上行车时要求视野清晰，防止炫光。

资料表明，对向行车时，驾驶员收到的照射光强如果达到1 000 cd就会产生炫光干扰。当环境光强传感器检测到光强达到阈值、车速小于60 km/h时，汽车前照明系统开启城市照明模式。

（4）高速公路照明模式。高速公路上行车的特点是车速快，车流量相对较小，侧向干扰少。这样的行车特点要求前照灯光线照射的距离足够远，以保证前方出现状况时驾驶员有足够的时间采取措施。在高速公路上行车，汽车灯光的照射距离应该与车速成正比的关系，汽车灯光的照射距离要大于驾驶员的反应距离和制动距离的总和。汽车行驶在高速公路时，当车速传感器检测到车速大于70 km/h，并根据GPS判断其为高速行驶模式时，自适应前照明系统自动开启高速公路照明模式。汽车前照灯照射光线随着车速的增加在垂直方向上抬高，以使光线能够照射得更远，保证驾驶员能够在安全距离之外发现前方的汽车。

（5）乡村道路照明模式。乡村道路外界照明条件差，岔路口多，路况复杂，路边障碍物不容易被发现；道路狭窄，起伏不平，造成行车时车身倾斜，从而导致前照灯俯仰角发生变化，容易引发交通事故。

自适应前照明系统工作在乡村道路照明模式时，通过环境光线传感器、轮速传感器和GPS来判断外界行驶条件，决定是否开启乡村道路照明模式。在乡村道路照明模式下，系

统增大左右前照灯的输出功率，增强光照亮度来补充照明。

（6）恶劣天气照明模式。恶劣天气照明模式主要针对的是阴雨天气，此时地面的积水会将前照灯打在地面上的光线反射至对面会车驾驶员的眼睛中，使其炫目，进而可能造成交通事故。在阴雨天气下行驶的汽车，自适应前照明系统会根据检测到的路面湿度、轮胎漂移及雨量传感器采集的信息判断系统状态为雨天模式，然后自适应前照明系统驱动垂直调高电动机，降低前照灯垂直输出角，并调节其照射强度，避免反射炫光在 60 m 范围内对迎面行车驾驶员造成炫目。

（二）夜视辅助照明技术

1. 汽车夜视辅助系统的定义

夜视辅助系统是一种利用红外成像技术辅助驾驶员在黑夜中看清道路、行人和障碍物等，减少事故发生，增强主动安全的系统。如图 6-8 所示为汽车夜视辅助照明示意图。

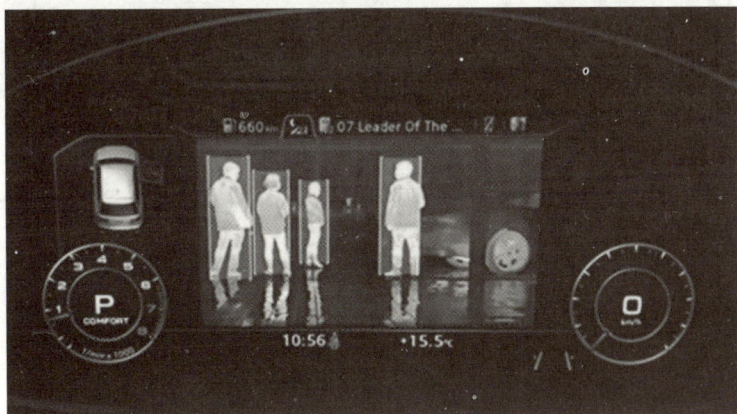

图 6-8 汽车夜视辅助照明示意图

按照工作原理的不同，汽车夜视辅助系统可以分为主动夜视辅助系统和被动夜视辅助系统两种。

（1）主动夜视辅助系统。主动夜视辅助系统采用主动红外成像技术，把目标物体反射或自身辐射的红外辐射图像转换为人眼可观察的图像。这种系统本身必须具备光源，使不发出热量的物体也可以被看到，通过图像处理提高清晰度，使道路标志清晰可见。

（2）被动夜视辅助系统。被动夜视辅助系统采用热成像技术，基于目标与背景的温度和辐射率差别，利用辐射测温技术对目标逐点测定辐射强度而形成可见的目标热图像，这种系统本身没有光源，仅依靠对物体本身发出的光线进行识别，不发出热量的物体看不清或看不到。图像清晰度取决于天气条件和时间段，图像与实际景象不完全符合。

2. 汽车夜视辅助系统的组成

汽车主动夜视辅助系统主要由红外发射单元、红外成像单元、电子控制单元和图像显示单元等组成。

（1）红外发射单元。红外发射单元位于两个前照灯内，当它被激活时，产生的红外线用于照射汽车前方区域，相应的夜视图等同于在远光灯下透过风窗玻璃所见到的情景。

（2）红外成像单元。红外成像单元主要是红外图像摄像头，记录汽车前方区域内的图像，并提供其探测范围内是否存在行人或障碍物的信息，然后通过数字视频线将数据发送给电子控制单元。

（3）电子控制单元。电子控制单元分析红外成像单元传来的数据，再通过集成化数据处理，将画面传输给图像显示单元，其中识别的行人和动物以高亮度显示。一般对于数字化的 CCD 摄像头，采集到信号后，会进行必要的去噪声、信号增强等处理，然后送给图像显示单元。

（4）图像显示单元。图像显示单元接收电子控制单元传来的信号并显示，驾驶员就可以清晰地看到前照灯照射范围之外的景物，避免出现意外。

汽车被动夜视辅助系统没有红外发射单元，主要由红外成像单元、电子控制单元和图像显示单元等组成。

随堂测试

（1）简述改善视野类先进驾驶辅助系统的定义。

（2）简述自适应前照灯的工作原理及相关模式。

任务实施

任务工单

任务名称	自适应前照明模式检测		
姓名:	班级:		学号:
任务描述	自适应前照明系统是当前车辆最常见的改善视野类先进驾驶辅助系统,通过查阅互联网资源将自适应前照明系统的工作原理以及搭载该套系统的车型进行整理,并做一个列表进行对比,在学习小组或班级里进行交流汇报		
能力目标	(1) 能够了解改善视野类先进驾驶辅助系统的相关知识; (2) 培养对互联网资源使用的能力; (3) 具备通过互联网等途径查询资料完成信息搜集和处理的能力		
实施准备	(1) 教学用车辆; (2) 车辆相关文件; (3) 汇报用纸、笔等		
实施步骤	自助学习	(1) 学习相关知识; (2) 获取相关信息; (3) 分组制作自适应前照明系统相关内容的表格	
	小组讨论	以学习小组形式进行讨论,形成小组汇报成果	
	小组汇报	(1) 小组成员汇报小组成果; (2) 其余小组进行补充与点评	
自我反思	在社会能力、专业能力、关键能力方面的收获与体会:		

任务三　预警类先进驾驶辅助系统

学习内容

1. 预警类先进驾驶辅助系统的概念；
2. 预警类先进驾驶辅助系统的典型系统工作原理。

能力要求

1. 能够准确表达预警类先进驾驶辅助系统的概念；
2. 具有理解预警类先进驾驶辅助系统工作原理的能力；
3. 具备通过互联网等途径查询资料完成信息搜集和处理的能力。

任务引入

客户在选购车辆时配置表中各种先进驾驶辅助系统缩写分别都代表了什么样的含义？如何去理解各种先进驾驶辅助系统？其中预警类先进驾驶辅助系统的定义是什么？具有哪些代表性的系统？我们通过本任务的学习，对此类系统有了一定的认知后可在日后的工作中向客户介绍、解释各种预警类先进驾驶辅助系统的作用。

任务描述

客户在选择车型时，销售员常常需要向客户介绍各种系统的作用，请你就某一型号车制作一个配置表，并筛选出其中有关预警类先进驾驶辅助系统的配置，在学习小组或班级里进行交流汇报。

相关知识

预警类先进驾驶系统能够自动监测车辆可能发生的刮蹭或碰撞危险，并通过声、光、振动等提醒驾驶员，从而降低事故发生概率。

一、预警类先进驾驶辅助系统的定义

自主预警类先进驾驶辅助系统是指自动监测汽车可能发生的碰撞危险并提醒，从而防止发生危险或减少事故伤害。自主预警类先进驾驶辅助系统主要有车道偏离预警系统、盲区监测预警系统等。

自主预警类先进驾驶辅助系统介绍视频

随堂测试

简述预警类先进驾驶辅助系统的代表技术。

二、典型系统案例

（一）前车防撞预警系统

1. 前车防撞预警系统的定义

前车防撞预警（Forward Collision Warning，FCW）系统能够通过雷达或视觉传感器来时刻监测前方汽车，判断自车与前车之间的距离、方位及相对速度，当存在潜在碰撞危险时对驾驶员进行警示。一般预警的方式有声音、视觉或触觉等。前车防撞预警系统本身一般不会采取任何制动措施去避免碰撞或控制汽车，但也有一些前车碰撞预警系统提供不同程度的制动功能。如图 6-9 所示为前车防撞预警系统示意图。

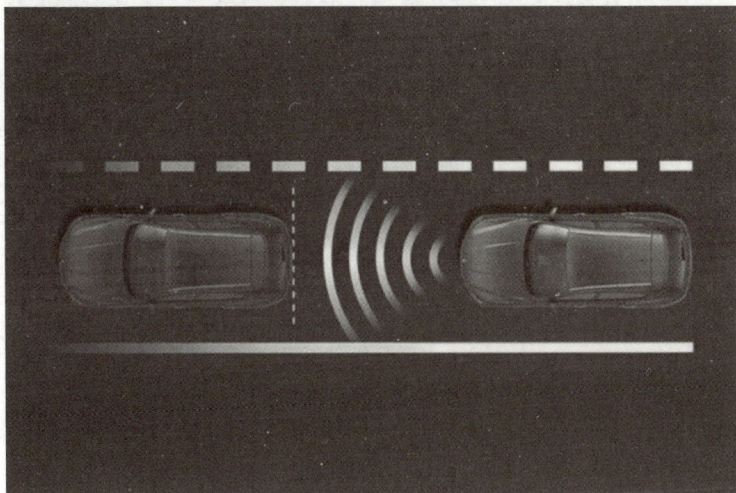

图 6-9 前车防撞预警系统示意图

2. 前车防撞预警系统的组成

前车防撞预警系统由信息采集单元、主控单元、显示单元和声光报警单元组成。其中，信息采集单元的主要作用是利用雷达、视觉传感器等采集自车信息及自车与前车的相对距离、相对速度等信息；主控单元是整个系统的大脑，它可以接收信息采集单元的信息并进行处理，评估潜在碰撞风险，确定发布预警的时刻；显示单元和声光报警单元执行相应功能，以适时、适当的方式提醒驾驶员采取规避措施。

3. 前车防撞预警系统的工作原理

前车防撞预警系统主要利用雷达、视觉传感器等进行监测。一般对自车行驶轨迹内的最近障碍汽车进行预警，并且不受在非自车行驶轨迹内的前方更近障碍物等的影响；在正确识别有效目标的基础上，结合自车当前行驶状况与有效目标运动情况进行决策分析；最终以适时、适当的方式提醒驾驶员采取规避措施。

前车防撞预警系统通过分析传感器获取的前方道路信息对前方车辆进行识别和跟踪，如果有汽车被识别出来，则对前方车距进行测量；同时利用车速估计，并根据安全车距预警模型判断追尾可能，一旦存在追尾危险，便根据预警规则及时给予驾驶员主动预警。

如图 6-10 所示为前车防撞预警系统的原理图。

图 6-10　前车防撞预警系统的原理图

具体来说，前车防撞预警系统的工作过程分成三个部分：前方车辆识别、车距监测、建立安全车距。

（二）车道偏离预警系统

1. 车道偏离预警系统的定义

车道偏离预警系统是汽车先进驾驶辅助系统的重要组成部分，根据前方道路环境和自车的位置关系，判断汽车偏离车道的行为并对驾驶员进行及时提醒，从而防止由于驾驶员疏忽造成车道偏离事故发生。车道偏离预警系统是一种汽车驾驶安全辅助系统，该系统旨在帮助驾驶员避免或减少车道偏离事故。它通过传感器获取前方道路信息，结合汽车自身的行驶状态及预警时间等相关参数，判断汽车是否有偏离当前所处车道的趋势。如果汽车即将发生偏离，并且在驾驶员没有开转向灯的情况下，则通过视觉、听觉或触觉的方式向驾驶员发出警报。

车道偏离预警系统示意图如图 6-11 所示。

图 6-11　车道偏离预警系统示意图

2. 车道偏离预警系统的组成

车道偏离预警系统主要由信息采集单元、电子控制单元和人机交互单元等组成。在该系统中，所有的信息均以数字信号的形式进行传递，通过汽车总线技术实现。

（1）信息采集单元。信息采集单元主要用于实现车道线信息和汽车自身行驶状态信息的采集。针对不同的道路条件和传感器类型，可采用不同的车道线检测方式，包括高精度地图定位、磁传感器定位、视觉传感器定位等，其中采用视觉传感器定位的方式应用较广泛。汽车自身行驶状态采集的信息主要包括车速、加速度、转向角等数据。在完成所有信息数据的采集后，信息采集单元需对数据进行模/数转换，并传输给电子控制单元。

（2）电子控制单元。电子控制单元是整个系统的核心部分，需要对所有的数据进行集中处理。在处理车道线信息时，由于传感器存在测量误差，因此需要对其进行误差修正，最后综合判断汽车是否存在非正常偏离车道的现象，如果发生非正常偏离，就发出报警信息。

（3）人机交互单元。人机交互单元通过座椅或转向盘振动、仪表板显示、语音提示等一种或多种方式向驾驶员提示系统当前的状态，当存在车道偏离时，提醒驾驶员及时修正行驶方向，并可以根据偏离量的大小实现不同程度的预警效果。

3. 车道偏离预警系统的工作原理

车道偏离预警系统可以在行车的全程自动或手动开启，以监控汽车行驶的轨迹。当系统正常工作时，信息采集单元将采集车道线位置、车速、汽车转向角等信息，电子控制单元将所有的数据转换到统一的坐标系下进行分析处理，从而获得汽车在当前车道中的位置参数，并判断汽车是否发生非正常的车道偏离。当检测到在未开启转向灯的情况下，汽车距离当前车道线过近并有可能偏入邻近车道时，人机交互单元就会通过座椅或转向盘振动、仪表板显示、语音提示等方式发出警告，提醒驾驶员注意纠正这种无意识的车道偏离，及时回到当前行驶车道上，从而尽可能地减少车道偏离事故的发生。为了能够给驾驶员提供更多的反应时间和操控时间，车道偏离预警系统需要在偏离车道线之前做出提示。如果驾驶员打开转向灯，正常进行变道行驶，则车道偏离预警系统不会做出任何提示。

随堂测试

（1）简述预警类先进驾驶辅助系统的定义。

（2）简述前车防撞预警系统的工作原理及相关模式。

任务实施

任务工单

任务名称	前车防撞模式检测		
姓名：	班级：		学号：
任务描述	前车防撞预警系统是车辆最常见的预警类先进驾驶辅助系统，通过查阅互联网资源，将搭载有前车防撞预警系统的车型整理到一个表中，在学习小组或班级里进行交流汇报		
能力目标	（1）能够了解预警类先进驾驶辅助系统的相关知识； （2）培养对互联网资源使用的能力； （3）具备通过互联网等途径查询资料完成信息搜集和处理的能力		
实施准备	（1）教学用车辆； （2）车辆相关文件； （3）汇报用纸、笔等		
实施步骤	自助学习	（1）学习相关知识； （2）获取相关信息； （3）分组制作前车防撞预警系统相关内容的表格	
	小组讨论	以学习小组形式进行讨论，形成小组汇报成果	
	小组汇报	（1）小组成员汇报小组成果； （2）其余小组进行补充与点评	
自我反思	在社会能力、专业能力、关键能力方面的收获与体会：		

任务四 自主控制类先进驾驶辅助系统

学习内容

1. 自主控制类先进驾驶辅助系统的概念;
2. 自主控制类先进驾驶辅助系统的典型系统工作原理。

能力要求

1. 能够准确表达自主控制类先进驾驶辅助系统的概念;
2. 具有理解自主控制类先进驾驶辅助系统工作原理的能力;
3. 具备通过互联网等途径查询资料完成信息搜集和处理的能力。

任务引入

客户在选购车辆时,配置表中各种先进驾驶辅助系统缩写分别都代表了什么样的含义?如何去理解各种先进驾驶辅助系统?其中自主控制类先进驾驶辅助系统的定义是什么?具有哪些代表性的系统?我们通过本任务的学习,对此类系统有了一定的认知后可在日后的工作中向客户介绍、解释各种自主控制类先进驾驶辅助系统的作用。

任务描述

客户在选择车型时,销售员常常需要向客户介绍各种系统的作用,请你就某一型号车制作一个配置表,并筛选出其中有关自主控制类先进驾驶辅助系统的配置,在学习小组或班级里进行交流汇报。

相关知识

自主控制类先进驾驶辅助系统可以自动监测车辆可能发生的碰撞或者剐蹭危险,从而主动控制车辆进行制动或转向,以减少危险发生概率。

一、自主控制类先进驾驶辅助系统的定义

自主控制类先进驾驶辅助系统是指自动监测汽车可能发生的碰撞危险并提醒,从而防止发生危险或减少事故伤害。必要时自主控制类先进驾驶辅助系统可介入车辆控制。自主控制类先进驾驶辅助系统主要有车道保持辅助系统、自动制动辅助系统、自适应巡航控制系统、自动泊车辅助系统等。

自主控制类先进
驾驶辅助系统
介绍视频

随堂测试

简述自主控制类先进驾驶辅助系统的代表技术。

二、典型系统案例

(一) 车道保持辅助系统

1. 车道保持辅助系统的定义

车道保持辅助系统(Lane Keeping Assist System, LKAS)是一种能够主动检测汽车行驶时的横向偏离,并对转向系统和制动系统进行协调控制的系统。车道保持辅助系统如图6-12所示,是在车道偏离预警系统的基础上发展起来的,能够实现主动对车道偏离现象进行纠正,使汽车保持在预定的轨道上行驶,从而减轻驾驶员的负担,减少交通事故的发生。

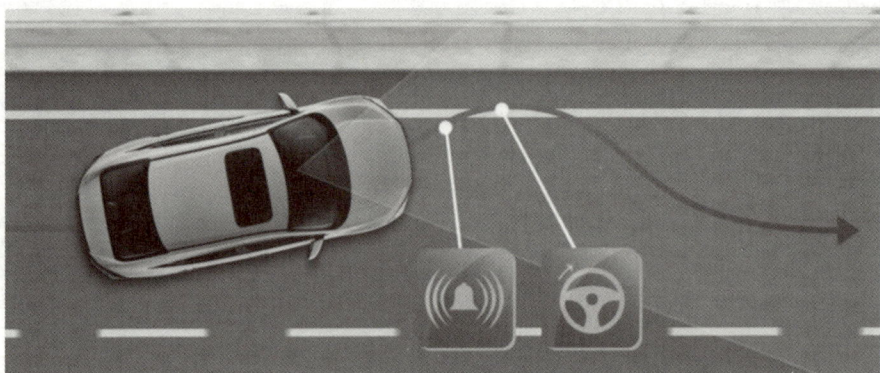

图6-12 车道保持辅助系统

2. 车道保持辅助系统的组成

车道保持辅助系统主要由信息采集单元、电子控制单元和执行单元等组成。在系统工作期间,驾驶员将会接收车道偏离的报警信息,并选择对转向系统和制动系统中的一项或多项动作进行控制,也可交由系统完全控制。系统中所有的信息均以数字信号的形式进行传递,通过汽车总线技术实现。

(1)信息采集单元。信息采集单元在车道保持辅助系统中的功能与在车道偏离预警系统中的功能相似,主要通过传感器采集车道线信息和汽车行驶状态信息并发送给电子控制单元。

(2)电子控制单元。电子控制单元主要通过特定的算法对信息进行处理,并判断是否做出车道偏离修正的相应操作。电子控制单元的性能直接影响车道偏离修正的及时性,因此在选择中央处理器和设计控制算法时,要着重考虑运算能力和运算速度。

(3)执行单元。执行单元主要分为三部分,即报警模块、转向盘操纵模块和制动器操纵模块。其中,报警模块与车道偏离预警系统类似,通过转向盘或座椅振动、仪表板显示、声音警报中的一种或多种形式实现。转向盘操纵模块和制动器操纵模块是车道保持辅

助系统特有的，其主要实现横向运动和纵向运动的协同控制，并保证汽车在车道保持辅助系统工作期间具有一定的行驶稳定性。

3. 车道保持辅助系统的工作原理

车道保持辅助系统可以在行车的全程或速度达到某一阈值后开启，并可以手动关闭，实时保持汽车的行驶轨迹。当系统正常工作时，信息采集单元通过车载传感器采集车速信号、转向盘转角信号及汽车速度信息，电子控制单元对信息进行处理，比较车道线和汽车的行驶方向，判断汽车是否偏离行驶车道。当汽车行驶可能偏离车道线时，发出报警信息；当汽车距离偏离侧车道线小于一定阈值或已经有车轮偏离出车道线时，电子控制单元计算出辅助操舵力和减速度，根据偏离的程度控制转向盘操纵模块和制动器操纵模块，施加操舵力和制动力使汽车稳定地回到正常轨道；若驾驶员打开转向灯，正常进行变线行驶，则系统不会做出任何提示。

车道保持辅助系统的组成如图 6-13 所示。

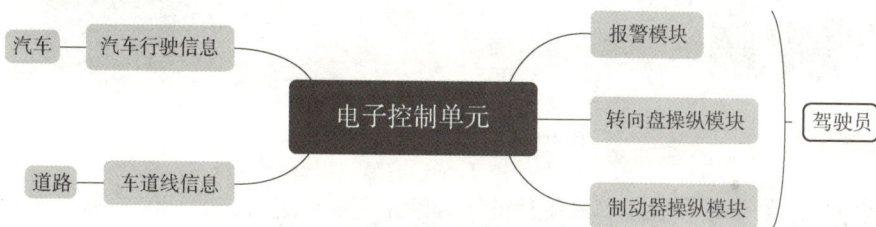

图 6-13 车道保持辅助系统组成

（二）自动制动辅助系统

1. 汽车自动制动辅助系统的定义

汽车自动制动辅助（Automatic Braking Assistance，ABA）系统可以预知潜在的碰撞危险并及时通知驾驶员，而且在必要的情况下，此系统会自动控制制动踏板完成制动操作，以避免或减轻碰撞伤害。

全球主流的汽车厂商都有自己的预碰撞安全系统，不过各个厂商的叫法各不相同，功能的实现效果及技术细节也有所不同，如大众汽车的 Front Assist 预碰撞安全系统、沃尔沃汽车的 CWAB 系统、奔驰汽车的 Pre-safe 安全系统、斯巴鲁汽车的 Eye Sight 安全系统等。

2. 汽车自动制动辅助系统的组成

汽车自动制动辅助系统主要由行车环境信息采集单元、电子控制单元和执行单元等组成，如图 6-14 所示。

（1）行车环境信息采集单元。行车环境信息采集单元由测距传感器、车速传感器、节气门位置传感器、制动传感器、转向传感器、路面选择按钮等组成，对行车环境进行实时监测，得到相关行车信息。测距传感器用来检测自车与前车目标的相对距离和相对速度，常见的测距技术有超声波测距、毫米波雷达测距、红外线测距等，控制系统收到相关信息后自行判断是否松开或收紧加速踏板，以对车辆实行加速或减速控制；制动传感器用于检测驾驶员是否踩下制动踏板，对自车实行制动措施；转向传感器用来检测汽车是否正处于

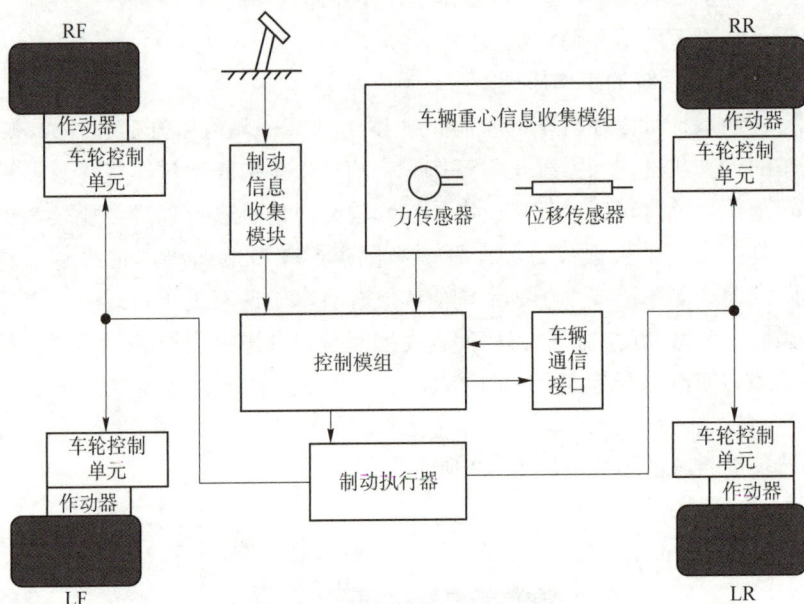

图 6-14　自动制动系统组成

弯道路面行驶或处于超车状态，系统凭此来判断是否需要进行报警抑制；路面选择按钮是为了方便驾驶员对路面状况信息进行选择，从而方便系统对报警距离的计算。需要采集的信息因系统的不同而不同，所有采集到的信息都将被送往电子控制单元。

（2）电子控制单元。电子控制单元接收行车环境信息采集单元的检测信号后，综合收集到的数据信息，依照一定的算法程序对汽车行驶状况进行分析计算，判断汽车所适用的预警状态模型，同时对执行单元发出控制指令。

（3）执行单元。执行单元可以由多个模块组成，如声光报警模块、LED 显示模块、自动减速模块和自动制动模块等，根据系统的不同而不同。执行单元接收电子控制单元发出的指令，并执行相应的动作，达到预期的预警效果，实现相应的汽车制动功能。当系统检测到存在危险状况时，执行单元进行声光报警，提醒驾驶员。当发出提醒报警之后，如果驾驶员没有松开加速路板，则系统会发出自动减速控制指令，在减速之后系统检测到危险仍然存在时，说明目前汽车行驶处于极度危险的状况，需要对汽车实施自动强制制动。

3. 汽车自动制动辅助系统的工作原理

汽车自动制动辅助系统采用测距传感器测出自车与前车或障碍物的距离，然后利用电子控制单元将测出的距离与报警距离、安全距离等进行比较，小于报警距离时就进行报警提示，而小于安全距离时即使驾驶员没有踩制动踏板，自动制动辅助系统也会启动，使汽车自动制动，从而为安全出行保驾护航。

4. 汽车自动制动辅助系统的类型

欧洲新车评鉴协会以多年来统计的事故数据作为依据，对汽车自动制动辅助系统提出三种应用类型，即城市专用自动制动辅助系统、高速公路专用自动制动辅助系统和行人保

护专用自动制动辅助系统。

（1）城市专用自动制动辅助系统。城市交通事故大多发生在路口等待、交通拥堵等情况下，因为驾驶员注意力分散，忽视了自身的车速和与前车的距离，造成碰撞事故。城市道路驾驶的特点是速度慢，易发生不严重的碰撞。城市专用自动制动辅助系统可以监测前方路况与车辆移动情况，如果探测到潜在的风险，系统将采取预制动措施，提醒驾驶员风险的存在；如果在反应时间内未接到驾驶员的指令，则系统会自动制动来避免事故的发生。在任何时间点内，如果驾驶员采取了紧急制动或猛打转向盘等措施，该系统将停止工作。马自达阿特兹汽车搭载的低速制动辅助系统属于城市专用自动制动辅助系统的一种。低速自动制动辅助系统能够在汽车低速行驶时主动侦测与前车的距离。当车速为 4～30 km/h 时，低速自动制动辅助系统会自动开启，并判断自车与前车的距离，当监测到两辆车距离过近时，该系统会自动制动减速，避免或减轻伤害；当车速在 20 km/h 以下时，会自动停车，避免追尾前车或减轻对前车的伤害。有权威数据显示，在大城市的车辆追尾、剐蹭事故中，有 70% 以上的事故发生在汽车中低速行驶时，特别是在拥堵路况上，汽车走走停停、驾驶员走神更是容易发生追尾和剐蹭事故。

（2）高速公路专用自动制动辅助系统。在高速公路上发生的事故与城市交通事故相比，其特点不同。高速公路上的驾驶员可能由于疲劳驾驶，当意识到危险时因车速过快而无法控制汽车。为了保证这种行驶情况下的安全，自动制动辅助系统必须能用相应的控制策略来应对。该系统在汽车高速行驶状态下工作时，首先通过报警来提醒驾驶员潜在的危险。如果在反应时间内，驾驶员没有任何反应，警示系统将第二次启动，如突然的制动或安全带收紧，此时制动器将调至预制动状态；如果驾驶员依然没有反应，那么系统将会自动实施制动。

（3）行人保护专用自动制动辅助系统。除探测道路上的车辆外，还有一类自动制动辅助系统用来检测行人和公路上其他弱势群体。系统通过车上的一个前视摄像头传来的图像，可以辨别出行人的图形和特征，通过计算相对运动的路径，以确定是否有撞击的危险。如果有危险，系统可以发出报警，并在安全距离内制动系统采用全制动使汽车停止。实际上，预测行人行为是比较困难的，系统控制的算法也非常复杂。该系统需要在危险发生前更迅速地做出正确判断，更有效地做出响应，防止危险事态发生，同时也需要避免系统在特定情况下发生误触发。

（三）自适应巡航控制系统

1. 汽车自适应巡航控制系统的定义

汽车自适应巡航控制（Adaptive Cruise Control，ACC）系统是在定速巡航控制系统基础上发展起来的新一代汽车先进驾驶辅助系统。系统在工作过程中，通过安装在汽车前部的车距传感器持续扫描汽车前方的行驶车辆或道路，采集车距信息，并结合轮速传感器采集的自身车速信息，综合对汽车的纵向速度进行控制。当自车与前车之间的距离不在安全车距范围时，电子控制单元通过与制动系统、发动机控制系统协调动作，改变制动力矩和发动机输出功率，对汽车的行驶速度进行控制，使汽车在一定的限速范围内与前车始终保持安全行驶，避免追尾事故的发生，同时提高通行效率。如果自车前方没有汽车，则自车按设定的车速巡航行驶。

对于电动汽车，发动机更换为驱动电动机，通过改变制动力矩和驱动电动机的输出功率，控制电动汽车的行驶速度。

自适应巡航控制系统在控制汽车制动时，通常会将制动减速度限制在不影响乘坐舒适性的范围内，当需要更大减速度的时候，自适应巡航控制系统通过警报的方式提醒驾驶员准备制动。当自车与前车距离达到安全车距时，则恢复到设定车速。

自适应巡航控制系统如图 6-15 所示。

图 6-15　自适应巡航控制系统

2. 汽车自适应巡航控制系统的组成

汽车自适应巡航控制系统主要由信息感知单元、电子控制单元、执行单元和人机交互界面等组成。

（1）信息感知单元。信息感知单元主要用于向电子控制单元提供自适应巡航控制所需要的各种信息，主要由测距传感器、转速传感器、转向角传感器、节气门位置传感器、制动踏板传感器等组成。测距传感器用来获取自车与前车之间的距离信号，一般使用激光雷达或毫米波雷达，也有使用视觉传感器的；转速传感器用于获取实时车速信号，一般使用霍尔式转速传感器；转向角传感器用于获取汽车的转向信号；节气门位置传感器用于获取节气门开度信号；制动踏板传感器用于获取制动踏板的动作信号。

（2）电子控制单元。电子控制单元根据驾驶员所设定的安全车距及车速，结合信息感知单元传送的信息确定汽车的行驶状态，决策汽车的控制策略，并改变输出功率和制动压力信号给执行单元。例如，当自车与前车之间的距离小于设定的安全车距时，电子控制单元计算实际车距和安全车距之差及相对速度的大小，选择减速方式，或者通过报警器向驾驶员发出报警，提醒驾驶员采取相应的措施。

（3）执行单元。执行单元主要执行电子控制单元发出的指令，实现对汽车速度和加速度的调整。执行单元包括节气门控制器、制动控制器、转向控制器和挡位控制器等。节气门控制器用于调整节气门的开度，使汽车做加速、减速及定速行驶；制动控制器用于控制制动力矩或紧急情况下的制动；转向控制器用于控制汽车的行驶方向；挡位控制器用于控制汽车变速器的挡位。

（4）人机交互界面。人机交互界面用于驾驶员设定系统参数及系统状态信息的显示

等。驾驶员可通过设置在仪表板或转向盘上的人机交互界面，启动或清除自适应巡航控制系统控制指令。启动自适应巡航控制系统时，要设定自车与前车之间的安全车距及在巡航状态下的车速，否则自适应巡航控制系统将自动设置为默认值，但所设定的安全车距不可小于设定车速下交通法规所规定的安全车距。

电动汽车自适应巡航控制系统也是由信息感知单元、电子控制单元、执行单元和人机交互界面等组成的，电动汽车相对于燃油汽车，其自适应巡航控制系统的信息感知单元没有节气门位置传感器，执行单元没有节气门控制器和挡位控制器，相应地增加了电动机控制器和再生制动控制器。信息感知单元将传感器测量的距离、速度和加速度等信号输出到电子控制单元；电子控制单元对汽车行驶环境及运动状态进行分析、计算、决策，输出转矩和制动压力信号；执行单元用于完成电子控制单元的指令，通过控制观察和干预控制提供操作界面。

3. 汽车自适应巡航控制系统的工作原理

（1）燃油汽车自适应巡航控制系统的工作原理。驾驶员启动自适应巡航控制系统后，汽车在行驶过程中，安装在汽车前部的车距传感器持续扫描汽车前方道路，同时轮速传感器采集车速信号。如果汽车前方没有汽车或与前车距离很远且速度很快时，控制模式选择模块就会激活巡航控制模式，自适应巡航控制系统将根据驾驶员设定的车速和轮速传感器采集的车速自动调节加速踏板等，使汽车达到设定的车速并巡航行驶；如果前车离自车较近或速度很慢时，控制模式选择模块就会激活跟随控制模式，自适应巡航控制系统将根据驾驶员设定的安全车距和轮速传感器采集的车速计算出期望车距，并与车距传感器采集的实际距离进行比较，自动调节制动压力和节气门开度等，使汽车以一个安全的车距稳定地跟随前车行驶。同时，自适应巡航控制系统会把汽车目前的一些状态参数显示在人机交互界面上，方便驾驶员进行判断；也装有紧急报警系统，在自适应巡航控制系统无法避免碰撞时及时警告驾驶员并由驾驶员处理紧急状况。

（2）电动汽车自适应巡航控制系统的工作原理。它与燃油汽车自适应巡航控制系统的工作原理基本一样，唯一的区别是燃油汽车控制的是节气门开度，调节发动机输出转矩；而电动汽车控制的是电动机转矩，调节电动机的输出转矩，而且增加了再生制动控制。

4. 汽车自适应巡航控制系统的作用

汽车自适应巡航控制系统通过对汽车纵向运动进行自动控制，以减轻驾驶员的劳动强度，保障行车安全，并通过方便的方式为驾驶员提供辅助支持。汽车自适应巡航控制系统具有以下作用。

（1）汽车自适应巡航控制系统可以自动控制车速，但在任何时候驾驶员都可以主动进行加速或制动。当驾驶员对巡航控制状态下的汽车进行制动后，自适应巡航控制系统会终止巡航控制；当驾驶员对巡航控制状态下的汽车进行加速，停止加速后，自适应巡航控制系统会按照原来设定的车速进行巡航控制。

（2）通过测距传感器的反馈信号，自适应巡航控制系统可以根据前车的移动速度判断道路情况，并控制汽车的行驶状态；通过反馈式加速踏板感知的驾驶员施加在踏板上的力，自适应巡航控制系统可以决定是否执行巡航控制，以减轻驾驶员疲劳。

（3）汽车自适应巡航控制系统分为基本型和全速型。基本型自适应巡航控制系统一般在车速大于 30 km/h 时才起作用，而当车速降低到 30 km/h 以下时，就需要驾驶员进行人工控制。全速型自适应巡航控制系统在车速低于 30 km/h 直至汽车静止时一样可以适用，在低速行驶时仍能保持与前车的距离，并能对汽车进行制动直至其处于静止状态。如果前车在几秒内再次起动，装备全速型自适应巡航控制系统的汽车将自动跟随起动。如果停留时间较长，驾驶员只需通过简单操作，如轻踩加速踏板就能再次进入自适应巡航控制模式。通过这种方式，即使在高峰或拥堵时段，自适应巡航控制系统也能进行辅助驾驶。

（4）汽车自适应巡航控制系统可以使汽车编队行驶。自适应巡航控制系统可以设定自动跟踪功能，当自车跟随前车行驶时，自适应巡航控制系统可以将自车车速调整为与前车的车速相同，同时保持稳定的安全车距，而且这个安全车距可以通过转向盘上的设置按钮进行选择。

（5）带辅助转向功能的自适应巡航控制系统不仅可以使自车自动与前车保持一定的车距，而且汽车还能够自动转向，使驾驶过程更加安全舒适。

5. 汽车自适应巡航控制系统的工作模式

汽车自适应巡航控制系统的工作模式主要有定速巡航、减速、跟随、加速、停车和起动等。假设自车设定车速为 100 km/h，前车的车速为 80 km/h。

（1）定速巡航。定速巡航是汽车自适应巡航控制系统最基本的功能。当汽车前方无汽车行驶时，汽车将处于普通的巡航行驶状态，自适应巡航控制系统按照设定的车速对汽车进行定速巡航控制。

（2）减速。当自车的前方有车，并且前车的车速小于自车的车速时，自适应巡航控制系统将对汽车进行减速控制，确保自车与前车之间的距离为所设定的安全车距。

（3）跟随。当自适应巡航控制系统将汽车的车速减至设定的车速值之后采用跟随控制，与前车以相同的速度行驶。

（4）加速。当前车加速行驶或发生移线，或当自车移线行驶而前方又无行驶汽车时，自适应巡航控制系统将对汽车进行加速控制，使汽车恢复到设定的车速。在恢复设定的车速后，自适应巡航控制系统又转入对汽车的巡航控制。

（5）停车。若前车减速停车，则自适应巡航控制系统将控制自车也减速停车。

（6）起动。若自车处于停车等待状态，当前车突然起动时，自车也将起动，并与前车行驶状态保持一致。

当驾驶员参与汽车驾驶后，自适应巡航控制系统自动退出对汽车的控制。

随堂测试

（1）简述自主控制类先进驾驶辅助系统的定义。

（2）简述自主控制类先进驾驶辅助系统和预警类先进驾驶辅助系统之间的异同点。

任务实施

任务工单

任务名称	ACC 模式检测	
姓名：	班级：	学号：
任务描述	ACC 系统是当前车辆最常见的自主控制类先进驾驶辅助系统，通过查阅互联网资源将自适应巡航控制系统的工作原理以及搭载该套系统的车型进行整理、记录，并做一个列表进行对比，在学习小组或班级里进行交流汇报	
能力目标	（1）能够了解自主控制类先进驾驶辅助系统的相关知识； （2）培养对互联网资源使用的能力； （3）具备通过互联网等途径查询资料完成信息搜集和处理的能力	
实施准备	（1）教学用车辆； （2）车辆相关文件； （3）汇报用纸、笔等	
实施步骤	自助学习	（1）学习相关知识； （2）获取相关信息； （3）分组制作 ACC 系统相关内容的表格
	小组讨论	以学习小组形式进行讨论，形成小组汇报成果
	小组汇报	（1）小组成员汇报小组成果； （2）其余小组进行补充与点评
自我反思	在社会能力、专业能力、关键能力方面的收获与体会：	

任务五　其他类先进驾驶辅助系统

学习内容

1. 其他类先进驾驶辅助系统的概念；
2. 其他类先进驾驶辅助系统的典型系统工作原理。

能力要求

1. 能够准确表达其他类先进驾驶辅助系统的概念；
2. 具有理解系统工作原理的能力；
3. 具备通过互联网等途径查询资料完成信息搜集和处理的能力。

任务引入

客户在选购车辆时，配置表中各种先进驾驶辅助系统缩写分别都代表了什么样的含义？如何去理解各种先进驾驶辅助系统？其中其他类先进驾驶辅助系统的定义是什么？具有哪些代表性的系统？我们通过本任务的学习，对此类系统有了一定的认知后可在日后的工作中向客户介绍、解释各种其他类先进驾驶辅助系统的作用。

任务描述

客户在选择车型时，销售员常常需要向客户介绍各种系统的作用，请你就某一型号车制作一个配置表，并筛选出其中有关其他类先进驾驶辅助系统的配置，在学习小组或班级里进行交流汇报。

相关知识

在驾驶员长途驾驶时，容易出现疲劳或分心等情况，有必要对驾驶员疲劳等生理状态进行检测并提醒，从而提高驾驶安全性。

一、其他类先进驾驶辅助系统的定义

其他类先进驾驶辅助系统是指观测驾驶员生理指标状态、车辆行驶过程的驾驶行为等非直接驾驶因素的系统总称。其他类先进驾驶辅助系统主要有驾驶员疲劳预警系统、电动车报警系统等。

其他类 ADAS
辅助系统

二、典型系统案例

下面主要介绍驾驶员疲劳预警系统的相关内容。

（一）驾驶员疲劳预警系统的定义

驾驶员疲劳预警系统是指驾驶员处于精神状态下滑或进入浅层睡眠时，系统会依据驾驶员精神状态指数分别给出视觉、听觉和触觉等警示，警告驾驶员已经进入疲劳状态，需要休息。其作用就是监视并提醒驾驶员自身的疲劳状态，减少驾驶员疲劳驾驶的潜在危害。

驾驶员疲劳预警系统也称防疲劳预警系统、疲劳识别系统、注意力警示辅助系统、驾驶员安全警告系统等。

（二）驾驶员疲劳预警系统的组成

驾驶员疲劳预警系统一般由信息采集单元、电子控制单元和预警显示单元等组成。

（1）信息采集单元。信息采集单元主要采集驾驶员信息和汽车行驶信息，驾驶员信息包括驾驶员的面部特征、眼部信号、头部运动性等；汽车行驶信息包括转向盘转角、行驶速度、行驶轨迹等，这些信息的采集取决于系统的设计。

（2）电子控制单元。电子控制单元接收信息采集单元传送的信号，进行运算分析，并判断驾驶员的疲劳状态；如果经计算分析发现驾驶员处于一定的疲劳状态，则向预警显示单元发出信号。

（3）预警显示单元。预警显示单元根据电子控制单元传递的信息，通过语音提示、振动提醒、电脉冲警示等方式对驾驶员疲劳进行预警。

（三）驾驶员疲劳的检测方法

驾驶员疲劳的检测方法主要有基于驾驶员自身特征（包括生理信号和生理反应）的检测方法、基于汽车行驶状态的检测方法和基于多特征信息融合的检测方法等。

1. 基于驾驶员生理信号的检测方法

驾驶员在疲劳状态下，一些生理指标如脑电、心电、肌电、脉搏、呼吸等会偏离正常状态，因此，可以通过生理传感器检测驾驶员的这些生理指标来判断驾驶员是否处于疲劳状态。

（1）脑电信号检测。脑电信号是人脑机能的宏观反映。利用脑电信号反映人体的疲劳状态，客观并且准确。脑电信号被誉为疲劳监测中的"金标准"。人在疲劳状态下，慢波增加，快波降低。利用脑电信号检测驾驶疲劳状况，判定的准确率较高，但是操作复杂且不适合车载实时监测。

（2）心电信号检测。心电图指标主要包括心率及心率变异性等。其中，心率综合反映了人体的疲劳程度与任务和情绪的关系。心率变异性是心脏神经活动的紧张度和均衡度的综合体现。心电信号是判定驾驶疲劳的有效特征，准确度高。利用心电信号检测人体疲劳状况需要将电极与人体相接触，会给驾驶员的正常驾驶带来不便。

（3）肌电信号检测。通过肌电信号的分析，反映人体的疲劳程度。肌电图的频率随着疲劳的产生和疲劳程度的加深呈现下降趋势，而肌电图的幅值增大则表明疲劳程度增大。该检测比较简单，结论较明确。

（4）脉搏信号检测。人体精神状态不同，心脏活动和血液循环也会有差异，而人体脉搏液的形成依赖于心脏和血液循环，因此，利用脉搏监测驾驶员的疲劳状态具有可行性。

（5）呼吸信号检测。人体疲劳状态的一个重要表现就是呼吸频率降低，呼吸变得平稳。在正常的驾驶过程中，驾驶员精神集中，呼吸的频率相对较高，如果驾驶期间与他人交谈，呼吸波的频率会变得更高，同时呼吸的周期性变差。当驾驶员疲劳驾驶时，注意力集中程度降低，思维不活跃，此时呼吸变得平缓。因此，通过检测驾驶员的呼吸状况来判定疲劳驾驶也成为研究驾驶员疲劳预警系统的一个重要方面。

基于驾驶员生理信号的检测方法客观性强，准确性高，但与检测仪器有较大关系，而且都是接触式检测，会干扰驾驶员的正常操作，影响行车安全。另外，由于不同人的生理信号特征有所不同，并与心理活动关联较大，因此该检测方法在实际用于驾驶员疲劳检测时有很大的局限性。

2. 基于驾驶员生理反应特征的检测方法

基于驾驶员生理反应特征的检测方法一般采用非接触式检测途径，利用面部识别技术检测驾驶员面部的生理反应特征（如眼睛特征、视线方向、嘴部状态、头部位置等）来判断驾驶员的疲劳状态。

（1）眼睛特征检测。驾驶员眼球的运动和眨眼信息被认为是反映疲劳的重要特征，眨眼幅度、眨眼频率和平均闭眼时间都可直接用于疲劳检测。目前被认为是最有应用前景的实时疲劳检测方法——PERCLOS（PERcent of eye CLOSure，指在单位时间内眼睛闭合程度达到80%~100%时所占的时间比例）检测指出，单位时间内眼睛闭合程度超过80%的时间占总时间的百分比与驾驶疲劳程度的相关性最好。为了提高疲劳检测的准确率，可以综合检测平均眨眼次数、最长闭眼时间作为疲劳指标，以达到较高的疲劳检测准确率。通过眼球特征检测驾驶员的疲劳程度，不会对驾驶员行为带来任何干扰，因此它成为这一领域现行研究的热点。

（2）视线方向检测。把眼球中心与眼球表面亮点的连线定为驾驶员视线方向。正常时，驾驶员正视汽车运动前方，同时视线方向移动速度比较快；疲劳时，驾驶员视线方向的移动速度会变慢，表现出迟钝，并且视线轴会偏离正常的位置。通过摄像头获取眼睛的图像，对眼球建模，把视线是否偏离正常范围作为判别驾驶员是否疲劳的特征之一，可以完成对驾驶员的疲劳检测。

（3）嘴部状态检测。人在疲劳时往往有频繁的哈欠动作，如果检测到哈欠的频率超过一个预定的阈值，则可判定驾驶员已处于疲劳状态。基于此原理，可以完成对驾驶员的疲劳检测。

（4）头部位置检测。在驾驶过程中，驾驶员正常和疲劳时，其头部位置是不同的，可以利用驾驶员头部位置的变化检测疲劳程度。利用头部位置传感器，对驾驶员的头部位置进行实时跟踪，并且根据头部位置的变化规律判断驾驶员是否疲劳。

基于驾驶员生理反应特征的检测方法的优点是，表征疲劳的特征直观、明显，可实现非接触测量；缺点是检测识别算法比较复杂，疲劳特征提取困难，而且检测结果受光线变化和个体生理状况的变化影响较大。

3. 基于汽车行驶状态的检测方法

基于汽车行驶状态的检测方法，不是从驾驶员本人出发去研究，而是从驾驶员对汽车的操控情况去间接判断驾驶员是否疲劳。该种检测方法主要利用CCD摄像头和车载传感器检测汽车行驶状态，间接推测驾驶员的疲劳程度。

（1）基于转向盘的检测。基于转向盘的检测包括转向盘转角信号检测和转向盘力信号检测。

驾驶员疲劳时对汽车的控制能力下降，转向盘转角左右摆动的幅度会较大，然后在一段时间内其值没有明显变化，同时操纵转向盘的频率会下降。通过对转向盘转角的时域、频域和幅值域的分析，转向盘转角的方差或平方差可以作为疲劳驾驶的评价指标。

通过检测驾驶员驾驶过程转向盘的转角变化情况来检测驾驶员的疲劳情况，是驾驶员疲劳预警系统研究的热点。这种方法的数据准确、算法简单，并且该信号与驾驶员的疲劳状态联系紧密。驾驶员疲劳时，其对转向盘的握力逐渐减小。通过传感器实时检测驾驶员把握转向盘的力，通过一系列分析，可判断出驾驶员的疲劳程度。驾驶员对转向盘的操纵特征能间接、实时地反映驾驶员的疲劳程度，具有可靠性高、无接触的优点，由于传感器技术的限制，其准确度有待提高。

（2）汽车行驶速度检测。通过实时检测汽车的行驶速度，判断汽车是处于有效控制状态还是处于失控状态，从而可间接判断驾驶员是否疲劳。

（3）车道偏离检测。驾驶员疲劳驾驶时，由于注意力分散，反应迟钝，汽车可能偏离车道。

基于汽车行驶状态的检测方法的优点是，非接触检测，信号容易提取，不会对驾驶员造成干扰，以汽车的现有装置为基础，只需增加少量的硬件，具有很高的实用价值；缺点是受到汽车的具体型号、道路的具体情况和驾驶员的驾驶习惯、驾驶经验和驾驶条件等限制，目前此方法检测的准确性不高。

4. 基于多特征信息融合的检测方法

依据信息融合技术，将基于驾驶员生理信号、生理反应特征和汽车行驶状态相结合是理想的检测方法，大大降低了采用单一方法造成的误警或漏警现象。信息融合技术的应用，使疲劳检测技术得到更进一步的发展和提高，能客观、实时、快捷、准确地判断驾驶员的疲劳状态，避免疲劳驾驶所引起的交通事故，这是疲劳检测技术的发展方向。

随堂测试

（1）简述其他类先进驾驶辅助系统的定义。

（2）简述疲劳监测的常见方法。

任务实施

任务工单

任务名称	驾驶员疲劳预警系统生理指标检测方法学习		
姓名：		班级：	学号：
任务描述	驾驶员在长途驾驶中疲劳驾驶的状况经常出现，驾驶员疲劳预警系统可以有效地解决这个问题。因此我们要清楚该系统的采集原理，对于各种原理进行整理并做一个列表，在学习小组或班级里进行交流汇报		
能力目标	（1）能够了解其他类先进驾驶辅助系统的相关知识； （2）培养对互联网资源使用的能力； （3）具备通过互联网等途径查询资料完成信息搜集和处理的能力		
实施准备	（1）教学用车辆； （2）车辆相关文件； （3）汇报用纸、笔等		
实施步骤	自助学习	（1）学习相关知识； （2）获取相关信息； （3）分组制作驾驶员疲劳预警系统相关内容的表格	
	小组讨论	以学习小组形式进行讨论，形成小组汇报成果	
	小组汇报	（1）小组成员汇报小组成果； （2）其余小组进行补充与点评	
自我反思	在社会能力、专业能力、关键能力方面的收获与体会：		

参 考 文 献

[1] 陈晓明，杜志彬，侯海晶. 智能网联汽车技术基础 [M]. 北京：机械工业出版社，2020.

[2] 崔胜民. 智能网联汽车概论 [M]. 北京：人民邮电出版社，2019.

[3] 程增木，康杰. 智能网联汽车技术概论 [M]. 北京：机械工业出版社，2021.

[4] 中国电子信息产业发展研究院. 智能网联汽车测试与评价技术 [M]. 北京：人民邮电出版社，2017.

[5] 李俨. 5G 与车联网 [M]. 北京：电子工业出版社，2019.

[6] 刘少山，唐洁，吴双，等. 第一本无人驾驶技术书 [M]. 北京：电子工业出版社，2017.

[7] 王建，徐国艳. 自动驾驶技术概论 [M]. 北京：清华大学出版社，2019.

[8] 陈慧岩，熊光明，龚建伟，等. 无人驾驶汽车概论 [M]. 北京：北京理工大学出版社，2014.

[9] 庞宏磊，朱福根. 智能网联汽车概论 [M]. 北京：电子工业出版社，2022.

[10] 李妙然，邬德伟. 智能网联汽车技术概论 [M]. 北京：机械工业出版社，2019.